도시로 보는 동남아시아사

- 2 -

# 도시로 보는
# 동남아시아사 2

강희정·김종호 외 지음

첨단 글로벌 도시 쿠알라룸푸르부터 앙코르 와트가 있는
시엠립까지 매력 넘치는 13개 도시 역사기행

사<sub>우</sub>

# 동남아시아에서 느리게 걷기

이번 휴가, 어디로 가세요? 해마다 6월쯤이면 사람들은 마치 안부를 묻듯이 이렇게 묻는다. 팬데믹으로 몇 년 사라지는가 싶더니 작년부터 슬금슬금 이 질문이 다시 고개를 들기 시작했다. 감금이나 다름없던 생활에 종지부를 찍자마자 사람들은 보복이라도 하듯이 여행을 떠났다. 멀리는 유럽으로, 미국으로 혹은 이집트로, 가까이는 일본으로, 동남아시아로.

최근 휴식을 취하기 위해 혹은 이국적 풍광을 찾아 동남아를 찾는 사람이 부쩍 늘어나고 있다. '빨리빨리'를 입에 달고 사는 한국 사람들도 동남아시아에서는 훨씬 느긋해진다. 기온이 높은 지역이라 어차피 빠르게 움직이기가 힘들기 때문일까? 인간의 신체는 외부 기온이 높으면 그에 맞춰 혈관과 신경이 느슨해진다고 한다. 고혈압 증상이 있는 사람이 여름에 증상이 완화되듯이 천천히 돌아가는 동남아시아에서 우리는 느린 박자로 움직이게 된다.

흔히 '동남아시아' 하면 여행을 먼저 떠올리지만 그게 다가 아니다. 새로운 사업의 진출지로, 자원의 보고로서도 동남아시아에는 매력이 넘친다. 근래 들어 우리나라 기업들이 주목하고 있는 곳도 동남아시아이다. 무엇보다 동남아시아는 자원의 보고이자 성장하는 시장이다. 어느 한국인이 인도네시아 사람에게 "인도네시아에는 무엇이 있냐"라고 묻자 "우리나라에서 나지 않는 자원이 뭐가 있냐?"라고 반문했다고 한다. 그만큼 동남아시아에는 중요한 천연자원이 많다.

우리나라 기업들이 동남아시아로 행선지를 정하는 데는 이유가 있다. 석유와 천연가스는 물론이고, 자동차, 반도체, 전지에 들어가는 니켈, 망간, 리튬과 같은 희귀 금속, 희토류도 풍부하다. 동남아시아로 크고 작은 우리 기업이 진출한 역사는 꽤 길다. 1960년대부터이니 결코 짧지 않은 세월이지만 그런 사실조차 보통 사람들에게는 제대로 알려지지 않았다. 예전에는 현지 노동력을 활용하려는 경향이 강했다면 팬데믹 전후로는 풍부한 천연자원을 효과적으로 쓸 수 있는 방도를 찾아간 것이라 볼 수 있다.

비단 기업만이 아니다. 동남아시아로 나가는 사람들의 수와 목적은 계속 다변화되고 있는 추세이다. 자녀의 영어 공부나 다양한 체험 활동을 위해 나가는 사람도 있고, 은퇴 이민을 꿈꾸며 한두 달 살아보려고 떠나는 사람도 늘고 있다. 우리 국격이 높아져서 비자 면제 협정을 맺은 나라도 많고, 6개월 이내 단기 체류가 가능하니 한두 달 살아보기에는 별 문제가 없다. 생활비가 적게 드는 것도 장점이고, 무엇보다 외지인에 대해 개방적이란 점도 크게 작용한 것이리라. 기본적으로 '열린 지역 체계'로 알려진 동남아시아는 어디를 가더라도 타지에서 온 사람과 문화에 대해 배타적이지 않다. 동남아시아 도시에서의 삶의 만족도는 세계 어디와 비교해도 결코 낮지 않을 것이다. 그러면 어느 도시가 좋을까?

사람마다 취향이 다르고, 중요하게 여기는 것도 다르기 때문에 저마다 선택의 기준이 다를 것이다. 잘 알려진 도시부터 밀림에 둘러싸여 고요하게 하루하루를 보낼 수 있는 곳, 삼시 세끼 온갖 재료로 만든 색다른 음식을 골라 먹을 수 있는 곳, 흥미진진한 공연이 펼쳐지는 곳에 이르기까지 얼마든지 특색 있는 곳을 고를 수 있다. 동남아시아는 그처럼 다양하다.

동남아시아의 무수한 도시 중에서도 이번 책에서는 여러 나라의 수도에 초점을 맞췄다. 인도네시아의 수도 자카르타, 말레이시아의 쿠알라룸푸르, 필리핀의 마닐라와 캄보디아의 프놈펜, 라오스의 비엔티안. 수도는 그 나라의 첫인상을 결정하는 곳이라 해도 과언이 아니다. 수도라는 관문을 통해 우리는 그 나라에 입문을 하게 된다. 모든 공항이 수도를 중심으로 건설되었고, 수도를 통해 지방으로 갈 수 있게 설계되었다. 그런데 우리는 동남아시아 11개국의 수도에 대해 이름조차 모르는 경우가 허다하다. 이에 수도를 소개하는 일이 시급하다고 생각해서 우선 5개국 수도부터 살폈다.

수도는 각 나라에서 가장 현대화된 첨단 도시이다. 하지만 본문에서 언급하듯이 자카르타가 '완벽한 승리'를 뜻하는 산스크리트어에서 유래했다거나 '흙탕물이 모이는 지점'이라는 말레이어에서 쿠알라룸푸르란 수도 이름이 나온 걸 보면 이 현대화된 도시들이 어느 날 갑자기 허허벌판에 세워진 게 아니라는 사실을 알 수 있다. 물론 우리나라의 세종시처럼 행정부가 이전한 말레이시아의 푸트라자야도 있고, 수도를 이전하기 위해 계획도시로 건설한 미얀마의 네피도 같은 곳도 있다. 그래도 대부분의 수도는 유서 깊은 전통이 있는 도시들이다. 이 책을 읽으면 동남아시아의 수도들이 서울만큼이나 역사적인 도시라는 사실을 알게 될 것이다.

어느 나라나 수도가 나라를 대표한다는 생각으로 수도에 신경을 쓰기 마련이다. 수도가 최첨단 기계문명의 한가운데 있는 것처럼 보이려고 경쟁하듯이 고층빌딩을 늘어세운다. 하지만 조금만 들여다보면 그게 다가 아니라는 것을, 오랜 시간 그곳에 정 붙이며 살아온 사람들의 도시라는 것을 알게 된다. 생각보다 훨씬 오랜 세월 사람들이 부대끼며 역사를 만들어온 곳이 도시로 번창하면서 수도가 됐다는 것을 독자들도 바로 알아챌 수 있다. 수도는 근사한 마천루 뒤로 굽이굽이 좁은 골목길을 따라 과거와 현재, 전근대와 근대가 뒤섞인 매력적인 공간이다.

수도에 이어서 우리나라 사람이 많이 찾는 관광도시를 소개한다. 여기에는 베트남 다낭과 후에, 캄보디아 시엠립, 인도네시아 발리섬의 우붓과 필리핀 세부가 포함된다. 동남아시아에서 한국인에게 가장 인기가 많은 곳은 베트남이다. 호치민과 하롱베이에 이어 다낭과 후에를 즐겨 찾는다. 그다음이 앙코르 와트가 있는 시엠립이다. 팬데믹 동안 사람들의 발길이 끊어지는 바람에 과거의 아름다운 자연환경이 복원된 발리도 최근 발길이 다시 향하는 곳이다. 특히 발리 내륙에 위치한 우붓은 황폐해진 정신을 추슬러 마음의 평화를 얻게 해주는 명소로 각광을 받고 있다. 최근에는 태국 북부에 위치한 치앙마이의 인기가 하늘로 치솟고 있다. 이들 도시를 천천히 걸으며 도시의 역사를 한번 되짚어 보는 것도 여행의 기쁨을 더해줄 것이다.

가지 못하면 또 어떤가? 옛사람들은 산수화를 그려놓고 와유(臥遊, 누워서 유람한다는 뜻)도 했는데, 책을 읽으면서도 여행하는 것과 진배없는 생생한 즐거움을 느낄 수 있을 것이다.

2022년 4월 《도시로 보는 동남아시아사》가 출간되자 독자들의 반응이 뜨거웠다. 예상치 못한 일이었다. 그만큼 동남아시아에 대한 지식에 목마른 이들이 많았다는 증거라고 생각하고, 2권을 빨리 써야 한다는 의무감 같은 것을 갖고 있었다. 이제 《도시로 보는 동남아시아사》 2권을 출간할 수 있어서 매우 기쁘다.

사실 아직 다루지 못한 도시가 많고, 우리가 나누고 싶은 도시에 관한 정보가 적지 않으며, 독자들과 함께 느리게 걷고 싶은 도시들이 기다리고 있다는 점에 마음이 무겁다. 매력적인 도시들을 계속 소개할 수 있는 여건이 마련되기를 기대해본다.

이 책이 나오기까지 본교 다산관의 지박령이 되어 온종일 연구에 매진하고, 앎의 즐거움을 기꺼이 나누고자 수고를 아끼지 않은 필자들에게 감사드린다. 더 많은 독자가 이 책을 통해 동남아시아 도시의 역사와 지식을 향유할 수 있다면 더 바랄 나위가 없겠다.

필자들을 대신하여, 다산관에서
강희정

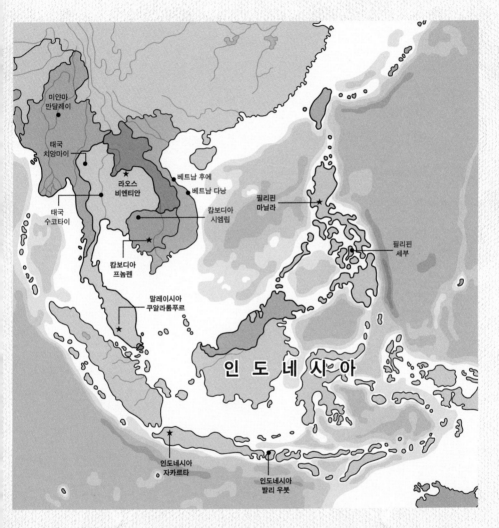

◆ 프롤로그
동남아시아에서 느리게 걷기 ... 004

세련된 옷을 입은 비극의 도시,
프놈펜

강희정

얼핏 보면 어딘가 어설퍼 보이고, 첨단과 오래된 과거가 얼기설기 섞여 있는, 왠지 모르게 강남 같은 느낌을 주는 도시, 프놈펜. 하지만 좀 알고 들여다보면 복잡다단한 역사의 흔적에 진한 연민의 정이 느껴진다. 방콕처럼 화려하지도 않고, 쿠알라룸푸르처럼 위압적이지도 않으며, 믈라카처럼 아기자기하지도 않다. 현대적이면서 고전적이고, 세련된 듯하면서 어설프기도 하다. 많은 동남아의 도시가 그렇듯이 도시 자체가 강을 끼고 있어서 더욱 그렇게 보이는지도 모른다.

강과 호수가 있어서 습하기도 하고, 내륙이라는 생각이 별로 들지 않지만 실제로 바다로부터 290킬로미터나 떨어진 지역이다. 서울에서 광주까지의 거리다. 하지만 메콩강과 톤레사프강이 합류하는 지점에 위치하고 있어 매우 중요한 항구로서 기능한다. 이 물길은 메콩강 하류 삼각주를 통해 베트남, 그리고 남중국해와 연결되고 있어서 하운으로만 봐도 꽤나 유용하다. 거기다 한 나라의 수도이기까지 하니 프놈펜이 동남아 대륙부에서 지정학적으로 무시할 수 없는 위치에 있다는 것은 분명하다. 식민지 시

세련된 듯하면서도 어설픈 도시 프놈펜 전경.
ⓒ 위키미디어 커먼즈

절에도 프랑스가 이곳을 중요하게 여겼고, 그러다 보니 사방으로 뻗은 4개의 주요 국도와 3개의 철도 노선이 여기 개설된 것은 당연한 일이다.

프랑스 식민지 시대에 확장된 도시인 프놈펜에도 서울처럼 당시의 건축물과 시가가 남아 있다. 정식 국가 명칭이 캄보디아 왕국인 만큼 왕이 살고 있는 왕궁도 있다는 점에서 서울과 비슷한 부분이 있다. 프놈펜이라는 명칭은 '펜의 언덕'이라는 의미인데 언덕에 세워진 사원인 왓 프놈에서 유래한 것이다. 왓 프놈은 굳은 불교신앙을 지녔던 펜 부인이 강을 따라 흘러 내려온 불상을 모시기 위해 세운 사원이고, 사원이 건설된 언덕을 프놈펜이라 부르기 시작하면서 이 도시의 이름으로 굳어졌다고 한다. 지금도 프놈펜에 살고 있는 캄보디아 사람의 97퍼센트가 불교 신자라고 하니 왓 프놈의 신화가 전혀 근거 없는 말은 아닐 것이다.

왓 프놈 사원.

왓 프놈에서 예불하는 사람들.

프놈펜은 크메르 제국이 멸망할 무렵인 1434년에 크메르의 수도가 되었으나 그 이후 캄보디아의 역사는 쇠락에 쇠락을 거듭해서 수도라는 게 별 의미가 없었다. 버려지고 잠시 수복되었다가 다시 버려지고. 나라가 힘이 없어지니 왕도 예전 같지 않았다. 그렇게 근근이 수도의 기능을 해왔으니 프놈펜은 캄보디아가 쇠퇴해온 근대사를 담고 있다고 할 수도 있다. 막강한 힘을 자랑하던 크메르 제국의 역사를 뒤로하고 말이다. 더군다나 여기는 1975년 크메르 루주 군이 권력을 장악한 뒤 벌어진 폭압의 상처가 깊게 패어 있는 곳이다. 크메르 루주는 당시 프놈펜에 살고 있던 모든 주민을 강제로 시골에 이주시켜 이 지역은 사실상 폐허가 되어 있었다.

## 시엠립에서 프놈펜으로의 천도

캄보디아가 동남아시아에서 가장 먼저 강성한 고대국가 푸난을 탄생시킨 역사가 있는 만큼 이 땅에서 사람들이 문명을 일군 건 오래된 일이다. 프놈펜 역시 이미 선사시대부터 사람들이 정착해 마을을 꾸리고 살아왔다. 그 고고학적 증거가 발굴되고 있는데, 늦어도 5세기경에는 가마를 만들어 토기를 구울 정도였다고 한다. 푸난은 메콩강 하류의 삼각주를 기반으로 한 해상교역과 농업이 발달한 나라였다. 그런데 푸난의 가장 중요한 도시 중 하나였던 비야다푸라가 프놈펜보다 약간 아래에 있었기 때문에 지역적으로 보면 프놈펜도 그 영향권 안에 있었다고 보아야 한다. 이 시기는 동남아시아에 인도의 영향이 강하게 밀려들어오던 때다. 조르주 세데스는 이를 가리켜 "동남아의 인도화"라고 규정했다. 인도의 종교, 법률, 문화가 인도인의 이주와 함께 그대로 전해지고 토착화됐다는 것이다. 그만큼 인도 사람들의 동남아 이주는 동남아 고대 문명에 혁신적인 바람을 일으켰다는 뜻이고, 프놈펜에서도 힌두교의 신인 시바의 상징 링가가 발견됐다. 힌두교의 3대 주신 중 하나인 파괴의 신 시바를 링가라고 부르는 남근 형상으로 만들어 신앙하는 것은 동남아에서 상당히 흔한 일이었다. 지금은 불교도가 많지만 고대에는 힌두교도가 월등히 많았던 때가 있었다. 물론 푸난의 주민들이 그대로 캄보디아 사람으로 남은 것은 아니다. 푸난의 주민은 말레이계 주민이었다고 추측되는 반면, 캄보디아인의 선조는 티베트 방면에서 남하한 몬−크메르어족으로 보고 있다. 그러니 종족적으로 고대와 현대 캄보디아의 주민이 직접 연결된다고 할 수는 없으나 그래도 푸난의 문화가 현지에 남아 있었던 것은 분명하다. 이후에는 오래도록 프놈펜과 관련된 기록은 나오지 않는다.

번창했던 크메르 제국의 시엠립 시대를 마감하고 1434년에 프놈펜으로 수도를 옮긴 이유에 대해서는 몇 가지 해석이 있다. 무엇보다도 날로 세력을 키워 강성해지던 태국의 아유타야 왕국이 동진하면서 크메르 제국이 공격을 받았기 때문에 하는 수 없이 옮겨야 했다는 설이 가장 널리 받아들여지고 있다. 앙코르 와트를 짓던 시절만 해도 그렇게 우습게 보였던 태국이 짧은 기간에 급성장했는데, 특히 아유타야의 성장은 괄목할 만한 것이었다. 아유타야의 압박에 못 이겨 시엠립에서 멀리 떨어진 프놈펜으로 천도했다는 것은 당시 전쟁이 빈번했던 동남아시아 대륙부 상황을 생각하면 상당히 설득력이 있다.

1592년 대대적으로 캄보디아를 공격한 아유타야는 1594년에는 당시 수도이던 프놈펜 북부의 롱백 지역을 점령했다. 이때부터 19세기까지 태국은 끊임없이 캄보디아의 왕위 계승에 간섭했다. 왕위쟁탈전을 벌이던 왕자가 태국으로 도망가서 도움을 청하면 이를 빌미로 태국은 군사를 이끌고 캄보디아로 쳐들어가는 것이다. 이런 일이 반복되다 보면 으레 일어날 수 있는 일로 여기게 되고, 아무도 거기에 특별히 이의를 제기하지 못한다. 말하자면 외세를 끌어들여 권력을 확보하는 일을 되풀이한 캄보디아 왕가의 빈약한 주권 의식과 방대한 권력욕이 빚어낸 주권 침탈의 과정이었던 셈이다. 크메르 제국 이래로 그나마 유지되었던 양국 간의 세력 균형은 이제 덧없이 허물어지고, 태국은 캄보디아를 그렇게 야금야금 잠식해 들어갔다. 정당한 왕위 계승자에게 왕좌를 찾아준다는 명분으로 영토를 침범하고, 왕위 계승에 관여했을 뿐 아니라 종교적으로도 일종의 종주권을 행사했다. 더 큰 공공의 적, 프랑스 제국이 침탈해 들어올 때까지의 일이다.

프놈펜 천도에 대한 또 다른 설명은 캄보디아 사람들이 교역을 통해 얻는 이득에 눈을 뜨면서 그 이점을 살릴 수 있는 메콩강 항구를 선택해 옮겼다는 것이다. 프놈펜으로 옮기기 직전 약 50년간 (1371~1419) 크메르 제국은 중국에 열두 번이나 사신을 보냈다. 이 시기에 중국으로 사신을 파견하는 것이 일종의 조공무역이었음을 감안하면 하운이나 해운을 쉽게 이용할 수 있는 프놈펜으로 천도한 것은 이해하기 어려운 일은 아니다. 다만 이것이 진정으로 의미 있는 사신단 파견이었는지는 의문이 남는다. 1371년이면 명나라가 건국된 지 3년밖에 되지 않는다. 즉 중국이 상당히 혼란스러운 시기였다는 것이다. 새로 교체된 왕조에 조공을 보내는 것은 타당하지만 조공무역이라고 할 수 있을 만큼 막대한 물건들을 교환하려고 했는지는 알기 어렵다. 아직까지 명나라의 정국은 혼조 상태였고, 몽골 세력도 여전히 남아 있었기 때문이다. 게다가 건국 당시의 수도는 난징이었지만 1403년에는 베이징으로 천도를 단행한다. 프놈펜에서 난징으로 가는 거리에 비하면 베이징은 훨씬 머나먼 길이다. 그럼에도 불구하고 교역이 프놈펜 천도를 촉진했다고 할 만큼 의미 있는 일이었을지 모르겠다.

물론 아유타야가 프놈펜을 점령한 이후, 외국인의 집단 주거지가 부쩍 늘어난 것을 보면 교역이 중요해진 것은 맞을 것이다. 특히 서양인의 집단 거주가 늘어났는데 아직까지 프랑스는 아니었고, 해양을 통해 먼저 동남아에 진출했던 스페인, 포르투갈 사람들이었다. 그 이전부터 들어와 있던 중국, 일본 사람은 물론이고, 아랍이나 말레이 사람들, 그리고 원래 베트남 중부 지방에 살고 있던 참족도 프놈펜에서 자기들끼리 마을을 형성하고 있었다. 이들은 대개 각자의 구역이 정해져 있어서 포르투갈 사람은 포르투갈 사람들끼리, 아랍인은 아랍인끼리 집단 주거지를 형성하고 살았다. 비록 각자의 거주구역이 따로 있기는 했지만 이토록 다양한 나라, 다양한 종족 사람들이 프놈펜에 들어와 살고 있었던 것을 보면 프놈펜은 꽤 국제적인 도시였고, 캄보디아 사회는 상당히 포용성 있는 곳이었다고 볼 수 있다. 비슷한 시기에 중국이 외국과의 교류를 엄격히 통제했던 것과는 상당히 다른 방향을 선택한 것이다.

　동남아가 전반적으로 개방적이고, 외부인에 대해 수용적인 태도를 취하는 것은 잘 알려져 있지만 캄보디아가 이미 17세기부터 서양과 아랍 사람들까지 포용하는 관대함을 보였다는 것은 흥미로운 일이다. 가톨릭 선교사나 수도사들이 일찍부터 중남미와 동남아시아로 선교의 길을 가기는 했지만 말이다. 문명과 문화의 발달을 촉진하고 변화를 이끌어내는 것이 종교라는 점은 이해하기 어려운 일이 아니고, 캄보디아는 그 전형적인 사례라 할 수 있다. 인도의 힌두교와 불교가 먼저 전해져 사람들의 생활양식과 사상, 의례에 큰 영향을 미치고, 그다음에는 가톨릭이 전해지면서 수도사들이 남긴 기록을 통해 우리가 17세기의 프놈펜을 엿볼 수 있으니 말이다. 그렇다고 해서 캄보디아에 가톨릭이나 이슬람이 중요한 종교 세력으로 자리를 잡았던 것은 아니다. 들어오는 것을 막지 않았을 뿐, 종교적으로 적극 수용하지는 않았다.

이렇게 캄보디아에 들어와 자리를 잡은 사람들은 주로 금은, 비단과 면직물, 향신료, 코끼리 상아와 코뿔소의 뿔 등을 사고팔았다. 오래도록 면직은 인도의 특산이었으니 이때 프놈펜에서 거래한 면직물이 캄보디아산이었는지는 분명하지 않다. 하지만 다른 것들은 적어도 현지에서 구하거나, 아니면 메콩강을 따라 유입된 동남아시아 특산물이었던 것이 분명하다. 그런 점에서 본다면 수상교통의 요충지인 프놈펜이 교역에 유리한 위치에 있었다는 것도 확실하다. 교역으로 남는 이문이 크기 때문에 시엠립에서 천도를 단행했다고까지 말할 수 있을지는 모르겠지만 말이다.

## 두 고래 사이의 새우

도시로서의 프놈펜을 들여다보는 것은 슬픈 일이다. 어느 순간부터 계속된 캄보디아 쇠락의 역사를 보는 느낌이 들기 때문이다. 캄보디아의 왕위 계승 문제에 간섭함으로써 내정에 개입한 것이 태국만은 아니다. 대략 17세기가 지나면서부터 캄보디아는 고래 싸움에 끼인 새우 같은 위치에 놓이게 된다. 서쪽에서 태국의 압박이 지속됐다면, 동쪽에서는 베트남이 세력을 과시하고 있었다. 전통적으로 베트남 중부에 자리 잡고 있던 참파와 캄보디아는 좋은 사이가 아니었다. 두 나라 사이에는 쯔엉선산맥이 자리하고 있어 지형적으로도 접근하기 어려웠음에도 불구하고 참파와 캄보디아는 자주 세력 다툼을 했다. 크메르 제국 시기의 장엄한 건축물인 앙코르 와트나 바욘 사원에도 참파군과의 전쟁 장면이 묘사되어 있을 정도이고, 위대한 크메르 왕의 전기에는 참파를 물리쳤다거나 참파의 수도를 공격했다는 기록이 빈번하게 나온다. 참파는 오늘날 베트남 중부 다낭에서 멀지 않은 곳에 있던 나라인데 참파를 세워 유지한 종족은 북부의 비엣족과 다른 참족이고, 일찍부터 인도 문화의 영향을 많이 받은 곳이었다.

그런데 베트남이 세력을 확장하는 과정에서 참파를 흡수했고, 끊임없이 남진하다가 17세기 후반에는 사이공, 즉 현재의 호찌민시까지 장악하게 된다. 우리나라 사람들은 베트남이 처음부터 오늘날과 같이 길게 남북으로 뻗은 나라였을 거라고 막연하게 짐작하지만 이렇게 긴 영토를 차지하게 된 것은 불과 300년 전의 일이다. 남진에 남진을 거듭하다가 캄보디아가 근 2000년 가까이 차지하고 있던 메콩강 삼각주 지역까지 지배하게 된 것이다. 오늘날에도 여전히 캄보디아 사람들은 베트남 남부 메콩강 하류 인근을 '남부 크메르'라고 부른다. 그러나 메콩강 삼각주 지역을 실질적으로 지배하는 권력은 베트남으로 넘어갔고, 베트남 역시 캄보디아 정치에 개입하게 된다.

베트남의 기록에는 1658년 캄보디아가 베트남을 침공했는데 왕이 베트남 군사에게 사로잡히고 말았다고 나온다. 이때부터 베트남은 캄보디아에 매년 조공을 바치도록 요구했고, 캄보디아는 이를 받아들여 공물을 바쳤다고 한다. 그런데 베트남을 침략했던 왕이 죽자 캄보디아는 분열되었다. 프놈펜과 사이공 두 곳에서 두 명이 각각 자기가 왕이라고 주장한 것이다. 결국 프놈펜에서 왕이 된 사람을 정국왕이라 하고, 사이공에서 왕이 된 사람을 이국왕이라 칭했다. 지리적으로 태국 쪽에 가까운 프놈펜의 정국왕은 친태국 성향을 지녔고, 사이공의 이국왕은 자연스럽게 친베트남 세력을 등에 업었다.

이들은 적당히 반반으로 나뉘어 세력 균형을 유지하고 있었는데, 명나라 유민이 대거 베트남으로 유입되면서 균형이 깨졌다. 명이 망한 이후, 만주족의 청을 용납할 수 없었던 많은 사람이 중국에서 탈출을 시도했다. 중국 남부 지방 사람들은 동남아로 떠난 경우가 많았는데, 특히 국경이 잇닿아 있는 베트남으로 도피한 사람이 많았다. 그중 3000명을 베트남 조정이 1679년 사이공 인근 비엔호아와 미토로 이주시켰다. 그러면서 자연스럽게 베트남과 명나라 유민, 캄보디아 이국왕 세력의 3자 연합이 생겼고, 이들은 혈혈단신 버티고 있던 프놈펜의 정국왕을 능가하는 힘을 키웠다. 결국 1715년 정국왕을 몰아내고 이국왕을 그 자리에 앉히는 데 성공했다. 이로써 캄보디아의 왕은 다시 한 명이 되었다. 그와 동시에 캄보디아 땅이었던 메콩강 삼각주의 사이공에는 더 이상 캄보디아 권력이 아무것도 남지 않게 되었다.

친베트남 성향의 왕이 프놈펜의 주인이 되었지만 그의 세력 역시 오래가진 않았다. 뒷배가 되어주던 베트남이 정치적 혼란에 빠졌기 때문이다. 떠이선의 반란에 이어 응우엔 황조가 들어서기 전까지 끊임없는 내전으로 정치적 혼란이 계속됐다. 베트남 조정은 더 이상 캄보디아에 신경 쓸 여력이 없었고, 통제력은 점차 약해졌다. 그 틈을 타 1772년 태국은 프놈펜을 점령했다. 1780년에는 겨우 일곱 살이던 엥 왕자를 왕위에 올렸다. 그가 바로 앙 엥 왕이다. 그는 태국의 왕조가 교체되는 혼란기, 그리고 응우옌 왕조가 성립되기 전이라 베트남이 불안정했을 때, 왕실에 반란이 일어나자 방콕으로 갔다. 방콕의 라마 1세는 엥 왕을 양자로 삼았고, 태국에서 12년을 살게 하고서야 보내주었다. 태국의 후원으로 그는 다시 프놈펜 북부 우동에서 왕이 되었다. 프놈펜 북부의 우동과 롱벡을 거점으로 캄보디아 왕국이 근근이 유지되던 때였다.

하지만 엥 왕의 맏아들 짠 왕은 뜻밖에도 베트남 응우옌 황조의 완복영(응우옌푹아인)에게 보호를 요청했다. 결국 캄보디아를 사이에 둔 태국과 베트남의 경합은 베트남의 승리로 끝난 셈이다. 짠 왕, 즉 앙 짠 2세는 1806년 왕위에 올라 1834년까지 재위했다. 짠 왕은 방콕에서 교육을 받았고 태국의 힘으로 왕위에 올랐지만 정작 그는 베트남의 도움을 받으려 했고, 결과적으로 태국과 베트남 양쪽에 모두 조공을 바치게 되었다. 두 나라에서 모두 왕으로 인정받았음은 물론이다. 졸지에 약소국이 된 캄보디아 나름의 생존전략이었다고나 할까. 태국에 조공을 더 많이 했을지언정 짠 왕은 조정 내 가득했던 친태국 인사를 견제하기 위해서라도 베트남 쪽의 도움을 더 많이 필요로 했을 것이다.

짠 왕이 양쪽에서 줄타기를 하는 바람에 캄보디아 조정에도 친태국 인사와 친베트남 인사 간의 분쟁이 격화된 것은 어쩔 수 없는 일이었다. 왕은 1809년 태국 왕 라마 1세가 사망했을 때 장례식에도 참석하지 않았지만 왕위를 호시탐탐 노리며 태국에 더 가까웠던 그의 동생들은 방콕으로 망명해버렸다. 그러자 태국은 바로 캄보디아를 침략했다. 짠 왕에게는 선택의 여지가 없었다. 그가 사이공으로 도피하자 베트남은 짠 왕이 캄보디아를 탈환하는 데 전력을 기울였고, 그 덕에 무사히 귀국한 짠 왕은 다시 프놈펜을 수도로 삼았다. 하지만 모든 일에는 대가가 따른다. 베트남은 짠 왕을 보호한다는 명목으로 1000명의 군사를 보냈고, 이어서 군대를 보호한다는 명목으로 프놈펜에 성을 쌓았다. 1819년에는 메콩강 삼각주의 하티엔 지방으로 연결되는 베트남의 빈떼 운하를 건설할 수 있도록 캄보디아에서 5000명의 일꾼을 보내야 했다. 원래 캄보디아 땅이었던 남부 베트남 사람들도 노역에 시달렸다. 베트남 군대를 따라 들어온 관리와 교사들에 의해 캄보디아에는 베트남 문화와 제도가 빠르게 퍼졌고, 여러 분야에서 베트남화가 진행되었다. 때로는 베트남 말과 한자까지 사용해야 했다.

게다가 해마다 새해가 되면 캄보디아 왕은 사이공으로 가서 베트남 황제가 있는 베트남 중부의 후에 황궁을 향해 절을 올려야 했다. 그뿐만 아니라 왕과 신하들은 한 달에 두 번 프놈펜에 있는 베트남 사당에 가서 황제의 이름이 새겨진 위패에 절을 해야 했다. 그것도 응우옌 황실에서 제공한 관복을 입고 말이다. 신하로서의 예를 갖추게 한 것이다. 병자호란 때 남한산성이 생각나는 대목이다. 우리가 이를 치욕으로 여기듯이 캄보디아의 왕이라고 달랐을 리는 없다. 하지만 어려서부터 방콕으로, 사이공으로 왔다 갔다 해야 했던 짠 왕으로서는 자신의 왕위를 보장해주는 베트남이 그나마 든든하게 여겨졌을지 모른다. 친동생들이 방콕으로 도망가 왕위를 위협했던 일을 생각하면 자신의 왕위가 얼마나 바람 앞의 등불 같앉겠는가. 게다가 이미 태국은 크메르 제국의 영화를 간직하고 있던 바탐방과 시엠립을 점거하고 있는 상태였다. 드넓은 동남아 대륙부를 호령하던 크메르 제국의 영화는 사라진 지 오래였고, 캄보디아 왕국은 쪼그라들 대로 쪼그라들었다. 어떤 의미에서 프놈펜의 영욕은 태국과 베트남 사이에서 위태롭게 줄타기를 하던 캄보디아 왕실과 그 왕위를 둘러싼 분쟁에서 비롯되었다고 볼 수 있다.

그러나 태국과 베트남이 캄보디아 영토를 잠식하고 내정에 관여한 기간은 길지 않았다. 베트남은 빠르게 프랑스 식민지의 길로 접어들고 있었고, 태국 역시 영국과 프랑스 두 제국의 위협에 안팎으로 공멸의 위기감을 느끼고 있었다. 기댈 데가 없어진 캄보디아 왕실은 이제 서구로 눈을 돌렸다. 때마침 인도차이나반도에서 세력을 확장하던 프랑스 역시 기회를 놓치지 않았다. 이때 이미 베트남 남부를 점령하고 있던 프랑스는 1863년에 캄보디아로 들어왔다. 노로돔 1세 때의 일이다. 1860년 왕위에 오른 노로돔은 베트남 때문에 파괴된 상좌부 불교를 복원하고 캄보디아 고유의 제도와 문화로 되돌아가기 위해 노력하던 앙 두옹 왕의 맏아들이었다. 하지만 1863년 그는 자신을 보호해주는 대가로 캄보디아의 외교를 프랑스에 일임하는 조약을 체결했다. 캄보디아는 프랑스의 보호를 받는 나라가 된 것이다. 표면적으로 이 조약은 캄보디아의 내정에 관여하지 않는 것으로 되어 있었으나 프랑스는 이를 지키지 않았고, 결국은 캄보디아를 식민화의 길로 이끈 조약이 돼버렸다. 노로돔의 재위 기간은 캄보디아 역사에서 가장 길었지만, 그 끝은 식민지였다. 1887년 프랑스는 인도차이나 세 나라의 식민화에 성공했다. 이른바 '프랑스령 인도차이나'였다. 현재의 프놈펜 왕궁에서 노로돔은 사망했고, 그의 이복동생인 시소왓이 왕위를 계승했다.

## 예술 애호가 노로돔의 유산

나라야 어찌 되건 그저 자신의 안위가 중요했을 뿐이지만 노로돔 왕에게도 장점이 있었다. 그는 예술 애호가로 이름이 높았다. 1875년 프놈펜 북서쪽 우동에 왓 우동 사원을 세웠고, 1892년에는 프놈펜 왕궁과 잇닿은 곳에 실버 파고다를 짓게 했다. 왕이 죽은 후에는 말을 타고 있는 모습의 동상을 만들어 실버 파고다에 세우게 했다. 실버 파고다는 우리식으로 말하면 왕실의 원찰쯤 된다고 할까? 그냥 왕실 사원이라고 보면 될 것 같다. 노로돔의 아버지 앙 두옹 왕과 시아누크 왕, 그외 여러 왕자와 왕비의 탑도 이곳에 있다. 캄보디아의 전형적인 전통 탑 형식이어서 아주 낯익어 보인다. 독립기념탑도, 왕의 탑도 다 이와 같은 모양이다.

현지에서는 파고다를 사리탑이라고 부른다. 우리식으로 말하면 고승의 부도를 사리탑이라고 하니 우리와는 조금 다른 의미를 담은 셈이다. 왕궁에서 실버 파고다로 가는 길목에 섬세한 필치로 라마야나 벽화를 그렸고, 그 앞에 왕과 왕비가 사용하던 가마를 비롯해 다양한 일상용품을 전시하고 있다. 사실 파고다나 스투파라고 하면 탑을 말하는 것이므로 실버 파고다 역시 실버 탑이 되지만 실제로는 사원에 해당한다. 따라서 한가운데 불상을 모신 일종의 대

실버 파고다.

도시로 보는 동남아시아사 2

웅전이 있는데, 당연히 신발을 벗고 들어가야 하며, 바닥에 은으로 만든 타일이 깔려 있어서 실버 파고다라는 이름이 붙게 됐다고 한다. 건물은 왕궁과 비슷하게 세 겹으로 층을 이룬 지붕이 높게 솟은 모양이며, 테두리를 황금으로 장식해 멀리서도 눈에 띈다. 내부에는 등신대의 금제 불상을 중심으로 다양한 모습의 불상이 있는데 태국 불상처럼 매우 화려하게 장식되었다.

프놈펜에서 가장 좋은 위치에 있는 것은 역시 강가에 자리 잡은 왕궁일 것이다. 실권은 없지만 여전히 캄보디아 왕국의 상징적 존재인 왕이 현재도 거주하는 곳이고, 그 중심 건물은 '왕좌의 전당'이다. 이 전당에서 왕이 즉위식을 거행하기도 하고, 중요한 행사를 개최하기도 하며, 공식적인 의례를 치렀다. 비록 프놈펜이 중심지는 아니었지만 1차, 2차 세계대전에다 대동아전쟁이 일어났을 때도, 20세기 내내 시달린 내전에도 왕궁이라고 해서 피해를 입지 않았을 리가 없다. 지금은 말끔하고 화려해 보이지만 현대에 대대

왕궁.

적으로 개축, 보수한 모습이라는 뜻이다. 어떻게 보아도 캄보디아 사람들은 세밀하고 정치한 장식에 일가견이 있다. 크메르 제국 때부터 쌓아온 실력이 어디 갈 리 없고, 게다가 신격화된 왕의 거주 공간이니 더욱더 신경을 쓴 모양새다. 디자인도 정교하지만 세부 하나하나가 정성스럽기 그지없다. 이 왕궁은 북서부 우동에서 프놈펜으로 천도하면서 1866년에 건설되었다. 이 일대의 왕궁 구역은 왕궁 외에 왕궁 박물관, 베알 미엔(왕의 평원) 등으로 구성되었는데, 베알 미엔에서는 1년에 두 번 국회가 열린다.

과거의 영광이지만 한때 대륙부 동남아를 호령하던 제국의 후예답게 왕궁 역시 화려하고 기교가 뛰어난 장식이 돋보인다. 정사를 보는 건물인 '왕좌의 전당' 다음으로는 캄보디아 전통 무용 공연이 열리기도 하는 월광전이 가장 유명하다. 왕궁 안에 있는 독립 건물들은 대부분 밝은 미색 벽에다 동남아 특유의 노란색과 주황색 지붕이 날렵하게 솟아 있는 형태다. 우리가 보면 국민총소득이 얼마 되지 않는 빈국에 불과하지만 적어도 국민들에게 왕실의 권위와 위세는 이 지붕처럼 하늘로 치솟았을 것이다. 지금이야 아무 권력도 없고, 캄보디아 왕국의 상징적인 존재에 불과하지만 시엠립이 수도이던 크메르 시대, 권력자의 힘이 하늘을 찌르던 때 왕이었다면 겨우 이 정도 왕궁에 만족했을 리가 없지만 말이다. 형식은 내용을 담는다고 하지만 왕궁의 형식은 얼핏 보아서는 라오스나 태국에 있었어도 크게 달라 보이진 않았을 것 같다. 그만큼 비슷하다는 뜻이기도 하고, 그만큼 서로 영향을 주고받았다는 뜻이기도 하다. 다만 캄보디아 프놈펜의 왕궁이 좀 더 직선적이기는 하다. 태국이나 라오스의 전통 건물의 지붕 선이 좀 더 가파르게 휘어 드라마틱한 곡선을 보여준다면, 프놈펜 왕궁은 지붕의 선도 딱딱하고 모서리에 치솟은 치미 역시 날카롭다. 그래도 장식 문양과 색의 조합은 비슷하다.

또 하나 빼놓을 수 없는 것은 잘 다듬어진 정원이다. 19세기 말에 건립되었고 바로 프랑스 보호령이 되었으니 프랑스의 영향을 받았다고 볼 수 있다. 프랑스의 궁신은 정원이 아름답기로 유명하다. 베르사유 궁전의 정원을 생각하면 아마 이해가 쉬울 것이다. 정원을 특별히 설계해서 꾸몄을 정도이니 프놈펜 왕궁의 정원도 상당히 공을 들인 흔적이 보인다.

마지막으로 나폴레옹 3세가 선물했다는 나폴레옹 3세관도 흥미롭다. 지금은 보수 중이라 외관에 장막을 쳐서 보기 어렵지만 프랑스에서 자재를 다 가져와서 조립한 건축물이라고 한다. 다른 건물

보수 중인 왕궁의 나폴레옹 3세관.

과 달리 베란다가 있는 유럽식 건축이다. 태국과 베트남에도 유럽식 건물이 있지만 나폴레옹 3세가 선물하고, 그의 이름을 딴 건물을 왕궁 안에 지었다니 어쩐지 썩 좋아 보이지는 않는다. 주권을 내준 데 대한 대가처럼 보이기 때문이다. 게다가 전통 목조건물 형식으로 지어진 왕궁의 여느 전각이나 기념홀과는 전혀 다른 이질적인 서양 건축이 주는 생경함은 어쩔 것인가. 그렇다고 해서 부술 수도 없으니 나폴레옹 3세관이야말로 많은 것을 끌어안고 가는 캄보디아의 현실을 보여주는 듯하다.

## 크메르 루즈라는 거대한 비극

누가 뭐래도 프놈펜의 가장 힘든 시절은 크메르 루주가 집권했던 때일 것이다. 1953년 마침내 프랑스로부터 캄보디아가 독립한 이래, 적어도 1960년대까지는 베트남에서야 내전을 하든 말든 표면적으로는 평화를 유지해, 프놈펜은 '동양의 파리'로 불렸다. 도시는 특유의 아름다움을 뽐냈고, 치안도 여느 도시보다 월등히 좋았다. 하지만 1970년대 들어 상황이 급변했다. 미국의 지원을 받은 론 놀이 1970년에 군사 쿠데타를 일으키면서 캄보디아 전역이 분란에 휩싸였다. 냉전이 막바지로 치닫던 때, 캄보디아는 인도차이나 전쟁이라는 깊은 수렁으로 끌려 들어간 것이다. 미국이 캄보디아로 도망간 북베트남군 공산 세력의 확산을 막는다는 이유로 캄보디아에 군대를 투입했고, 농촌 지역에 무차별 폭격을 퍼부었다.

폭격으로 인해 논밭이 망가지고, 불안에 떨게 된 농민들이 프놈펜으로 몰려들었다. 이른바 난민이 된 것이다. 1975년 론 놀 정권 말기에는 프놈펜 인구가 200만 명을 넘었다고 하니 오늘날과 비교해도 엄청난 인구가 모여들었다고 할 수 있다.

하지만 프놈펜으로 몰려든 사람들은 곧 엄청난 시련에 마주하게 된다. 1975년 4월 17일 크메르 루주가 론 놀 정부를 몰아내고 프놈펜을 점령했기 때문이다. 물론 크메르 루주가 프놈펜을 점령했다고 해서 캄보디아 전체를 차지한 것은 아니었다. 공산당에 반대하는 세력도 있었고, 친베트남 공산 세력도 있었는데 이들은 모두 크메르 루주에 적대적이었다. 그런데 미국의 지원을 받고 있던 론 놀 정권의 부정부패에 환멸을 느낀 시민들은 처음에 정권을 잡은 크메르 루주를 환영했다. 환영을 받았다고 해서 크메르 루주가 본색을 감춘 것도 아니다. 루주는 프랑스어로 '붉다'는 뜻이므로 크메르 루주는 말 그대로 크메르 공산당을 가리킨다. 폴 포트가 이끌던 크메르 루주는 별칭이고, 정식 명칭은 CPK, 즉 캄푸치아 공산당, 혹은 민주 캄푸치아다. 이들은 원래 캄보디아 민족주의 정신으로 남베트남과 미국을 적대시하고 인민을 해방한다는 명분을 내세웠다. 하지만 막상 정권을 잡자 화폐와 사유재산, 종교를 없애고, 인류 역사상 전례 없는 대학살에 나섰다. 도시를 해체해 없애고 농촌을 신세계로 만든다는 계획 아래 민족대이동이 시작되었다.

크메르 루주가 먼저 한 일은 미국이 프놈펜을 폭격할 것이라고 시민들을 속여 시골에 있는 집단농장으로 내몰거나 각 지방으로 추방한 것이었다. 이 과정에서 저항한 사람들은 사살되었고, 자살하기도 했으며, 환자·노인·아이·임산부 등 노약자 수만 명이 희생되었다. 확인할 길은 없으나 크메르 루주가 저지른 학살로 캄보디아 인구의 반 이상이 죽임을 당했다고 한다. 공식적으로 사형에 처한 사람만도 40만 명이라고 하니 엄청난 수였던 것은 분명하다. 모든 이들이 떠난 도시는 황폐해졌고, 남은 것은 아무것도 없었다. 크메르 루주가 패퇴한 뒤에 사람들이 다시 돌아오면서 인구가 늘어나 지금과 같은 수도라는 이름에 걸맞은 도시가 되었다.

프놈펜에는 캄보디아의 독립을 기념하는 독립기념비가 있다. 1953년 프랑스에서 독립한 것을 기념하기 위해 캄보디아의 전통탑 건축을 본떠서 지은 것이다. 하지만 어처구니없게도 이곳에서도 무수한 사람들이 학살을 당했다. 식민지에서 벗어난 것을 기념하는 곳에서 자국민의 손에 학살당한 아이러니라니. 그런 의미에

투얼슬랭 학살박물관.

도시로 보는 동남아시아사 2

서 이 독립기념비는 폭력적인 집단이 정권을 잡으면 어떤 일이 벌어지는가를 잘 보여주는 기억의 탑이자 장소가 된다. 또 키엔스와이라고 불리던 고등학교에는 당시 강제수용소가 만들어졌다. 이곳에서 론 놀 정부의 공무원, 군인, 기업인, 때로는 자기들과 맞지 않는 크메르 루주의 충실한 간부까지 모두 스파이 누명을 쓰고 수용되어 고문을 받다가 프놈펜 시외의 킬링필드에서 처형되었다. 2만 명 이상이 갇힌 수용소에서 생존자가 겨우 여섯 명이라고 하니 나치의 유대인 학살에 못지않게 잔혹했다. 나치는 종족도 달랐고 경제적 동기도 있었다지만, 크메르 루주는 무차별적인 학살이었다는 게 다르다고 할까.

프놈펜 근교 투얼슬랭에는 제노사이드 뮤지엄, 즉 학살박물관을 지어 이때의 참혹했던 실상을 보여주고 있다. 투얼슬랭은 크메르 루주의 정치범 수용소가 있던 곳이다. 이 박물관은 인간이 어디까지 잔악해질 수 있는지, 어떻게 민족주의나 사상개조라는 어이없는 명분을 내세워 고문을 합리화했는지를 확인할 수 있는 곳이다. 나도 모르게 진저리치며 살아남은 사람들에 대한 연민을 느끼게 된다. 투얼슬랭 학살박물관은 그다지 들여다보고 싶지 않은 인류 역사의 가장 어두운 치부를 보여주는 다크투어리즘의 전형적인 사례로, 캄보디아 현대사의 참혹했던 현장을 반드시 기억해야 한다고 생각하게 만든다. 인류가 오랫동안 만들고 지켜온 인권이 무자비한 폭력 앞에서 처절하게 무너진 곳이기 때문이다.

학살이 자행되던 지옥 같은 4년이 흐른 뒤인 1979년 1월 7일, 베트남군의 지원을 받은 행삼린과 훈센이 이끄는 캄푸치아 민족구

국전선이 폴 포트로부터 프놈펜을 탈환했다. 그때까지 프놈펜에 살아남았던 사람은 약 5000명이었다고 하는데, 큰 대학교 한 학년 정도의 숫자에 불과하다. 이후 크메르 루주에 대한 재판은 16년이나 걸렸고, 폴 포트는 재판도 받지 않은 채 죽어버렸다. 많은 이들의 상처와 포한이 아물기가 참 어려웠을 것이다. 행삼린과 훈센은 캄푸치아인민공화국을 수립했고, 폴 포트 잔군은 태국 국경지대로 도망가 게릴라 활동을 벌이다가 1981년에 자진 해체했다. 그야말로 역사의 뒤안길로 사라진 것이다.

폴 포트를 몰아내고 프놈펜에 들어선 새 정부는 반베트남연합전선의 도전을 받았다. 그나마 새 정부의 승리에 도움을 준 베트남은 설상가상으로 베트남 통일 이후 경제적 어려움에 처하게 되면서 캄보디아에서 철군했다. 지난한 곡절의 시간을 보내고 1993년에

사람으로 북적이는 야시장.

치른 총선에서 캄보디아 왕국으로 국명을 다시 바꾸고, 시아누크가 왕이 되었다. 폭압적인 크메르 루주의 통치는 짧았지만 프놈펜 곳곳에 결코 지울 수 없는 깊은 상처를 남겼다.

지금 프놈펜은 지우기 힘든 상처를 딛고 빠르게 동남아 대륙부의 거점 도시로 성장하고 있다. 사방으로 이어지는 아스팔트 도로를 깔고, 근사한 고층 빌딩을 세우고, 시민의 거주지와 공원도 현대식으로 만들었다. 외형적으로는 한 나라의 수도로서 손색없는 모습을 갖췄지만, 시민들의 마음속에 깊게 새겨진 상흔도 흐려졌는지는 모르겠다.

짧았던 영화의 땅,
수코타이

강희정

동남아를 꽤나 드나들었다는 사람도 수코타이라고 하면 아마 고개를 갸웃거릴지 모른다. 뒤에 타이가 붙었으니 태국인가 보다 생각할 수는 있을 것이다. 맞다, 태국이다. 태국이 본격적으로 하나의 국가로 발돋움하던 초기의 이름이기도 하고, 당시 그 나라의 수도 이름이기도 하다. 수코타이는 역사적으로 존재했던 나라의 이름이자 현재 태국 내륙에 있는 지방 도시의 이름이다. 산스크리트어로 '행복의 여명'이라는 뜻이다.

수코타이는 방콕의 북쪽이자 치앙마이의 남쪽에 있으니 태국 전체로 보면 가운데 정도에 위치하고, 두 도시의 위치로 보아도 거의 중간에 있다. 지리적으로 욤강 계곡에 자리하며 넓게는 카오루앙 산맥이 펼쳐진 곳이다. 현재의 중심 도시인 수코타이 타니는 방콕에서 북쪽으로 약 427킬로미터 떨어진 곳에 있다. 지도에서 보면 남쪽으로 길게 뻗은 말레이반도 쪽 태국 영토를 빼고, 나머지 대륙부 중간에 있다. 그렇지만 태국 영토의 동서 방향으로 보면 서쪽, 즉 미얀마 방면으로 치우친 곳이다. 비록 지방의 작은 공항이지만 사람들은 공항에 내리는 순간, 굉장히 아름다운 곳이라는 걸 직감하게 된다. 나무로 짠 낮은 담 곳곳에 화려한 색으로 자태를 뽐내는 서양란 화분을 꽂아둔 까닭이다. 화려함과 소박함이 오묘하게 조화를 이뤘다고나 할까.

## 태국 최초의 통일국가

동남아시아의 여느 나라처럼 태국도 영토가 넓어서 문화적으로 다양하고, 역사적으로도 부침이 컸다. 수코타이 왕국은 그중 약 200년이라는 짧은 기간 동안 존속했다. 왕국이 오래 존속되지 못한 까닭에 유산이 적은 편이기도 하지만 그렇다고 해서 결코 무시할 수는 없는 나라다. 지금은 인구가 불과 3만 7000명밖에 안 되는 작은 도시지만 한때 동남아 대륙에서 막강한 세력을 떨쳤기 때문이다. 수코타이 왕국은 1238년 스리 인드라디티야(시 인트라팃Si Inthrathit)가 건국했고, 1438년 방콕 인근에서 성장해 힘을 키우던 새로운 왕국 아유타야의 공격을 받아 아유타야에 합병될 때까지 존재했다. 동남아 왕국치고는 짧지 않지만 그래도 존속 기간이 길지는 않았던 만큼 굳건한 사회 체제나 문화를 일굴 시간은 부족했다.

이 기간은 우리로 치면 고려 후기에서 조선 초기에 해당하는 기간이다. 여기서 고려 후기라고 한 것은 몽골이 처음 고려를 침략한 때가 1231년이라는 점 때문이다. 즉 몽골이 대륙에서 영토를 확장하면서 전 세계 정세가 요동쳤고, 그중 하나가 수코타이 건국이라 할 수 있다. 몽골은 1253년 중국 윈난성에 있던 대리국을 멸망시켰고, 미얀마의 바간 왕조와도 전쟁을 벌였다. 계속된 전쟁이 동남아 대륙부에서도 북부에 살고 있던 타이족의 남하에 영향을 미쳤고, 남으로 밀려 내려온 타이족은 그 어느 때보다 통합의 필요성을 절감했다. 그러니 이 무렵에 건국된 수코타이는 어떤 의미로든 태국 최초의 통일국가였다고 해도 무방하다. 실제로 태국사에서는 수코타이를 현대 태국과 이어지는 국가의 시작으로 보는 견해가 많다.

수코타이 건국 이전까지 오늘날 태국에 해당하는 넓은 영토에는 '무앙'이라 불리는 작은 나라들이 흩어져 있었다. 무앙은 우리로 치면 소규모 부족공동체와 비슷한 수준이다. 소국이라고나 할까? 여러 부족이 싸우고 통합되는 과정을 거쳐 다시 몇몇 공동체가 합쳐지는 식으로 성립된 작은 규모의 나라들이 드넓은 땅에 흩어져 있었다. 광대한 동남아시아 대륙부에서 발견된 유물과 유적은 적지 않지만 이렇다 할 태국 지역의 고대 문명은 사실 현대 태국인과는 관계가 없다. 인도 문화의 영향을 받아 동남아에서 고대 문명을 꽃피우기 시작했을 때 태국 지역도 그 흐름을 탔다. 6세기경 태국 중부 지방에서 번창한 드바라바티 문화가 그것이다. 드바라바티 문화를 계승해 발전한 하리푼자야 문화도 있다.

하지만 대륙 한가운데서 화려하게 등장한 이 문화는 모두 몬족의 문화다. 일찍이 동남아로 이주해 화려한 문명의 꽃을 피웠던 몬족은 현재 대부분 미얀마에 남아 있다. 태국에서는 드바라바티와 하리푼자야 문화를 모두 자국의 역사로 포장하지만 현대 태국과 이어지는 태국 문명의 주체는 타이족이다. 그러나 화려한 문화를 일군 몬족도 태국 땅에 의미 있는 통일국가를 세우지는 못했다. 어떤 막강한 권력도 영토를 장악하지 못했던 힘의 공백기에 무앙이 대륙 곳곳에 자리하고 있었고, 이를 통일한 최초의 국가가 수코타이였다. 몬족이 차지하고 있던 땅에 차오프라야강 하류에서 중·상류 방면으로 타이족이 이동해 세력을 형성함으로써 점차 하리푼자야의 몬족 문화를 대체하게 된 것이다.

중국과 한국의 옛 기록에는 '섬라'라는 이름이 나온다. 섬라는 태국을 말한다. 임진왜란 때 명나라가 요청해서 섬라가 조선에 파병하기로 했었다. 사신이 오가는 사이에 전쟁이 끝나서 파병은 이뤄지지 않았다. 일제강점기에 발행된 신문이나 잡지에서도 섬라라는 이름을 종종 발견할 수 있다. 섬라로 인삼을 팔러 갔다거나 섬라에서 쌀을 수입했다거나 하는 내용이다. 대체 섬라는 어디서 나온 말일까? 우선 섬은 '샴Siam'의 한자어 음역이고, 수코타이에서 기원한 글자다. 라는 라보 혹은 롭부리에서 온 것인데, 롭부리는 오늘날 아유타야 인근에 있는 작은 도시이면서 과거 아유타야 왕국의 제2 수도가 있었던 곳이다. 원래 라보는 몬족의 도시국가로서 한자로는 '라곡'이라고 음역되었다. 그런데 라보를 아유타야가 점령하고, 다시 수코타이를 병합함으로써 세력을 키웠기 때문에 두 나라를 지칭하는 섬과 라곡이 합쳐져 섬라가 되었다. 간단히 말해서 섬라는 수코타이와 아유타야를 함께 묶어 만든 국명이다. 아유타야가 수코타이를 병합했으므로 하나의 나라가 된 셈이다. 일제강점기 조선인이 인삼을 팔기 위해 수코타이로 갔는지, 아유타야로 갔는지는 확인할 길이 없지만 태국으로 갔다는 것만은 분명하다.

# 수코타이, 무앙에서 왕국으로

수코타이 왕국이 건립된 1238년경에 동남아 대륙부는 이 시기 막강한 힘을 자랑하던 크메르 제국의 영향권 아래 있었다. 군사적으로나 문화적으로나 엄청난 위세를 떨치며 정치적·문화적 역량을 자랑하던 크메르 제국이지만 앙코르 와트와 바욘 사원을 건설하면서 국력을 많이 소진했고, 참파와의 전쟁, 계속 이어진 왕권 쟁탈전으로 인해 세력이 약해지고 있었다. 달도 차면 이울고, 만조가 있으면 간조가 있는 법이다. 굳건하게 대륙의 정치적 중심 역할을 하던 크메르가 약해진 틈을 타 대략 1180년경부터 반기를 든 사람이 스리 인드라디티야였다. 그가 프라 루앙 왕조를 세우자, 태국 곳곳에 흩어져 있던 무앙의 제후들이 스리 인드라디티야의 깃발 아래 모여들었다. 일설에는 그가 캄보디아, 즉 크메르 제국의 공주와 결혼했다고 하는데 자기 세력을 키우기 위해 강력한 권력자 집안과 혼인을 하는 것은 드문 일이 아니었으므로 사실일 가능성이 크다. 그에게는 다섯 명의 자손이 있었는데 그중 아들이 셋이었고 막내 아들이 람캄행이었다.

건국의 왕으로 스리 인드라디티야에 주목하게 된 것도 사실 람캄행(재위 1279?~1298) 덕분이다. 수코타이를 유명하게 만든 인물로 막강한 권력을 자랑했던 람캄행이 세세하게 기록한 비석을 남겼기 때문이다. 이 비석은 현재 수코타이에서 방콕국립박물관으로 옮겨진 상태다. 흥미로운 것은 영화 〈왕과 나〉에 나오는 주인공 몽꿋 왕이 이 비석을 발견했다고 태국에서는 믿고 있다는 점이다. 후에 태국 짜끄리 왕조의 라마 4세가 되는 몽꿋 왕은 정당한 왕위 계승자였지만 귀족들이 후궁에게서 태어난 그의 형을 왕으로 추대했다. 혹시라도 이것이 권력 싸움으로 비칠 것을 꺼린 몽꿋은 이를 그대로 받아들이고 태국의 전통 관례대로 출가를 했다. 마침 승려 신분으로 수코타이에 여행을 갔던 그가 람캄행의 비석을 발견했다는 다소 자의적인 이야기가 현재 통설로 받아들여진다. 그만큼 람캄행과 수코타이를 중요하게 여겨서인지, 1964년에 개관한 현지의 국립박물관 이름도 수코타이국립박물관이 아니라 람캄행국립박물관이다.

람캄행의 비문은 워낙 유명하기도 했지만 동남아시아 중세사를 복원하는 데 상당히 도움이 되는 중요한 자료다. 동남아시아에는 현재 11개 국가가 있지만 태국을 제외하면 대부분 제국의 식민지였다가 독립한 나라들이다. 즉 한국이나 중국처럼 특정한 왕조가 오래 지속된 곳도 별로 없고, 무엇보다 역사서가 드물다. 우리나라의 《삼국사기》, 《고려사》, 《조선왕조실록》이나 중국의 《명사》, 《송사》와 같은 관찬 역사서가 없다. 문헌 기록이 부족해 동남아시아 역사를 일목요연하게 알기가 어려운 형편이다. 그나마 드문드문 남아 있는 기록은 암석이나 금속에 새긴 비문이나 명문이 주류를 이룬다. 그 내용 역시 왕위 계승 문제나 여러 종족 간의 전쟁, 종교적인 의례가 중심이 된 경우가 많아서 편년체로 이뤄진 동북아시아의 역사 기록과는 많이 다르다. 그에 비해 람캄행 비문은 수코타이의 왕권, 사회, 제도, 생활에 대해 상당한 정보를 제공한다는 점에서 의미가 크다.

람캄행 대왕의 동상.
ⓒ 위키미디어

비문에는 귀족, 상인, 농민, 군인, 관료 등이 골고루 언급되지만 노예의 존재가 확인되지 않는다는 점이 매우 특이하다. 물론 노예라는 글자가 새겨지지 않았다고 해서 수코타이 사회에 노예가 없었다고 확실히 말하기는 어렵다. 원래부터 노예가 없었을 수도 있고, 있었으나 중요하지 않아서 언급하지 않았을 수도 있다. 람캄행왕 재위 시기에는 없었지만 그 후에 생겼을 수도 있다. 이 시기에 노예가 언급조차 되지 않은 이유는 아마도 수코타이의 경제적 기반이 교역이었기 때문일 것이다. 수코타이는 농업보다 교통의 요지에 있다는 지리적 이점을 이용해 육로를 통한 교역이 활발했다. 거기에다 상인들을 유인하기 위해 세금을 면제해주었다. 세금 없는 면세 지역에서 교역하는 무역상에게 적어도 세금만큼은 혜택을 받을 수 있게 보장해준 셈이었다. 또 주변 지역을 점령하면서 약탈하거나 뒷날 그곳에서 받는 조공도 수코타이 경제 구조를 지탱하는 힘이 되었다. 물질이나 곡식, 과일 생산에 의존하는 나라였으면 노예 노동이 반드시 필요하고, 따라서 어떻게든 노예를 늘리려고 했을 텐데 람캄행은 그러지 않았다. 수코타이가 크메르 제국이나 아유타야와 다른 점이다.


## 수코타이 역사를 복원해준
## 람캄행 비석

타이족의 나라, 태국의 최초 통일왕국을 이룬 왕이다 보니 수코타이

람캄행 비석.

에는 람캄행 왕의 동상뿐만 아니라 비석 역시 꽤나 귀한 대접을 받는다. 새로운 문자를 만들어 새긴 비석이니 그 중요성은 더 말할 나위가 없다. 한글이 창제되기 약 100여 년 전인 1292년의 일이다. 비석에 새겨진 이 문자가 현대 태국 문자의 시원에 해당한다. 람캄행 비문에 따르면 수코타이를 세운 스리 인드라디티야가 1270년에 죽자, 그의 아들이자 람캄행의 형인 반 무앙이 왕위를 계승했다. 그의 뒤를 람캄행이 이었다. 즉 왕위를 적자가 아니라 형제가 상속한 것인데, 형제 상속은 동남아에서 보기 드문 일은 아니다. 더욱이 비문에서는 람캄행이 아버지를 극진히 섬겼고, 아버지 사후에는 형을 충성스럽게 모셨다고 밝히고 있다. 중국으로부터 유교를 받아들인 것도 아닌데 충효를 기본적으로 강조하는 사회였던 것이다. 비문을 그대로 믿을 수는 없지만 왕이 사람들에게 전달하고자 했던 메시지는 분명해 보인다.

왕이 된 람캄행은 아버지와 형의 뒤를 이어 영토 확장에 나섰다. 특히 남쪽으로 세력을 펼쳐 방콕에 가까운 수판부리와 현재 태국 남단인 말레이반도 나콘시탐마랏까지 확대하는 데 성공했다. 그덕에 크메르 지배 아래 있던 동부 이외에 오늘날의 태국 영토와 비슷한 영역을 확보했다. 하지만 람캄행이 죽은 뒤 중앙정부의 통제력이 급격히 떨어지면서 수코타이는 쇠락의 길을 걷게 된다. 결국 1349년 방콕 인근에서 성장한 아유타야가 침략함으로써 수코타이의 쇠퇴에 쐐기를 박았다. 엎친 데 덮친 격으로 후손들의 왕위 쟁탈전이 더욱 나라를 위태롭게 했고 결국 1438년에 멸망하고 말았다. 나라는 없어졌지만 수코타이의 문화와 사회, 관습은 태국 전반에 큰 영향을 미쳤다. 수코타이의 귀족들은 아유타야의 상류층과 혼인으로 동맹을 맺었고, 때로는 아유타야의 왕위 계승에 관여하기도 했다. 수코타이의 장군들은 아유타야 군대에서 중요한 역할을 맡을 정도로 군사적 능력이나 지휘력을 인정받았다.

오늘날 태국은 상좌부 불교로 유명하지만 처음부터 상좌부 불교가 대세였던 것은 아니다. 상좌부 불교를 융성하게 만든 것도 수코타이의 람캄행이었다. 그는 현재 태국 남부, 말레이반도 북부에 있는 나콘시탐마랏에 사람을 보내 적극적으로 상좌부 불교를 수입하고, 사원을 건설하는 데 힘을 기울였다. 현재 수코타이 세계문화유산 지구에 사원 유적이 많은 것도 이해가 가능한 부분이다. 람캄행은 무력을 써서 주변을 정벌하고 정벌한 지역에 상좌부 불교를 전파했을 정도로 불교를 후원하는 데 주저함이 없었다. 인도의 아소카 왕에 비견될 만한 행적이다. 크메르나 참파의 제왕들처럼 자신을 신격화하지 않았다는 점이 람캄행의 특징인데, 이는 그가 상좌부 불교를 택했기 때문이다. 개인의 수행을 중시하는 상좌부 불교는 전지전능한 신의 위엄을 강조하는 대승불교나 힌두교와는 다르다. 후대의 태국 왕들은 비록 자신의 권위를 높이기 위해 스스로를 거의 신격화하는 길을 택했지만 람캄행은 폭력으로 주변 지역을 점령하고 그곳에 불교를 전파했다. 살생하지 말라는 불교 교리와는 거리가 있어도 태국 불교를 융성하게 만든 장본인이라는 점에서 람캄행을 태국의 전륜성왕이라고 부를 만하다.

게다가 중국을 통일한 몽골의 원나라와 친교를 맺어 몽골의 공격을 피했을뿐더러 중국의 도자기 제작 기술을 수입하기도 했다.

몽골은 대륙부에서는 미얀마와 베트남, 바다 건너 인도네시아까지 침략했는데 묘하게도 태국과는 우호관계를 맺었다. 람캄행 본인도 상도 베이징에 있던 원 조정을 두 번이나 방문해 몽골의 환심을 사고, 지원을 약속받기도 했다. 그의 베이징 방문은 원과 확실한 동맹 관계를 맺음으로써 크메르 제국을 견제하려는 의도가 있었다. 동남아시아에서는 그동안 고온에서 구운 자기가 생산되지 않았다. 자기를 만들기 위해서는 1200도 정도의 고온을 견딜 수 있는 가마와 그릇 표면에 바를 유약 만드는 기술이 필요했는데, 수코타이는 원으로부터 그 기술을 배웠다. 원의 장인을 직접 초빙했기 때문에 자기 제작 기술을 제대로 전수할 수 있었다. 이때 만들어진 태국 전통 자기를 도자기 가마가 있던 지역의 이름을 따서 상칼록Sangkhalok이라고 부른다.

사실 상칼록은 1939년까지 수코타이 일대를 가리키는 지명이었다. 어떤 이유에서인지 중국과 동남아는 유라시아 대륙에서 국경을 맞대고 있기는 하지만 고온에서 굽는 중국의 도자기가 동남아에서는 별로 인기를 끌지 못했다. 여기에는 아마도 흙으로 빚어 구운 그릇을 기피하는 인도의 영향도 있었을 것이다. 기원전부터 인도 문화의 영향이 동남아에 깊이 뿌리를 내렸기 때문이다. 939년에 독립하기 전까지 중국의 지배를 받았던 베트남에서만 자기를 만들었고, 태국과 미얀마 일부 지역에서는 자기보다 낮은 온도에서 굽는 도기를 만들었다. 그러니 오래 전통을 이어가지는 못했더라도 상칼록이라는 자기를 만들었던 것은 동남아에서 매우 특별한 일이었다고 볼 수 있다.

람캄행의 비석은 수코타이의 역사를 복원하고 재인식하는 데 큰 역할을 했지만 무엇보다 의미 있는 일은 수코타이를 태국이라는 한 나라의 역사에 편입시키는 결정적인 근거가 되었다는 점이다. 그런데 람캄행의 비문을 발견했다고 알려진 사람이 시암의 4대 군주 라마 4세, 즉 몽꿋 왕이라는 주장은 매우 흥미롭다. 그가 실제로 이 비석을 발견했는지는 상당히 의문스럽기 때문인데, 아마도 모든 것을 왕의 은혜, 왕 덕분이라고 말하는 대국인의 문화에서 비롯된 이야기로 보인다. 서구 열강이 시시각각 태국을 조여오고 있던 상황에서 몽꿋 왕은 시암을 '하나의 정체성을 가진 국가'라는 자신의 아이디어에 맞는 근대국가 건설에 매진하고 있었다. 그 담론을 만드는 과정에서 수코타이는 비로소 태국 최초의 국가이자 동시에 수도라는 위상에 올랐고, 그 뒤를 아유타야와 톤부리라는 두 나라가 계승했다는 태국의 일국사가 탄생했다. 심지어 찟 푸미삭Chit Phumisak이라는 학자는 수코타이 시대를 크메르라는 외국 지배자들로부터 마침내 태국 사람들이 해방된 시기라고 과격한 주장을 하기도 했다. 그러니 열강의 압박이 시시각각으로 조여오던 태국의 19세기 상황에서 람캄행의 비석은 단순한 비석 이상으로 의미를 지닌다. 명확한 기록으로 남겨준 수코타이의 역사는 왕실 엘리트를 중심으로 한 태국의 근대주의자들에게 빼놓을 수 없는 콘텐츠를 제공한 셈이다.

# 세계문화유산이 된 광대한 역사유적

수코타이는 "물에는 물고기가, 들판엔 쌀이 가득하고, 누구나 자유로이 교역을 하러 다녔다"고 회자될 정도로 번창했다. 지금 수코타이에는 왕궁도, 번듯한 사원도 제대로 남아 있지 않지만 광활한 사원 유적과 웬만한 건물 높이의 불상이 과거의 영화를 보여주고도 남는다. 이미 이 지역 자체는 1456년부터 약 20년간 이어진 아유타야와 란나 왕국 사이의 전쟁으로 폐허가 되었다. 그 후에 일어난 버마와 아유타야 간의 분쟁 역시 수코타이를 피해가지 않았다. 수코타이 현지에서 세력을 유지하고 있던 지배층이 버마와 손을 잡았기 때문이다. 버마와 크메르, 태국에서 세력을 떨치던 집단 간에 일어난 동남아 내륙에서의 잦은 분쟁으로 웅장했을 사원과 궁성은 잔해만 남게 되었다.

현대 도시 수코타이에서 약 12킬로미터 떨어진 곳에 있는 옛 수코타이 왕국의 수도가 수코타이 역사도시라는 이름으로 유네스코 세계문화유산으로 지정되었고, 현재 태국 예술국에서 관리하고 있다. 이 지역에서 약 50킬로미터 떨어진 곳에 원래 크메르의 군사기지였던 스리 사자날라야(현재의 시 삿차날라이 역사공원)가 수코타이 정치의 중요한 중심지 역할을 하기도 했다. 수코타이 일대는 왕국 건립 이전에 이미 크메르가 선점해 지배하던 영토였고, 그 당시에는 수코다야로 불리던 곳이었기에 이 지역에는 크메르 문화가 널리 퍼져 있었다. 크메르는 현지에 거대한 기념비적인 건축물을 세웠고, 수코타이 역사공원에 있는 따 파 댕 사당, 왓 프라 파이 루앙,

왓 시 사와이 사원이 이에 해당된다. 그러므로 수코타이 왕국이 번영하기 이전에 있었던 건물이나 사원에서 크메르 문화의 요소가 보이는 것은 당연하다.

크메르의 앙코르 제국이 태국 내륙 한가운데 있는 이 땅을 다스리던 때, 당연히 타이족은 야만인 취급을 받았다. 12세기에 건립된 앙코르 와트 바깥쪽 벽에 새겨진 부조에서 시암의 군대가 얼마나 오합지졸로 묘사되었는지를 보면 알 수 있다. 질서정연하게 군기가 딱 잡힌 앙코르 제국 수리야바르만 2세의 군대에 비해 시암족 병사들은 제멋대로 움직인다. 뒤돌아서 떠드는 병사, 딴짓을 하는 병사에다 창을 들고 있는 모습도 제각각이다. 군기가 빠져도 이만저만 빠진 게 아니다. 막강한 군대를 자랑하던 앙코르 제국 왕과 장수의 눈에 이들이 얼마나 가소롭게 보였겠는가. 하지만 불과 100년도 채 지나지 않아 우습게만 보이던 시암의 부대가 무시무시하게 악명 높은 크메르군을 무찌르고 나라를 세운 것이다. 참파와의 전쟁, 왕위 계승 분쟁이 잇달았던 앙코르 제국 내부의 문제도 컸지만 위세가 하늘을 찔렀던 크메르군을 몰아낸 것은 결코 우연이 아니었다.

수코타이 역사유적은 평지에 위치했는데 동서 약 2킬로미터, 남북 약 1.6킬로미터에 이르는 직사각형 성채가 있고, 각 성벽 중앙에 문이 있는 형태. 크메르 제국도 평지에 이런 성을 지었다. 앙코르 톰이 바로 그와 같은 성채다. 비슷한 성채는 수코타이에도 있다. 내륙일수록 성채를 높이 쌓아 외부에서 침략하는 적을 막기에 수월했던 모양이다. 수코타이의 성채 내부에는 왕궁과 26기의 사원 유구가 남아 있다.

　지형 자체가 평지이고 구릉이 거의 없는 까닭에 서양에서 온 사람들은 자전거를 대여해서 곳곳을 여행한다. 물론 무척 덥기 때문에 자전거로 수코타이 역사유적지구를 돌아보는 것은 사실 고행에 가깝다. 어지간히 체력이 좋고 운동을 꾸준히 해온 사람이라면 모를까, 호기심에, 또는 걸어 다니기 힘들어서 자전거를 빌렸다가는 큰코 다친다. 먼 거리를 움직이려다 순식간에 열사병에 걸려 핑 돌지도 모른다. 하지만 강가 그늘에서 잠시 쉴 때 바람이 불면 극락이 따로 없다는 생각이 들기도 한다. 그 순간만큼은 넓게 흩어져 있는 유적이 그대로 천국처럼 보일 정도다. 땀을 흠뻑 흘리고 더 이상 땀을 닦아낼 수건도 없을 무렵, 바람 속에서 강을 바라보며 무념무상에 젖어보는 것도 좋은 경험이 될 것이다. 생애 겪었던 온갖 고통이 증발하는 것 같은 느낌이 들지 모른다. 그런 기분을 알기 때문인지, 아니면 워낙 많은 서양인이 찾기 때문인지, 수코타이에는 호텔이나 노점에서 자전거를 빌려주는 곳이 많다. 하지만 우리나라의 자전거와는 달라서 힘이 더 많이 드니 주의가 필요하다. 대중교통이 발달한 곳이 아니므로 자전거 대신 툭툭이나 작은 트럭을 개조한 일종의 버스 같은 것을 탈 수도 있다. 정거장이 일정하지 않아서 사람이 있으면 서고, 가격을 흥정해야 하지만 대개 호텔이나 유명 관광지에는 반드시 정차하고, 거리에 따라 가격도 정해진 편이다.

　정작 수코타이 유적지에 가면 다시 한번 그 광대한 규모에 놀라게 된다. 넓기도 넓지만 불상이 너무 커서 압도당하는 기분이 든다. 무엇보다 수코타이 역사유적지구가 깔끔하게 느껴지는 것은 색 때문이다. 건기에 가면 푸른 하늘 아래 초록색 잎이 가득한 나무, 붉은 벽돌로 지어진 건축물이 어우러져 단 세 가지 색만 보인다. 물론 색마다 농도와 밝기의 차이가 있다. 진한 초록색 잎이 있는가 하면 약간 누런 녹색도 있고, 연두색 잎이 파릇파릇한 나무도 있다. 쨍쨍한 파란 하늘 아래 우뚝 솟은 건 붉은 사원과 스투파 유구뿐이다. 경우에 따라 건물에 덧바른 하얀 석회가 있긴 하지만 그마저 떨어진 부분이 많아서 크게 두드러지지 않는다. 겨우 세 가지 색만 눈에 들어오니 역사유적지구 전체가 그 커다란 규모에도 불구하고 생경하거나 인위적이지 않고 담백하고 편안한 느낌을 준다. 억지로 시선을 잡아끄는 것이 없으니 자연 속에 머물러 있는 것처럼 느긋해진다. 어쩌면 수코타이 왕국이 멸망한 이후, 계속 전쟁에 휘말렸고, 이렇다 할 큰 정치적 세력이 없어서 사원을 보수하고 계속 유지하지 못했기 때문일지도 모른다. 오래도록 유지하고 보수하고 사람들이 모여드는 사원이었다면 치앙마이의 황금 스투파와 사원처럼 형형색색의 깃발이 나부끼는 복잡하고 도회적인 모습을 보여주었을 것이다.

## 여전히 람캄행이 지배하는 역사유적지구

수코타이 역사유적지구는 좌우로 약간 넓은 직사각형으로 둘러친 성채 내외의 다양한 유적으로 구성된다. 성채 중심에 가까운 곳에 현대에 세운 람캄행 기념물이 있고, 호수 앞으로 가장 큰 사원인 왓 마하탓이 있다. 약간 떨어진 곳에 람캄행국립박물관이 있으니 수코타이 (구)도시의 중심부는 여전히 람캄행이 지배하는 것 같다. 두 번째로 규모가 큰 사원인 왓 사 시는 호수 쪽에 있다. 그외에 크고 작은 사원 유적과 건물의 잔해가 흩어져 있는데, 이는 성 외곽도 마찬가지다. 수코타이 역사유적지구에는 이름이 알려진, 즉 어느 정도 규모가 되는 사원만 해도 서른세 곳 정도가 있다. 우리나라 어떤 도시에서 한 건물에 교회가 서너 개 자리 잡고 있는 것을 생각하면 수코타이의 사원 숫자가 이해하기 어려울 정도는 아니다. 전성기 때는 이보다 훨씬 크고 화려한 건물이 줄지어 있지 않았을까?

세계문화유산인 데다가 오랜 시간에 걸쳐 서서히 현대화가 이뤄졌기 때문에 성채 내외부가 깨끗하게 정비되어 있다. 넓디넓은 사원 유적지 내부 바닥에 깔린 돌을 보면 아마도 사원을 건설할 때부터 대지를 고르고 다진 후, 흙이나 잡풀이 올라오지 못하게 촘촘하게 바닥을 깔았을 것이다. 지형이나 기후 특성상 풀이라도 나기 시작하면 무섭게 자랄 게 아닌가? 영화에도 곧잘 나오는 앙코르의 폐허 같은 유적을 보면 충분히 짐작이 가고도 남는다. 바닥을 잘 다져야 높은 건물을 지탱할 수 있다. 현지에 당당히 버티고 서 있는 두껍고 높은 기둥을 보면 사원들이 원래 얼마나 장대했을지 짐작하기 어렵지 않다. 기둥의 크기만 봐도 바닥이 아주 든든해야 버틸 수 있었을 것이라는 생각이 든다.

지금은 남아 있지 않지만 엄청난 기둥 위로 지붕을 올렸을 것이고, 지붕이든 벽이든 또 화려하기 그지없는 장식을 했을 테니, 무엇으로 장식을 했든 그 무게가 더해졌을 것이다. 어떤 벽을 세웠건,

어떤 지붕을 올렸건 결국 대지 위에 그냥 지어서는 건물을 유지할 수 없을 정도로 무게가 나갈 수밖에 없다. 더욱이 이 지역은 물이 많고 비가 많이 오는 곳이라 땅이 그다지 단단하지 않다. 당연히 바닥을 잘 다지고 바닥돌을 촘촘하게 깔아서 무게를 지탱해줄 수 있는 상태가 되어야 웅장한 건물을 지을 수 있다. 비록 지금은 폐허처럼 기둥만 남아 있지만 방콕이나 치앙마이의 화려한 사원들을 보면 수코타이 사원들도 막대한 비용을 들여 호사스럽게 치장했었으리라고 추측할 수 있다.

수코타이 세계문화유산 가운데 가장 유명한 곳은 왓 마하탓이다. 일단 사람들이 가장 많이 찾는 곳이고, 일정한 간격으로 기둥이 죽 늘어서 있어 쉽게 눈에 띈다. 이 거대한 사원은 수코타이 왕국을 건설한 스리 인드라디티야가 건설했다고 알려져 있다. 그러나 지금은 왓 마하탓을 보고 당시 건물이 어땠다고 말하기는 어렵다. 겨우 기단과 계단, 기둥이 남아 있을 뿐이기 때문이다. 넓은 대지 위에 넓적하고 평평한 바닥돌을 타일처럼 깔아 평평하게 마감하고 그 위에 굵고 높은 기둥을 세웠다. 기둥도 붉은색 원반형 돌을 쌓아 올려 만들었는데 겉에 회반죽을 발라 하얗게 만든 흔적이 잘 남아 있다. 아마 벽돌과 돌을 섞어 사원과 스투파 등을 짓고 전체적으로 회반죽을 발라 표면을 매끈하게 다듬은 후 색을 칠했던 모양이다.

지금은 기둥만 있지만 그 위에 목조 구조물을 얹어 천장과 지붕을 만들었을 것이다. 비가 갑자기 쏟아지는 동남아의 기후 특성으로 미루어 보건대 수코타이의 건물 지붕도 위가 뾰족하게 높이 솟은 모양이었을 것이다. 현재 지붕이 남아 있는 경우가 전혀 없어서

왓 마하탓.

도시로 보는 동남아시아사 2

왓 마하탓의 중심 건물지(위),
왓 마하탓 불상(아래).

단정하기는 어렵다. 하지만 치앙마이나 라오스의 사원 건축을 생각하면 거의 비슷한 모양이었을 것으로 보인다. 높이 솟은 지붕을 상상해보라! 지금 남아 있는 기둥도 꽤나 높은데 그 위로 더 삐죽이 솟은 삼각형의 높은 지붕이라니, 정말 위압적이었을 것 같다. 하늘로 하늘로 치솟은 건물은 왕의 권위와 종교적 열망을 전해주기에 충분하다. 한낱 무앙의 제후에 불과했던 스리 인드라디티야가 그 무서운 크메르 제국을 몰아내고 세운 나라 수코타이 왕국! 태국인에게는 불모의 땅이었을 이 지역을 차지한 그가 나라 밖에서도 자신의 위엄을 드러낼 수 있는 높디높은 사원을 짓고, 백성들의 존경을 받고자 했을 마음이 전해지는 듯하다.

왓 마하탓 중심에는 초대형 불좌상이 있다. 좁은 간격으로 늘어선 기둥 사이로 전형적인 태국식 불좌상이 안치되었다. 역시 몸에 흰색 석회를 발랐고, 머리 위로는 불꽃이 치솟는 듯한 태국 불상이다. 정수리에서 솟아오른 불꽃은 부처의 지혜를 상징하는데 특히 태국에서 발달했다. 특이한 것은 한국이나 중국의 불상이 결가부좌를 한 것과 달리 이 불상은 두 다리를 편안하게 풀고 앉았다는 점이다. 결가부좌는 두 발바닥이 모두 무릎 위로 올라오게 앉은 모습으로 실제로 결가부좌로 앉기란 쉽지 않다. 그래서일까? 태국을 포함한 동남아의 불상들은 한쪽 발만 무릎 위로 올리고 다른 발은 바닥에 두는 모양으로 앉았다. 결가부좌보다 훨씬 쉬운 자세다. 어쩌다 보니 현재 동남아시아는 상좌부 불교가 발달했기 때문에 이렇게 다리를 편하게 풀고 앉은 불상이 상좌부 불교의 특징인 것 같지만 꼭 그렇지는 않다. 앉은 모양과 상좌부 불교, 혹은 대승불교는

호수 가운데 있는 왓 사 시 사원(위).
아담하고 정갈한 왓 시 사와이 사원(아래).

별로 관련이 없다.

그다음으로 유명한 것은 호수 가운데 있는 자그마한 사원인 왓 사 시일 것이다. 무엇보다 눈에 띄는 위치에 있고, 스투파도 복원을 거쳐 말끔한 모습을 보여주기 때문이다. 역시 종교 건축이든 왕성 이든 위치가 좋아야 한다는 생각이 절로 든다. 우리가 방콕이나 아 유타야에서 쉽게 볼 수 있는 모습의 스투파는 아니고 반구형의 복 발이 두드러지는 스리랑카식 탑에 가깝다. 첨탑은 높이 솟았지만 말이다. 그 옆 동쪽으로 승원과 수계식장이 있는데 기둥이 정연하 게 늘어선 것은 마찬가지지만 아담하고 정갈해서 왓 마하탓처럼 위압감을 주지는 않는다. 붉은 벽돌을 단정하게 쌓아올린 깔끔한 사원을 보면 웅장하지 않아도, 호화찬란하지 않아도 깊은 인상을 남기는 게 가능하다는 걸 다시금 느낄 수 있다.

# 앙코르 와트의 도시,
# 시엠립

하정민

시엠립은 캄보디아에서 수도 프놈펜에 이어 두 번째로 큰 도시로 캄보디아 북서부에 위치한다. 시엠립이라는 이름이 낯설다면 앙코르 와트에 가기 위한 관문이라고 하면 고개를 끄덕일 것이다. 우리나라로 치면 경주와 비슷한 유서 깊은 역사와 문화의 도시다. 앙코르 와트는 1863년에 제정된 캄보디아의 첫 번째 국기부터 현재의 국기까지 색상 및 도안이 바뀌는 과정에서도 매번 중요한 부분을 차지할 정도로 캄보디아의 대표적인 문화유산이며, 동남아시아에서 가장 중요한 문화유적이다. 1993년에는 유네스코 세계문화유산으로 등재되기도 했다. 시엠립이라는 도시를 떠나 캄보디아라는 나라 이름만큼이나 유명하다. 안젤리나 졸리가 라라 크로프트로 분해 신비로운 무덤의 비밀을 파헤치는 영화 〈툼레이더〉의 배경으로 등장했으며, 양조위·장만옥 주연의 영화 〈화양연화〉의 마지막 장면에 나오는 장소이기도 하다.

시엠립이라는 도시의 이름은 시암Siam, 즉 '태국을 평정했다'는 뜻이다. 지리적으로 바로 인접해 있어 역사상 충돌이 잦았던 태국 세력과의 충돌에서 지켜낸 땅임을 기념하기 위해 붙여진 이름이다. 19세기 말 프랑스령 인도차이나연방이 수립될 때까지 이 지역은 태국의 영토였다. 시엠립은 시엠립강을 따라 작은 마을이 들어서면서 발전했다. 캄보디아에서 가장 인기 있는 관광명소인 앙코르 와트 사원과의 근접성 덕분에 근대 이후 빠른 속도로 발전해 공항 도로와 앙코르로 가는 주요 도로에 많은 대형 호텔과 리조트가 들어섰다.

캄보니아를 대표할 만큼 잘 알려진 앙코르 와트를 비롯한 앙코르 유적군과 앙코르 왕조의 성산聖山으로 여겨지는 프놈쿨렌과 초기 앙코르 유적군이 있는 롤루오스 유적, 그리고 메콩강과 더불어 풍부한 식량을 제공해주는 도시 남쪽의 거대한 바다 같은 호수 톤레사프 등이 꼭 둘러보기를 추천하는 장소다. 프랑스 식민지 시절의 건축이 남아 있는 올드 프렌치 쿼터와 쇼핑 및 상업지구가 있는 올드 마켓 지역에서 음식과 음료를 즐기며 이 지역의 역사와 문화에 흠뻑 빠져보는 것도 좋겠다.


## 앙코르 왕조의 탄생지 프놈쿨렌

시엠립이라는 이름을 몰랐던 사람조차 이 도시를 찾게 만드는 그 유명한 앙코르 와트 유적을 건설한 주역은 크메르족이 세운 앙코르 왕조(802~1431)다. 이 왕국은 시엠립 지역에서 9세기부터 14세기까지 번성했는데, 왕국의 기틀을 세운 인물은 자야바르만 2세(재위 802~850)다. 그가 처음 왕조를 시작했던 지역은 현재 시엠립 중심지와는 약간 떨어져 있다. 앙코르 유적 중심지로부터 50킬로미터가량 북동쪽에 위치한 프놈쿨렌산에서 자야바르만 2세는 자신을 '왕중의 왕', '세계의 군주'라 선언하며 왕조의 토대를 확립했다. 이에 따라 이 산은 크메르 제국의 탄생지이자 앙코르 왕조의 성산으로 여겨지며, 현재는 캄보디아국립공원으로 지정되어 있다. 자야바르만 2세는 왕이 곧 신이나 다름없다는 데바라자(신왕神王) 사상을 통치 철학으로 삼았고, 그의 통치하에 앙코르 제국은 점차 세력을 넓혀나갔다. 프놈쿨렌산이 있는 지역은 앙코르 왕조 시대에 큰 전투가 벌어졌던 곳이기도 하고, 20세기 후반 캄보디아 공산당의 군사 조직인 크메르 루주 군이 마지막까지 저항했던 지역이기도 하다.

프놈쿨렌에서 가장 중요한 명소로 '천 개의 링가가 있는 강'이 있다. 계곡을 따라 흐르는 강의 바닥에 힌두교 신 시바를 상징하는 남성 성기 형태의 링가가 무수히 많이 조각되어 있다. 이곳은 크발스판 사원지로도 알려져 있는데, 힌두교의 순례지였던 것으로 보인다. 링가 조각은 어느 특정 시기 단기간에 완성된 것이 아니라 11세기에서 12세기 사이에 이 부근 지역에 살았던 힌두교 은둔자들에 의해 꾸준히 추가되며 실제로 1000개가 넘을 정도로 그 수가 매우 많은데, 강 수위가 낮은 건기에는 링가 조각을 선명하게 볼 수 있다. 링가뿐만 아니라 여성의 생식기를 형상화한 요니도 조각되어 있다. 힌두교도에게 크발스판의 물은 신성한 의식을 위해 사용되었고 치유 효과가 있는 것으로 여겨졌다. 힌두교 사상에서는 계곡의 물이 시바 신의 신성한 힘을 상징하는 링가와 요니 사이를 흐르며 정화되고, 그 아래로 새로운 생명이 잉태되는 만물의 근원과

프놈쿨렌산, 천 개의 링가가 있는 강.
ⓒ 위키미디어 커먼즈

같은 공간이 재현되고 있는 것이다. 이 부근에는 링가 외에도 비슈누, 브라흐마, 락슈미를 포함한 힌두교의 여러 신과 여신 및 신화적인 인물이 조각되어 있다. 이 조각들이 위치한 지역은 1969년 프랑스의 고고학자 장 불베Jean Boulbet(1929~2001)가 재발견한 이후 인기 있는 관광지가 되었고 캄보디아의 중요한 문화적·역사적 랜드마크가 되었다.

장 불베는 동남아시아, 특히 캄보디아의 고대 문명을 연구하는 고고학자로 크메르인의 역사와 문화에 관심을 쏟았다. 불베가 크발스판을 재발견하기 이전에 이곳은 수 세기 동안 정글에 가려져서 거의 알려지지 않았다. 발견 즉시 이 유적의 중요성을 알아차린 그는 조각들에 대해 상세히 기록하고 고대 크메르인의 종교와 문화를 밝히고자 노력했다. 그의 연구는 이 유적을 캄보디아의 중요한 고고학 유적으로 인식하도록 하는 데 중요한 역할을 했고, 다른 크메르 유적지에 대한 깊이 있는 연구에도 크게 기여했다.

프놈쿨렌산의 또 다른 명소는 시원하게 물줄기를 뿜어내는 프놈쿨렌 폭포다. 프놈쿨렌 폭포는 3개의 주요 층으로 되어 있는데 높이와 크기에 차이가 있다. 첫 번째 층은 약 15미터 높이로 가장 크고 가장 많은 사람이 찾는 곳이다. 굉음을 내며 시원하게 내려오는 강렬한 물줄기가 주변의 바위와 어우러져 장엄한 경관을 이룬다. 영화 〈툼레이더〉의 한 장면에 이 폭포의 웅장함이 담겨 있다. 낙하하는 폭포수 아래에는 넓은 공간에 물이 고여 있어서 방문객이 시원하고 맑은 물에서 수영하거나 휴식을 취할 수 있다. 두 번째 층은 약 10미터 높이로 첫 번째보다 작지만 떨어져 내리는 폭포 물 위로

물안개를 자아낸다. 세 번째 층은 약 5미터로 가장 작고 외딴곳에 위치한다. 가파른 바위 표면을 따라 아래의 작은 웅덩이로 흐르는 좁은 수로가 있다. 프놈쿨렌 폭포는 자연이 빚어낸 천연의 아름다움을 느낄 수 있는 명소다. 이뿐만 아니라 프놈쿨렌 폭포 주변은 문화적, 역사적으로도 중요하다. 폭포 근방에는 여러 고대 사원의 유적지가 분포해 있다. 힌두교뿐만 아니라 불교에 속하는 조각도 바위 표면에 새겨져 있다. 자연의 아름다움과 유서 깊은 종교적 성스러움을 경험하기에 매우 좋은 장소다.

## 앙코르 제국의 첫 번째 수도 롤루오스

자야바르만 2세는 중심지를 여러 차례 옮기면서 세력을 확장해나갔는데, 현재 시엠립 도심의 동쪽으로 약 13킬로미터 떨어진 롤루오스 지역에 하리하랄라야라고 하는 앙코르 제국의 첫 번째 수도를 건설했다. 이 도시는 10세기 초에 수도가 현재의 앙코르 유적 지역으로 옮겨지기 전까지 크메르 제국의 정치적·경제적 중심지였다. 오늘날 하리하랄라야 유적에는 자야바르만 2세의 뒤를 이은 자야바르만 3세(재위 850~877)와 인드라바르만 1세(재위 877~889) 때 지어진 프레아 코, 바콩, 롤레이 사원 등의 건축물이 있다. 방어용 성벽은 벽돌이나 돌로 지어졌고, 성벽 안의 일반 거주용 건물은 나무로 지어졌다. 왕과 고위 관료, 힌두교 사제들은 성 안팎에 힌두교 신, 특히 시바를 모시는 사원을 국가 사원으로 세웠다. 이 유적군은

프레아 코 사원.
프레아 코는 '신성한 황소'라는 의미이다.
사원 앞에 사원 입구를 바라보고 있는 황소 조각이 있다.
황소는 시바신이 타고 다니는 동물인 난디를 의미한다.
ⓒ 위키미디어 커먼즈

크메르 건축과 예술의 초기 사례로 꼽는다.

　이 중 프레아 코 사원은 롤루오스 지역에 지어진 최초의 사원으로, 인드라바르만 1세가 879년경 힌두교의 신 시바를 기리며 동시에 왕의 조상들을 기리기 위해 건립되었다. 프레아 코는 '신성한 황소'라는 의미로 각 사원 앞에 위치하여 사원과 마주 보고 있는 3개의 황소 조각상에서 유래한 명칭이다. 황소 조각상은 시바 신이 타고 나니는 승물乘物인 황소 난디를 의미한다. 프레아 코는 적색 사암과 벽돌로 지어졌는데 하나의 큰 기단 위에 6기의 탑이 2열로 올려졌다. 사원은 모두 동향이고 중앙의 가장 높은 사원은 앙코르 제국의 창시자인 자야바르만 2세에게, 왼쪽 사원은 인드라바르만 왕의 아버지, 오른쪽 사원은 그의 조부에게 바쳐졌다. 뒤에 위치한 3기의 사원은 이 세 인물의 배우자를 위한 것이다.


# 앙코르 유적의 시작
## 야쇼다라푸라

사람들이 시엠립을 찾는 주요 목적은 아마도 앙코르 와트를 보기 위함일 것이다. 사실 앙코르 와트는 앙코르 유적군을 대표하는 하나의 사원일 뿐이고, 앙코르 유적은 앙코르 와트를 비롯해 앙코르 톰과 바욘 사원, 타 프롬 등 9세기에서 13세기에 걸쳐 이 일대에 조성된 앙코르 왕조의 사원, 왕궁, 무덤 유적을 포함한다. 앙코르 유적은 동남아시아에서 가장 중요한 고고학 유적 가운데 하나이며,

산림 지역을 포함해 400제곱킬로미터 이상 넓은 지역을 차지한다. 앙코르 왕조의 전성기에는 1000개가 넘는 사원이 있었던 것으로 추정되는데, 오늘날까지도 200개 이상이 남아 있어서 시엠립은 '신들의 도시'라고 불린다.

오늘날 '앙코르 유적'이라 불리는 지역으로 중심부를 옮긴 이는 앙코르 왕국의 제4대 왕 야소바르만 1세(재위 889~910)였다. 그는 롤루오스 지역을 버리고 오늘날 앙코르 유적지 중심부에 새로운 수도를 지어 자신의 이름을 따서 '야쇼다라푸라'라고 불렀다. 야소다라푸라는 15세기에 크메르 제국이 쇠퇴할 때까지 수도로 기능했다. 건설 초기의 도시 모습은 방대한 직사각형 형태였고 중앙에 프놈 바켕 사원이 위치했다. 프놈 바켕 사원은 새 수도의 중심에 위치한 국가 사원으로서 주변에서 가장 높은 언덕 꼭대기에 세워졌다. 사원은 여러 단을 쌓아서 점차 상승하는 구조인 5층의 템플마운틴 형식이다. 정상부에 이르기 위해서는 가파른 계단을 올라야 한다. 기단부와 각 층에는 여러 기의 작은 사당이 있다. 최상부에는 중앙에 1기, 네 모퉁이에 각각 1기씩 총 5기의 사당이 있었으나 지금은 중앙의 본당 건물만 남아 있다. 힌두교의 주요 신 중 하나인 시바에게 바쳐지고, 힌두교 신화의 장면을 묘사한 정교한 조각으로 장식되었다.

프놈 바켕 사원 동쪽에는 동서 7.3킬로미터, 남북 1.8킬로미터에 달하는 대형 저수지를 짓고 왕의 이름을 따서 '야소다라타타카'라 불렀다. 오늘날에는 이스트바레이, 즉 동東바레이라고 불린다. 거대한 규모인 만큼 6000여 명이 3년에 걸쳐 축조했다고 한다. 이 인

앙코르 유적의 프놈 바켕 사원.
야소바르만 1세가 건설한 수도. '야쇼다라푸라' 중앙에 세워진 사원이다.
여러 단을 쌓아 올려서 중앙으로 향할수록 점차 상승하는 구조로 되어 있다.
ⓒ 위키미디어 커먼즈

공 저수지의 물은 시엠립강에서 공급되었고, 주변 도시의 관개와 농업용수를 분배하기 위해 정교한 운하와 수로 시스템이 건설되었다. 이러한 실용적인 용도 외에도 대규모 저수지 건설 사업은 왕권의 상징이라는 정치적 의미도 있었다. 또한 크메르인에게 종교적으로 중요한 상징적인 의미도 있었다. 힌두교에서 불멸의 영약을 만들기 위해 신들에 의해 휘저어진 신성한 우유의 바다를 의미한다고 보기도 한다. 이러한 실용적인 용도와 정치·종교적인 의미로 인해 앙코르 왕조의 여러 왕은 새로운 도시를 건설할 때마다 그 부근에 인공 저수지를 만들고자 했다. 현재는 물이 말라 육지화되어 과거의 모습은 사라졌지만 그 거대한 규모는 오늘날까지 전해진다.

## 앙코르 와트와 앙코르 톰

앙코르 와트는 앙코르 왕조가 최전성기를 맞이했던 12세기 초에 수리야바르만 2세(재위 1113~1150) 때 지어졌다. 수리야바르만 2세는 50년 이상 지속되던 혼란을 끝내고 분열된 국가를 통합해 왕위에 올랐다. 그의 영토는 오늘날 태국에까지 뻗어 있었고, 서쪽으로는 멀리 바간 왕조의 미얀마에 이르고, 남쪽으로는 태국 해안, 동쪽으로는 지금의 베트남 남부 지역의 참파 왕국에까지 이르렀다. 그리고 그는 당시 세계에서 가장 큰 종교 건축물인 앙코르 와트를 건립했다. 앙코르Angkor는 도시 혹은 수도를 의미하는 산스크리트어 '나가라nagara'에서 유래했고, 와트Wat는 '사원'을 의미한다. 즉 앙코르 와트는 크메르어로 '사원의 도시'를 의미한다. 창립 연대나 건축 시기를 알려주는 유물이 전혀 출토되지 않아서 앙코르 와트의 본래 이름은 알 수 없다.

앙코르 와트는 동서 1500미터, 남북 1300미터에 달하는 매우 웅장한 사원으로 약 2만 5000여 명의 인력이 동원되어 37년에 걸쳐 건설되었다. 수리야바르만 2세에게 앙코르 와트는 힌두교 3대 신 중 하나인 비슈누 신에게 바치기 위한 것이자 자신의 영묘靈廟였다. 앙코르 와트의 특징 중 하나는 문이 서쪽으로 나 있다는 점이다. 그 이유는 확실하지 않지만 크메르인의 풍습에서 죽은 자는 반드시 머리를 서쪽에 둔다는 점과 이곳이 수리야바르만 2세 왕의 무덤으로 지어졌기 때문일 것이라고 알려져 있다.

앙코르 와트는 3층 구조로 이루어져 있으며, 힌두교 세계관에서 우주의 중심인 메루산을 상징하는 중앙의 가장 높이 솟은 탑은 65미터에 달한다. 주변을 둘러싼 해자는 폭이 200여 미터에 달하며, 거대한 대양을 상징한다. 사원은 세 겹으로 된 회랑과 중앙의 사당으로 구성된다. 세 겹의 회랑은 중앙 사당 쪽으로 들어갈수록 한 단씩 높아져 계단식 피라미드 형태를 이룬다. 앙코르 와트의 웅장한 규모도 놀랍지만 기둥과 벽면에 새겨진 정교한 부조는 매우 인상적이다. 특히 가장 바깥쪽 회랑인 제1회랑의 부조가 유명하다. 제1회랑은 동서 215미터, 남북 187미터에 달하며, 총 800여 미터의 회랑 벽면에 앙코르 왕국의 신화와 역사를 보여주는 부조가 빼곡히 새겨져 있다. 지면이 부족한 관계로 여기에서 각 부조의 내용을 상세히 설명하기는 어렵지만, 인도의 양대 서사시 〈마하바라타〉와

〈라마야나〉, 〈지옥과 천당〉 장면, 〈우유 바다 휘젓기〉 장면 등이 있다. 남면의 서측에는 수리야바르만 2세가 19명의 대신과 함께 펼치는 군사 행렬 장면이 새겨져 있다. 이 중에서 행렬이 시작되기 전에 대신들로부터 충성 서약을 받는 수리야바르만 2세의 모습과, 행렬 중인 장군과 병사들 가운데 가장 많은 산개傘蓋(차트라chatra)를 지녀서 돋보이는 수리야바르만 2세의 모습을 찾아보는 것도 매우 흥미롭다.

특히 동면의 남측에는 힌두교의 천지창조에 얽힌 신화 속의 비슈누가 등장한다. 바로 그 유명한 우유 바다 휘젓기 장면이다. 90명 정도의 악신 아수라와 92명의 선신 데바가 비슈누의 지휘 아래 불로장생의 영약 암리타를 추출하기 위해 넓은 우유 바다를 휘젓는 장면이다. 중앙의 축 아래에 있는 거북이는 비슈누 신의 아바타인 '쿠르마Kurma'로, 중심에서 거대한 힘을 받치는 지지대 역할을 한다. 바다를 휘젓는 도구가 되는 거대한 뱀 '바수키Vasuki'의 비늘 하나하나, 데바와 아수라의 세부, 거대한 물결에 휩쓸려 산산조각 나고 있는 근방의 물고기, 화면 윗부분에 아수라와 데바가 우유 바다를 휘젓는 과정에서 탄생했다는 천상의 무희인 압사라의 조각이 매우 섬세하고 정교하다. 압사라가 입고 있는 옷, 장식물, 보석, 꽃 등은 실제로 앙코르 시대에 사람들이 사용했던 것이라고 한다.

앙코르 와트는 수리야바르만 2세가 통치 초기부터 건설을 시작했으나 그가 세상을 떠날 때까지도 완성되지 못했다. 수리야바르만 2세의 공식적인 칭호는 파라마비슈누로카인데, '최고의 비슈누로 지상에 계신 분'이라는 뜻이다. 이는 수리야바르만 2세를 비슈

앙코르 와트 제1회랑의 우유 바다 휘젓기 부조. 중앙에 비슈누 신이 다른 인물보다 크게 묘사되어 있다. 비슈누 발밑에 비슈누의 열 개 아바타 중 하나인 거북이, 즉 쿠루마가 보인다. 비슈누 머리 위에 우유 바다를 휘젓기 위해 축을 잡고 있는 인물은 인드라이다. 비슈누가 아래로 내린 두 손으로 바수키를 잡고 있고, 화면 우측에 고깔 모양의 머리를 가진 데바, 좌측에 투구를 쓴 아수라가 보인다.
ⓒ 위키미디어 커먼즈

누로 신격화하고 그의 업적을 치켜세우려는 의도가 깔려 있다고
볼 수 있다. 수리야바르만 2세 사망 후 얼마 되지 않아 공사가 중단
되었기에 현재 앙코르 와트의 일부분은 미완으로 남아 있다.

수리야바르만 2세가 사망한 지 대략 27년이 지난 후인 1177년,
크메르 제국은 오랜 숙적이던 참파 왕국에게 침략을 당해 큰 피해
를 입었다. 그러나 이후 자야바르만 7세(재위 1181~1220?)에 의해 세
를 추스르고 국력을 회복했다. 그는 왕성한 활동으로 크메르 제국
의 영토를 최대로 확장했으며, 종교적·정치적 건설 사업을 벌여
사원 및 도로, 휴양소와 병원 등을 건립했다. 먼저 왕권을 과시하기
위해 앙코르 와트 북쪽에 새로운 수도인 '큰 왕성'이란 뜻의 앙코
르 톰을 건설했고, 그 중심부에 새로운 제국의 중심 사원인 바욘
사원을 지었다. 앙코르 톰도 신의 세계를 모방한 것인데 높이 8미
터, 한 변이 3킬로미터인 정방형의 성벽으로 둘러싸였으며, 폭 100
미터의 해자가 주위를 두르고 있다. 규모는 앙코르 와트보다 더 크
다. 앙코르 톰 중앙부에 있는 높이 54미터의 바욘 사원은 불교 사
원이다. 수리야바르만 2세가 세운 앙코르 와트가 힌두교 사원인 것
과 대조적이다. 바욘 사원은 54기의 사면탑으로 유명한데, 관음보
살의 얼굴을 탑의 네 면에 조각한 것이다. 관음보살의 자비가 온 세
계를 비추듯이 왕의 지배가 전 세계에 미친다는 것을 상징한다.

바욘 사원 옆에는 일명 코끼리 테라스가 있다. 테라스는 군대를
사열할 때 이용하던 긴 회랑으로 중앙에 국왕 전용 테라스가 있다.
그 기단부에 코끼리의 정면과 측면이 줄지어 조각되어 있어서 코
끼리 테라스라고 불린다. 테라스에는 코끼리뿐만 아니라 독수리,

타 프롬 사원.

즉 가루다 조각도 새겨졌다. 코끼리 테라스는 우리나라 한국문화재재단의 문화유산 ODA 사업(공적개발원조)으로 2015년부터 복원이 진행되고 있다. 코끼리 테라스 앞으로 앙코르 톰 동쪽에 나 있는 승리의 문을 향해 군사 행렬용 도로가 곧게 뻗어 있다. 이 문은 참족에 대한 크메르족의 승리를 기념하기 위해 세워졌다.

앙코르 톰 동쪽에는 거대한 나무뿌리로 유명한 타 프롬 사원이 있다. 타 프롬은 '브라흐마의 조상'이라는 의미로, 1186년 자야바르만 7세가 앙코르 톰을 건설하기 전에 자신의 어머니를 위해 세운 왕실 사원이다. 중앙 성소와 주변의 작은 성소들, 벽면에 불교 신화와 고대 캄보디아인의 일상생활을 묘사한 정교한 조각들은 건축과 조각 기술이 매우 뛰어났음을 잘 보여준다. 무엇보다도 이 사원을 독특하게 만드는 것은 사원의 벽과 구조물 사이에 정글 식물 대부분이 자연 상태 그대로 남아 있다는 점이다. 사원의 벽과 구조물을 뚫고 그 사이사이로 나무의 가지 및 뿌리가 뻗어 나간 모습이 매우 인상적이다. 타 프롬은 여러 편의 할리우드 영화에 등장한 덕분에 최근 몇 년 사이 인기 있는 관광지가 되어 전 세계 관광객을 매료시키고 있다.

# 앙코르 왕조 그 이후

앙코르 왕국이 최전성기를 구가할 때 앙코르 유적은 동서 29킬로미터, 남북 10킬로미터에 100만 명의 인구가 거주하는 엄청난 규모의 도시였다. 2021년 9월 통계청에서 제공한 서울 인구가 약 900

만 명인 것을 보면 당시 앙코르의 인구가 얼마나 많았는지 알 수 있다. 1296년 중국의 원나라 사신으로 앙코르 제국을 방문해 1년간 머물렀던 주달관周達觀이 쓴《진랍풍토기眞臘風土記》에도 당시 앙코르의 모습이 잘 기록되어 있다. 앙코르 왕조가 몰락한 이후 시엠립 지역은 19세기 후반까지 태국이 점령했다.

1860년 초 프랑스의 식물학자이자 탐험가인 알베르 앙리 무오가 이곳을 방문한 후 책을 출판해 프랑스를 비롯한 서구 사회에 앙코르 와트의 존재를 알렸다. 그는 이 탐험기에서 앙코르 사원이 솔로몬의 성전에 비견될 만하며, 그리스나 로마의 신전보다 훨씬 더 장엄하다고 평가했다. 당시 앙리 무오는 약 400년 전에 멸망한 옛 도시 앙코르의 유적을 본 것인데, 당시 그곳에는 1000여 명의 승려가 기거하고 있었다고 한다.

앙리 무오의 영향으로 앙코르 와트와 그 주변 유적은 프랑스 정부의 관심을 끌었다. 앙코르 유적의 소유권을 차지하기 위해 프랑스 정부는 인근 태국을 공격하여 캄보디아 지역에 대한 지배권을 확고히 했고, 1863년 프랑스 보호령으로 삼았다. 이로 인해 캄보디아는 1351년 이래 태국에게 빼앗겼던 북서부 영토를 되찾게 되었다. 프랑스 정부는 이어서 이 유적에서 대규모 발굴 조사를 실시했고 주요 사원 건축물을 스케치하고 비문을 탁본하고 해석했다. 앙코르 왕조에 대한 역사 기록이 많지 않기 때문에 앙코르에서 발견된 비문 해독과 주달관의 《진랍풍토기》, 《신당서新唐書》를 참조했다. 이러한 과정을 거쳐서 1885년 프랑스 고고학계는 앙코르의 잊힌 역사를 대체로 복원할 수 있었다. 1907년 앙코르 지역은 프랑스 국립극동연구원(EFEO)에 의한 본격적인 조사 수복이 개시되었다. 프랑스 국립극동연구원은 동아시아의 역사, 문화, 민족에 대한 종합 연구기관으로서 1900년 하노이에 설치되었다. 특히 1931년 파리에서 열린 식민지 전시회에서 앙코르 와트 모형이 전시되어 앙코르 유적은 많은 유럽인의 관심을 끌게 되었다.

캄보디아는 1953년 11월 프랑스로부터 독립했고, 시엠립은 점진적으로 발전했다. 관광 개발은 1950~1960년대 시작되었지만 소규모에 불과했다. 1970년 당시 마을의 인구는 1만 명이 조금 넘는 것으로 기록되어 있다. 그러나 캄보디아 내전이 발발하고 크메르 루주가 1970~1980년대 정권을 장악하자 마을은 텅 비게 되었고 앙코르 와트 관리에도 차질이 생겼다. 크메르 루주 군대가 큰 나무라면 닥치는 대로 가져다 장작과 목재로 쓰는 바람에 나뭇가지와 뿌리에 의해 간신히 지탱되던 일부 유적이 무너졌다. 베트남 군대와 크메르 루주 사이에서 총격전이 벌어질 당시 날아온 총탄이 앙코르 와트 벽면 부조에 여전히 박혀 있다. 폴 포트 정권이 몰락한 후 귀환한 마을 사람들을 위한 재정착 프로그램이 추진되었다. 이후 1980년대 시장이 개발되어 마을이 확장되었고, 앙코르 유적을 중심으로 한 관광산업이 발달하면서 1990년대 후반부터 도시 발전이 가속화되었다. 1980~1990년대에는 도굴꾼이 앙코르 유적에서 조각상을 떼어가려고 엄청난 훼손을 가했다. 현재 캄보디아 정부는 앙코르 유적의 보존과 유지를 위해 많은 노력을 기울이고 있다. 관광 부문은 시엠립 구역에서 지역 경제의 원동력으로서 매우 중요하며, 많은 관광객을 유치하기 위해 노력을 기울이고 있다.

# 캄보디아의 천연 보고
# 톤레사프 호수와 수상 마을

도심에서 남쪽으로 한 시간 반을 이동하면 톤레사프 호수에 이른다. 톤레tonle는 '거대한 물', 사프sap는 '호수'라는 뜻으로, 톤레사프는 곧 거대한 호수라는 뜻이다. 동남아시아 최대의 담수호인데, 끝이 보이지 않을 정도로 크다. 배를 타고 나가 중간에 이르면 망망대해 한가운데 있는 것 같다. 톤레사프 호수를 독특하게 만드는 것은 시기에 따라 호수의 크기와 물 흐름의 방향이 변한다는 것이다. 우기(일반적으로 5월부터 10월까지)에는 호수와 메콩강을 연결하는 톤레사프강이 몬순 비로 인해서 엄청 불어나는데, 그 결과 수위가 상승하고 호수 면적이 약 1만 제곱킬로미터 이상으로 증가한다. 반면 건기(일반적으로 11월부터 4월까지)에는 호수로 유입되는 물의 흐름이 감소해 수위가 떨어지고 호수 면적이 약 2500제곱킬로미터로 축소된다. 이 기간 동안 물이 증발하기도 해서 수량이 더 줄어든다. 한편 물 흐름의 방향은 몬순 비와 메콩강에 의해 달라진다. 건기 동안 호수는 상대적으로 작고, 작은 수로를 통해 물이 메콩강으로 흘러들어간다. 반면 우기에는 메콩강이 범람, 역류해 톤레사프 호수가 확장되고 주변 지역이 물에 잠긴다.

이러한 계절적 변동은 톤레사프 호수와 주변 지역을 중요한 천연자원의 보고로 만든다. 메콩강이 범람하면서 메콩강을 따라 플랑크톤과 미생물, 다양한 물고기가 딸려오고 비옥한 토지를 형성하는 퇴적층도 밀려든다. 우기에 호수에 잠긴 맹그로브 숲은 물고기가 살기 좋은 서식처이자 최적의 산란장이다. 톤레사프 호수에서 잡는 물고기는 캄보디아 경제와 음식 문화에 중요한 역할을 하며, 식량과 수입의 중요한 원천이다. 또 호수와 그 주변의 습지는 멸종위기에 처한 식물과 동물의 서식지가 된다.

시엠립 주변 톤레사프 호수에는 수상水上 마을이 있다. 물 위에 뜨도록 설계된 뗏목이나 단 위에 구조물을 올려 만든 수상 마을의 공간은 다양한 기능을 한다. 톤레사프 호수의 떠다니는 마을에 사는 인구는 연중 변동성이 높아서 정확한 숫자를 파악하기 어렵지만 약 50만 명 정도가 생활하는 것으로 알려져 있다. 캄보디아인이 다수이지만 내전 때 건너온 베트남 난민도 있다. 이 마을에 사는 사람들은 주로 어업과 양식에 생계를 의존하고 있다. 홍수, 수인성 질병 같은 어려움에도 불구하고 이 마을 사람들은 독특한 생활양식과 문화를 발전시켰다. 방문객은 이 떠다니는 마을에서 보트 투어를 하며 이들의 생활을 체험할 수 있다.


## 21세기의 시엠립


오늘날 시엠립 도심은 올드 프렌치 쿼터와 쇼핑 지구가 있는 올드 마켓 주변이다. 시엠립강 근처에 위치한 올드 프렌치 쿼터에는 프랑스 식민지 시절에 지어진 건물이 많이 남아 있다. 이곳 건물들은 높은 천장과 발코니를 지닌 프랑스 건축 스타일로 지어졌고, 프랑스 식민지 시대에 유행했던 복잡한 철공 구조물을 지닌 것도 있다.

톤레사프 호수의 떠다니는 마을 캄퐁클레앙.
ⓒ 위키미디어 커먼즈

올드 프렌치 쿼터에서 눈에 띄는 건물은 수공예품, 직물, 기념품을 살 수 있는 곳으로 유명한 올드 마켓과 래플스 그랜드 호텔 당코르다. 이 호텔은 원래 '그랜드 호텔'로 불렸고 앙코르 와트를 찾는 여행자들을 위한 고급 숙소로 지어져 1932년에 처음 문을 열었다. 찰리 채플린, 재클린 케네디, 샤를 드골 등 유명 인사들이 묵었던 유서 깊은 이 호텔은 1994년 래플스호텔앤리조트에 인수되어 대규모 복원 작업을 거쳐 재개장했다. 새장 모양의 고풍스러운 엘리베이터와 웅장한 계단 등 원래 모습을 최대한 유지해 프랑스풍 건축 양식을 고스란히 보여준다. 다른 건물들도 식당, 카페, 옷 가게, 갤러리 등으로 사용되고 있어서 관광객뿐만 아니라 지역 주민들도 자주 찾는 장소가 되었다.

식당, 클럽, 바 등으로 가득한 번화한 보행자 거리인 펍스트리트도 올드 프렌치 쿼터에 속한다. 밤에는 많은 사람이 이 거리를 가득 채운다. 안젤리나 졸리가 〈툼레이더〉 촬영 당시 들러서 유명해진 바, 레드피아노에는 사람들이 넘쳐난다. 바에 들러서 시엠립에서 생산되는 앙코르 비어를 맛보는 것도 좋겠다. 이름에서 알 수 있듯이 앙코르 와트의 이름을 따서 명명되었고, 병에는 앙코르 와트의 모습이 금색과 붉은색으로 디자인되어 있다. 앙코르 비어는 캄보디아 정부와 유엔개발계획(UNDP)의 지원으로 프놈펜에 설립된 캠브루 양조장에서 처음 생산되었다. 이 양조장은 캄보디아가 1953년 프랑스로부터 독립한 후 일자리를 창출하고 경제 성장을 촉진하기 위해 지어졌으며, 프랑스의 기술을 차용해 맥주를 생산했다. 1995년 덴마크 맥주회사인 칼스버그가 이 양조장의 지분 50퍼센트를 인수해, 칼스버그와 캄보디아 로얄그룹이 공동으로 소유하고 있다. 현재 캄보디아에서 가장 인기 있고 많이 소비되는 맥주다.

시엠립 도심의 극장이나 레스토랑에서 열리는 캄보디아 크메르족의 전통 무용인 압사라 춤 공연도 꼭 관람할 만하다. 압사라는 힌두교 신화와 불교 신화에 등장하는 천상의 존재로서 아름다운 여성을 의미한다. 압사라는 앙코르 유적에서 흔히 볼 수 있는 모티프인데, 앙코르 와트와 바욘 등의 사원에서 압사라 조각을 볼 수 있다. 앞에서 본 앙코르 와트 제1회랑 중에 불로장생의 영약을 얻기 위해 아수라와 데바가 함께 우유 바다를 휘젓는 장면에서 화면 위쪽에 표현된 존재가 바로 압사라다. 압사라 춤은 관광객에게 제공하는 오락일 뿐만 아니라 캄보디아 문화를 보존하고 홍보하는 역할도 한다. 원래 이 춤은 고대 앙코르 왕조에 뿌리를 두고 있으며 캄보디아 왕실에서 유래한 고전적인 춤으로 왕의 손님을 위해 공연되던 것이다. 춤사위의 우아한 손동작과 화려하고 아름다운 의상이 특징이다.

압사라 춤이 현대까지 맥을 잇게 된 데에는 시소와스 코사막 왕비와 그녀의 딸 노로돔 보파 데비 공주의 공로가 크다. 20세기 중반 캄보디아는 커다란 정치적·사회적 변화를 겪었고, 그 과정에서 전통문화가 사라질 위기에 처했다. 시소와스 코사막 왕비는 문화유산으로서 압사라 춤의 중요성을 인식하고 전통을 되살리고자 했다. 그래서 1940년에 공식적인 압사라 무용단인 캄보디아 왕립발레단을 수도 프놈펜에 설립하고, 전문 음악가 및 안무가와 함께 전통과 현대적 요소를 결합한 새로운 압사라 춤을 창작했다. 그리고 압사라 춤 공연을 위해 선발된 소녀들이 1942년에 처음으로 대중 앞에서 공연했다.

한편 보파 데비 공주는 어릴 때부터 캄보디아 전통 무용과 음악을 교육받은 숙련된 댄서이자 음악가였다. 1960년대에 어머니인 시소와스 코사막 왕비가 설립한 캄보디아 왕립발레단의 수석 무용수가 되었다. 그러나 1975년 크메르 루주 정권이 집권하면서 보파 데비는 가족과 함께 해외로 도피해야 했다. 망명 기간 동안 보파 데비 공주는 캄보디아의 전통 예술과 문화를 널리 알리고 보존하기 위해 힘썼다. 1970년대 말 크메르 루주 정권이 몰락한 후 보파 데비는 캄보디아로 돌아와 문화 기관을 재건하기 위해 힘썼다. 그녀가 프놈펜에 설립한 캄보디아 예술학교는 춤을 포함한 캄보디아 전통 예술 보존의 중심지가 되었다. 그녀의 지도 아래 압사라 춤은

압사라 춤 공연.
ⓒ 위키미디어 커먼즈

새로운 안무와 음악을 선보이며 더욱 세련되게 발전했다. 보파 데비는 1998년부터 2004년까지 캄보디아 문화예술부 장관을 지냈고, 캄보디아 문화 보존에 기여한 공로를 인정받아 2005년 유네스코 친선대사로 임명되었다.

압사라 춤은 '캄보디아 왕실 춤'이라는 제목으로 2008년 유네스코 무형문화유산으로 지정되었다. 이후 압사라 춤은 캄보디아 문화 정체성의 핵심 요소로 인식되었고, 시엠립에서 가장 인기 있는 관광 상품이 되었다. 압사라 춤은 여러 장소에서 공연되는데, 특히 레스토랑에서는 크메르 전통 음식을 맛보며 복합적인 캄보디아 전통문화를 경험할 수 있다.

04

# 남부의 여왕,
# 세부

김종호

인천공항에서 세부로 여행을 떠나는 사람들에게 세부가 휴양 도시인지 역사 도시인지를 물어본다면 대부분 당연하다는 듯 휴양 도시라고 답할 것이다. 세부 여행의 주요 목적인 화려한 리조트와 야외 수영장, 볼거리 가득한 해변, 스노쿨링이나 스쿠버 다이빙 프로그램 등이 있는 곳은 공항과 가까운 막탄섬 인근이고, 세부 현지인들이 주로 거주하는 세부아노는 막탄섬과 다리로 연결된 세부시의 다운타운 지역이다. 다운타운에는 기념품을 파는 몇몇 쇼핑몰을 제외하면 휴양을 위한 관광 명소는 그리 많지 않다. 게다가 별로 깨끗하지 않은 거리에 현지인들이 거주하는 판자촌이 줄지어 있고, 시내 한가운데를 흐르는 개천 역시 위생적이지 않아 관광객이 좋아하는 여행지는 아닐 수 있다.

다만 역사 도시로서 세부를 생각한다면 그 중심은 바로 관광객이 거의 찾지 않는 다운타운 지역이다. 세부에 무슨 역사가 있을까 싶겠지만, 사실 세부는 필리핀에서 가장 오랜 식민의 역사를 가지고 있다. 가톨릭을 가장 먼저 받아들인 지역일 뿐 아니라, 논란의 여지는 있지만 아시아에서 가장 오래되었을지도 모를 대학이 위치한 지역이며, 식민시기 필리핀에서 마닐라 다음으로 분주한 물류와 교통의 허브였다. 그 유산은 그대로 다운타운 곳곳에 남아 있어 발품만 조금 판다면 아시아에서 가장 오래된 식민 도시 세부의 진면목을 볼 수 있다.

세부는 전 세계 관광객(특히 한국인)이 모여드는 휴양지로 많이 알려져 있지만, 사실 북부의 루손섬, 중부의 비자야 군도, 남부의 민다나오섬으로 구성된 필리핀에서 중남부 지역을 대표하여 '남부의 여왕'이라는 별명이 있을 정도로 항공·해운·물류의 중심지다. 그 지위는 스페인령과 미국령을 거치면서 형성되었다. 또한 세부는 필리핀에서 가장 먼저 가톨릭을 받아들인 도시이기도 하다. 그 상징은 세부아노가 사랑하는 아기 예수, 산토니뇨 상이다.

2차 세계대전 직후 세부 항구의 모습.

# 세부에 발을 디딘
# 스페인 탐험가와 아기 예수상

스페인 사람들이 발을 딛기 이전 세부섬에 대한 기록은 거의 없다. 고고학적 자료 역시 거의 발견할 수 없다. 다만 대략 2000여 명의 원주민과 그들을 이끄는 '다투스'라 불리는 지도자가 공동체를 이루어 어업이나 간난한 농업에 종사했을 것으로 추측할 뿐이다. 일종의 농업과 어업이 혼합된 형태의 마을 공동체였을 것으로 짐작되는데, 대부분의 사람들이 지역 전통의 '니파'라 불리는 주거지에서 살았다고 한다. 물론 세부 현지인과 교역하기 위해 들어온 외부 상인들도 있었는데, 말레이, 이슬람, 중국계 상인들이 해안가를 따라 부둣가와 거주구역을 형성했다. 사실 세부가 도시로서의 모습을 갖추게 되는 것은 스페인 사람들이 이곳에 식민 도시를 건설하면서부터라고 할 수 있다.

1521년 스페인의 지원을 받은 포르투갈 출신의 탐험가 마젤란이 이끄는 선박이 아시아 지역에서 가장 먼저 도착한 곳이 바로 세부섬이었다. 마젤란과 스페인 사람들은 어쩌다 필리핀으로 오게 되었을까. 사실 이 사건의 이면에는 꽤나 복잡한 세계사적 배경이 숨어 있다.

중세 유럽의 왕족과 귀족은 동방의 진귀한 물품을 소비했다. 이러한 경향은 르네상스가 시작되고 근대로 넘어가는 길목에서도 계속 이어지는데, 특히 유럽인은 1000년에서 1500년까지 동방의 물품을 오직 이슬람 상인을 통해서만 구할 수 있었다. 중국에서 생산

1938년에도 여전히 남아 있던 세부의 니파하우스.
니파하우스에 쓰이는 목재·나뭇잎 같은 재료와 주거의 구조는 이후 식민 초기
스페인 사람들이 도시를 조성할 때 참고하기도 한다.
ⓒ 위키미디어 커먼즈

되는 비단·도자기·차를 비롯해 인도의 면직물과 후추, 실론섬(스리랑카)의 시나몬(계피), 동남아시아의 금과 향신료(정향, 육두구) 등이 대표 상품이었다. 지난 수백 년 동안 이슬람 상인들은 이 물건들을 베네치아 상인들에게만 공급하면서 어디에서 나는지는 절대 알려주지 않았다. 유럽인들은 이 값비싼 동방의 물품을 어떻게든 직접 구하고 싶었으나, '인디스'라 불리는 동쪽의 어느 지역에서 난다는 정도만 알았지, 가는 방법은 몰랐다.

그 와중에 유럽에서는 종교개혁이 일어났고 구교와 신교 사이에 전쟁이 벌어졌다. 구교의 대표 격인 스페인과 포르투갈은 교황의 명을 받아 교세를 외부로 확산하기 위해 노력한다. 특히 이 두 나라가 앞장선 배경에는 다름 아닌 종교적 측면과 경제적 측면이 있었는데, 우선 당시 이베리아반도는 수백 년 동안 이슬람교도의 지배를 받았다. 거기에 더해 스페인과 포르투갈은 원수와도 같은 이슬람 상인들로부터 비싼 값을 주고 향신료를 구하고 싶은 마음이 없었다. 이에 스페인과 포르투갈은 탐험가들을 지원하기 시작했다. 그 성과가 1492년 스페인의 후원을 받은 콜럼버스가 아메리카 대륙에 발을 디딘 것, 그리고 1498년 포르투갈의 후원을 받은 바스쿠 다 가마의 함대가 아프리카 남단 희망봉을 돌아 인도의 고아, 말레이반도의 믈라카에 당도한 것으로 나타났다. 유럽인으로서는 최초로 동방에 진출한 것이다. 연이어 스페인의 후원을 받은 마젤란 함대가 아메리카 대륙을 지나 태평양을 건너 세부섬에 도착했다. 마젤란 함대는 세부섬을 지나 동남아시아, 인도양을 거쳐 다시 이베리아반도로 귀항함으로써 유럽인 최초로 세계 일주에 성공했다.

유럽인의 동방 진출이자 대항해 시대의 시작이었다.

60톤에서 150톤에 달하는 다섯 척의 함선에 234명의 무장한 선원으로 구성된 마젤란 함대가 1519년 세부섬에 닿은 것은 1521년이었다. 긴 항로와 험난한 여행으로 지친 데다가 식량이 필요했던 그들을 맞이한 것은 창과 방패로 무장한 2000여 명의 현지 병사들이었다. 불필요한 갈등과 무력다툼을 피하고자 했던 마젤란과 선원들은 단지 교역을 위해 왔다는 점과 현지인의 관습을 따르는 모습을 보여줌으로써 그들의 호감을 샀다. 그들은 이어 왕과 왕비, 왕자들의 환영을 받았고, 급기야 외부인이 바치는 진귀한 문물에 매료된 왕과 왕비가 스스로 세례받기를 요청했다. 이로써 필리핀 땅에 최초로 기독교가 전파되었다. 이 때문에 필리핀에서는 1521년 세부의 가톨릭 전파를 필리핀 가톨릭화의 시작으로 보고 있다. 세부 시내를 돌아다니다 보면, 곳곳에서 2021년 가톨릭 500주년을 기념하는 문구를 발견할 수 있다.

세부의 왕과 왕비가 쉽게 가톨릭을 받아들인 진짜 이유는 무엇일까. 해양부 동남아시아 지역은 자바섬 정도를 제외하면 대부분의 섬이 산과 밀림으로 이루어져 있어 식량을 재배하기 어려웠다. 그런 이유로 거주구역이 해안가에 조성되었으며, 대부분의 인구가 수렵·채집·어업에 종사하거나 외부 상인들과의 교역을 통해 삶을 유지하고 있었다. 이러한 상황에서 해양부 동남아시아는 일찍부터 외부와의 교류에 개방적이었고, 심지어 필요에 따라 외부 세력을 끌어들여 내부의 적 혹은 이웃의 적을 물리치기도 했다. 또는 외부의 앞선 문물을 활용해 왕의 권위를 드높인다거나 높은 문명 수준

세부시 박물관에 그려진 마젤란 함대의 사제가
왕과 왕비에게 세례를 베푸는 모습.

을 가진 외부인을 군주로 앉힘으로써 자신의 안위를 보살피는 '이방인 군주'라는 관습도 있었다.

세부의 왕과 왕비 역시 이러한 관습에 따라 그들을 환영하고 친밀함을 보여주었던 것이다. 무엇보다도 그들은 마젤란에게 원하는 바가 있었다. 그들은 마젤란에게 세부섬 맞은편에 위치한 막탄섬의 지도자 라푸라푸가 이끄는 부족을 제압해줄 것을 요청했다. 이에 응한 마젤란은 50명의 병사를 이끌고 막탄섬의 부족민을 상대로 연전연승을 거두지만, 눈먼 화살에 맞아 급작스럽게 숨을 거두고 만다. 수장을 잃은 선원들은 그 길로 함대를 이끌고 도망쳐 나왔고, 비자야 지역의 여러 섬을 헤매다가 겨우 포르투갈 사람들을 만나 인도양을 거쳐 다시 이베리아반도로 돌아갔다. 마젤란 함대의 세계 일주는 이렇게 마무리되었지만, 그 이후 세부섬과 막탄섬에서 어떤 상황이 벌어졌는지는 알 수 없다. 가톨릭화가 계속 진행되지 않은 것은 분명한데, 막탄섬과의 전쟁 직후 세부의 왕이 수장을 잃은 선원들을 모두 살해하려고 시도한 것이 그 증거다. 실제로 마젤란의 사촌인 바르보사를 포함한 20여 명의 선원들이 왕의 초대를 받고 간 자리에서 죽임을 당했다. 즉 세례를 받은 세부 왕의 진짜 의도는 외부 세력을 이용해 내부의 적을 물리치는 것이었다.

마젤란 함대와 세부 왕의 만남에서 가장 유명한 이야기는 마젤란이 세부의 왕과 왕비에게 세례 기념으로 아기 예수상을 선물했다는 것이다. 아기 예수상은 가톨릭 전파의 상징이자 세부인들의 무한한 사랑을 받는 아이콘이 되어 지금까지도 그들의 삶 곳곳에 스며들어 있다. 다운타운 지역을 여행하다 보면 십자가보다 아기 예수상이 더 많다는 생각이 들 정도다. 다만 마젤란의 사망과 선원들의 탈출 이후 아기 예수상의 행방은 수십 년 동안 묘연했는데, 아기 예수상이 다시 역사에 등장하게 된다. 1565년 레가스피가 이끄는 두 번째 함대가 세부섬에 당도한 이후였다.

마젤란 함대가 돌아간 후에도 스페인 함선은 남부의 민다나오섬과 그 아래 섬들을 방문하지만, 현지의 이슬람 술탄과 포르투갈인의 저항에 부딪혀 큰 성과를 얻지 못했다. 결국 스페인은 이미 식민화한 멕시코와 페루 지역에 집중하게 된다. 그 이후 펠리페 2세 시기 멕시코 식민화를 진행했던 스페인은 레가스피가 이끄는 함대를 보내 필리핀 지역의 식민화를 시도했다. 출발할 당시 레가스피는

현재 산토니뇨 대성당에
봉안되어 있는 아기 예수상.

이미 왕으로부터 복속시킨 모든 땅의 총독으로 임명된 상태였다. 즉 앞으로 점령하는 모든 땅이 그의 관할이 되는 것이었다.

1565년 세부에 도착한 레가스피 함대는 현지 부족과의 교역 협상에 실패하자마자 바로 세부 땅을 침략했다. 그들은 해안가를 돌면서 수백 명의 현지인을 학살하는 피의 점령을 시작했다. 그 과정에서 한 병사가 어느 마을에 보관되어 있던 마젤란의 아기 예수상을 발견했는데, 레가스피를 비롯한 스페인 점령군 및 사제들은 이를 보고 기적이라 여겼다. 산토니뇨라 불리는 아기 예수상은 성물이자 필리핀 가톨릭화의 상징이 되었고, 발견한 그 자리에 성당을 지었으니, 현재 세부에서 가장 오래된 성당인 산토니뇨 대성당이다. 가톨릭 도시로서 세부의 역사는 바로 레가스피의 점령과 아기 예수상의 발견으로부터 시작된다고 할 수 있다.

## 히스패닉 식민 도시 세부의 독특한 도시화

주목할 만한 점은 식민 본국인 스페인에서 필리핀은 너무 멀리 떨어져 있었다는 점이다. 때문에 필리핀에서 히스패닉 식민 도시를 건설하는 데는 중남미 지역의 초기 스페인 식민지였던 멕시코와 페루에서의 경험이 중요하게 작용한다. 세부와 마닐라가 스페인 본국보다는 라틴적 요소가 짙게 묻어나는 것도 이런 이유에서다. 스페인 본국은 필리핀에 도시를 건설할 때 과거 멕시코에서 도시를 건설한 방식을 그대로 차용하면서 본국의 직접적인 간섭을 최소화했다.

스페인은 1492년 콜럼버스의 아메리카 대륙 도착 이후 1511년 산토도밍고(현 도미니카공화국) 건설을 시작으로 1529년 멕시코시티, 1544년 과테말라, 1549년 누에바갈리시아를 건설했다. 이 도시들을 뭉뚱그려 누에바에스파냐라고 칭했고, 현 멕시코 인근에 해당한다. 다른 한편으로는 현재 페루의 리마를 중심으로 한 구역을 누에바카스티야라고 칭했는데, 여기에는 파나마, 산타페데보고타, 차르카스, 쿠이토, 산티아고 등의 도시가 포함된다. 누에바는 영어로 '뉴new'를 의미한다. 1570년대 마닐라와 세부가 본격적으로 도시로 개발되기 전에 스페인 사람들은 지금의 멕시코와 페루 지역에 열 곳이 넘는 식민 도시를 건설한 상태였다. 스페인 본국은 중남미에서의 식민 도시 건설 경험을 토대로 필리핀에서 도시 건설을 시도했다. 마드리드의 중앙정부는 필리핀 식민지 경영에 대한 중남미 지역 식민정부의 영향력을 인정해주었다. 이러한 배경을 이해하고 필리핀의 대표 히스패닉 식민 도시를 살펴본다면 더욱 흥미로울 것이다.

멕시코와 페루에서의 경험을 바탕으로 현지 식민정부가 제안하고 1573년 펠리페 2세가 승인한 식민 도시 건설 관련 법안이 바로 '인디즈법'이다. 식민 도시의 히스패닉화를 규정한 인디즈법에서 강조하는 것은 성당 건축물과 광장을 중심으로 격자형으로 구획된 도로와 도로가 만들어내는 일정한 크기의 거주구역이다. 항구 도시의 경우 도시의 안전을 담보하기 위한 요새 건설이 추가된다. 그

외에도 대광장과 소광장의 크기, 교회 건축물의 위치 및 기능, 관청·병원 등의 공공시설, 주거지 및 녹지 조성 등에 관한 사항을 세세하게 규정했다. 필리핀에서 이를 가장 잘 보여주는 공간이 1570년대 마닐라에 건설된 요새 도시 인트라무로스였다.

세부는 인트라무로스의 건설과 함께 마닐라로 수도를 옮겨가기 전까지만 해도 스페인 사람들이 주로 거주하던 구역으로 실질적인 수도로 기능했다. 따라서 초기에는 작은 광장과 성당 구역, 요새가 조성되었다. 그러나 세부가 수도로 그리 적합하지 않다는 점을 깨

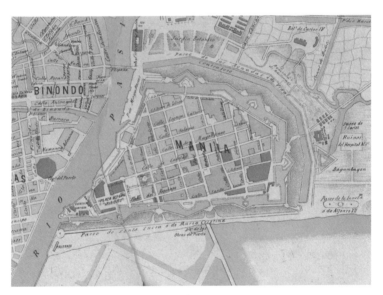

1898년 마닐라 인트라무로스 요새 도시.
인디즈법에서 규정한 다양한 요소가 구현된 대표적인 도시로 전 세계에 퍼진 히스패닉 식민 도시의 전형적인 모습을 잘 보여준다.
ⓒ 위키미디어 커먼즈

닫고 마닐라로 수도를 이전한 후 세부는 인디즈법의 전형성에서 벗어나 식민 도시와 현지 거주민, 중국계 이주민들의 문화가 결합된 독특한 공간으로 변모하게 된다. 다만 스페인 점령 및 식민지 초기 흔적은 현재 그리 많이 남아 있지 않은데, 여기에는 이유가 있다.

레가스피가 세부에 도착한 이후 이 지역의 명칭을 기존의 석보 Sugbo에서 '산티시모 놈브레 데 지저스Santisimo Nombre de Jesus'('가장 성스러운 예수의 이름'이라는 뜻)라고 시은 뒤에 세부에는 주교와 성당, 시청이 만들어졌고, 시청에는 두 명의 총독, 여덟 명의 의원, 한 명의 경비 담당 행정관과 관련 인력이 파견되었다. 즉 초기에 어느 정도 구색을 맞추어가고 있었지만, 당시 그들이 세운 건축물은 대부분 목조 건축물이었다. 오직 산티아고 요새만 초기에는 목조로 지어졌다가 1600년대 초반부터 석조로 지어졌고, 나머지 대부분의 건축물은 목재를 이용한 현지 니파하우스 형태로 지어졌다고 한다. 아기 예수상이 봉안된 산토니뇨 대성당의 경우 1565년에 처음 지어질 때에는 목조 니파 건축 형태였다가 1740년에 이르러서야 지금과 같은 석조 건축물이 되었다. 세부 시내 곳곳에서 볼 수 있는 다양한 서구식 석조 건축물은 대부분 19세기 후반 이후에 지어진 것이고, 석조 건축물이 세부에 광범위하게 조성된 것은 20세기에 들어와서다. 세부 시내에서 가장 오래된 거리로 알려진 콜론스트리트에 현지에서 가장 오래된 주거 건축물이 기념관 형식으로 자리 잡고 있는데, 석조 건축 이전 목조 건축이 어떤 모습으로 이 도시에 자리 잡고 있었는지를 잘 보여준다.

스페인이 가장 먼저 점령하고, 가장 먼저 가톨릭을 전파하고, 아기 예수의 전설이 있는 기적의 도시 세부의 위상이 스페인 점령기 내내 뒤로 밀리고, 발전이 더디게 된 이유는 무엇일까? 바로 스페인의 필리핀 점령 및 통치가 철저히 마닐라 중심으로 이루어졌기 때문이다. 당시 스페인 정부는 마닐라와 멕시코 아카풀코 사이를 오가는 갤리온 무역에서 조성되는 엄청난 이득에 몰두하고 있었다. 그 과정에서 항구가 그리 크지 않고, 섬 지역이라 물산도 풍부하지 않을뿐더러 인구도 적은 세부는 상대적으로 관심을 덜 받았다. 도시 발전 역시 그리 적극적으로 이루어지지 않았다. 소수의 예수회 신부들이 성당과 작은 교육기관을 지어 선교하거나, 소수의 식민 관료들이 현지인을 다스리며 공동체를 이루어간 작은 항구 도시에 불과했다.

흥미로운 점은 스페인 본국 출신 거주민이 거의 없다 보니, 마닐라에서 중국계 이주민들에 대한 견제를 피해 건너온 부유한 중국계 혼혈집단이 세부의 다운타운, 즉 포블라시온의 주요 거주민이 된 것이다. 마닐라에는 스페인 사람들이 싣고 오는 대량의 은화를 노린 중국계 상인이 많이 거주하고 있었다. 그러나 중국계 상인들의 진출은 상대적으로 소수였던 스페인 식민정부에게는 심각한 위협으로 여겨졌다. 게다가 중국계 이주민들은 스페인 사람들에 대한 불만을 다양한 소요와 반란으로 표출했기 때문에 더욱 그런 경향이 강했다. 심지어 초기에는 마닐라의 스페인 총독이 살해당하는 일도 있었다. 그런 이유로 식민시기 내내 중국계 이주민에 대한 스페인 정부의 견제 및 제한 정책이 계속 이어졌고, 그런 갈등 구조 속에서 '메스티소'라고 불리는 중국계와 현지인 사이에 태어난

당시 부유층의 삶을 짐작해볼 수 있는 '카사 고로르도(Casa Gorordo)'.
19세기 중반 스페인 사람들이 지은 건축물로 내부 인테리어가 거의 그대로 보존되어 있다.
1층은 카페라 더운 날씨에 쉬어 가기에도 좋다.

혼혈집단이 성장하게 된다.

이들은 원래 중국계 상인들이 누리고 있던 기득권을 차지하는 방식으로 부를 획득했고, 세부에서는 포블라시온 내에서도 핵심 지역인 파리안의 주요 거주민으로 부유층을 형성했다. 즉 이 시기 세부는 상대적으로 제한된 스페인 식민정책의 영향 아래 소수의 예수회 신부들과 스페인 사람, 혼혈그룹인 메스티소가 주요 부유 층으로서 파리안에 거주했고, 포블라시온에는 현지인, 메스티소, 소수의 중국계 이주민이 섞여 살았으며, 그 외곽 지역에 현지인 중심의 '바리오Barrios' 라 불리는 마을이 조성되었다.


## 근대도시 세부의 발전

긴 역사에도 불구하고 잊힐 것만 같았던 세부가 근대적 도시 구조를 갖추게 되는 계기는 여러 가지인데, 1800년대 초반 멕시코가 독립하면서 갤리온 무역이 더 이상 작동하지 않게 된 것이 그중 하나다. 사실 스페인 정부는 1780년대부터 이미 갤리온 무역의 경제적 효과가 그리 크지 않다는 점을 인지하기 시작했고, 19세기가 되면 갤리온 무역을 보호하기 위해 취했던 필리핀 지역 각 항구의 외국 통상 금지 조치를 해제하면서 영국·미국·프랑스 등 열강의 상인들이 마닐라를 비롯한 여러 항구에 사무소를 설치하고 거주하게 된다. 필리핀의 항구 도시들이 갤리온 무역에서 벗어나 세계 시장에 편입되기 시작한 것이다.

필리핀은 수백 년 동안 스페인의 식민지였지만, 갤리온 무역을 독점하려는 스페인 정부의 일관된 정책에 의해 철저히 폐쇄된 지역이었다. 초기 미국과 영국의 상인들이 처음 마닐라를 방문했을 때 낙후된 건축물과 비위생적인 도로, 노동에 대한 개념이 없는 현지 관료들을 보고 놀랐다는 기록이 있을 정도다. 거기에 더해 19세기 초중반이 되면 유럽 열강들의 동남아시아 점령 방식에 중대한 변화가 생기는데, 바로 귀중품 교역 중심에서 땅을 점령해 물산을 착취하는 방향으로 전환된 것이다. 플랜테이션(대농장) 경영의 시작이다. 필리핀 경제가 은화와 중국산 귀중품의 교환에 의존하던 경제에서 내륙의 광대한 대농장을 중심으로 작물을 수출하는 경제로 전환하는 시기가 도래한 것이다.

세부 역시 이러한 흐름에 따라 1863년 세부 항구가 전 세계에 개항되면서 도시 개발이 시작되었다. 어떤 학자들은 이때가 진정으로 도시로서의 세부가 시작된 시기라고 평가하기도 한다. 세부섬 곳곳에 플랜테이션 농업이 도입되었고, 생산된 산품이 세계 시장으로 나가는 창구로서 급격한 도시화를 겪게 된다. 인구가 증가하고 현금경제가 도입되었을 뿐 아니라 지주계급과 상인들이 새로운 사회 계층을 형성해 세부의 도시화를 이끌었다. 그들이 세부시 곳곳에 지은 석조 별장과 건축물은 새로운 도시 풍경을 만들었다. 현재 세부시 다운타운에 있는 다양한 형태의 석조 건축물은 그러한 흐름 속에서 지어진 것들이다.

특히 세부섬 곳곳에 플랜테이션 농업이 진행되었는데, 이러한 대농장이 세부섬뿐 아니라 스페인령 필리핀 곳곳에 조성되었다. 대농장에서 필리핀의 특산물인 마닐라삼(아바카), 설탕, 담배, 코코넛오일 등이 생산되어 미국을 중심으로 한 세계 시장에 판매되었다. 이 과정에서 막대한 이득을 얻은 지주들이 새로운 지배계층으로 성장했고, 그 상당수가 중국계 메스티소였다. 이 지주들의 후예들이 지금까지도 필리핀 각 지방과 중앙의 정재계를 장악하고 있다.

무엇보다 19세기 말이 되면 세부는 레이테, 보홀 등 비자야의 섬들, 더 나아가 민다나오섬 북부의 대농장에서 생산된 물품이 집결해 세계 시장으로 수출되는 항구가 되면서 더욱 성장한다. 당시 세부는 비자야군도 네트워크의 핵심이었고, 외부로 나가는 창구로 기능했다. 이는 1848년부터 섬들 사이를 정기적으로 오가는 증기선의 운항 덕분이었다. 더불어 미국 및 영국의 기업들이 스페인 기업들과 경쟁하면서 세부에서 다양한 산품을 구입하기 위해 지사를 두면서 세부가 본격적으로 서구에 알려지게 되었다. 그 과정에서 세부뿐 아니라 비자야군도 곳곳에 토지와 상업 네트워크를 형성한 중국계 메스티소가 중요한 역할을 했고, 그 영향력이 지금도 토지소유, 도·소매업, 교통업 등에 남아 세부의 경제를 좌지우지하고 있다. 아울러 도시의 발전과 함께 서구의 근대 문물이 쏟아져 들어오면서 각종 신문이 발행되고, 극장이 지어졌으며, 광장을 중심으로 거리 곳곳에 가로등, 벤치, 소화시설 등이 설치되었다.

1898년 미국과 스페인이 맺은 조약에 따라 필리핀은 스페인령에서 미국령이 되었고, 이후 이러한 경향이 더욱 강해짐과 동시에 미국화되는 모습마저 보인다. 세부 역시 스페인, 라틴아메리카, 북아메리카의 도시 인프라 및 문화적 요소가 교묘하게 섞인 독특한 분위

세부에서 거의 유일하게 메스티소의 존재감이 드러나는 장소는
1972년 세부의 메스티소가 지은 도교 사원이다. 세부시 외곽의 언덕에 있어
시의 전경이 한눈에 내려다보이는 관광 명소다.

기로 변모했다. 알다시피 미국은 독립전쟁과 남북전쟁을 거쳐 세계 최대의 경제대국으로 성장했다. 그리고 필리핀은 영국, 프랑스 등 '구'제국들의 강력한 라이벌로 세계무대에 등장한 미국의 첫 번째 동방 식민지였다. 따라서 미국은 처음부터 구제국의 착취적인 식민 지배 방식이 아닌, 현지인들에게 근대적 문물을 깊숙이 심어주면서 이들을 세계의 위협으로부터 방어하는 보호자 역할을 자처했다. 물론 미국이 식민지를 넘겨받은 것은 필리핀을 통해 동방에서의 영향력을 확보함과 동시에 필리핀에서 나는 각종 산물을 독점하기 위해서였지만, 최소한 민주적 정치제도 및 도시 인프라, 무상교육, 복지, 보건 등의 분야에서는 기존 제국들과 달랐던 것은 분명하다.

19세기 말 세부는 근대도시로서의 면모를 갖추기 시작했으나, 보건 인프라가 전혀 없어 필연적으로 전염병이 창궐하기 좋은 환경이었다. 게다가 당시 세부에는 상하수도 시설이 아예 없었고, 병원 역시 두 곳이 있었다고는 하지만 매우 낙후되어 있었다. 그 결과 1900년대 초중반에 세부시에는 콜레라, 페스트 등의 치명적인 전염병이 돌았다.

보건과 관련해 무엇보다 중요한 것이 상하수도 시설의 확립이었다. 1900년대 초반부터 미국의 기술자들이 세부 시내 곳곳에서 지하수를 활용한 수도 시설을 구축하기 위해 노력했지만, 세부의 물은 소금기가 많아 활용하기 어려웠다. 그러나 1909년 콜레라가 창궐해 수백 명에 달하는 세부아노의 목숨을 앗아가면서 현지 식민 관료들은 이를 더 이상 미룰 수 없게 되었다. 그들은 세부시 남부에 있는 부히산의 지하수를 활용해 저수지와 댐을 만들어 1912년에 수도 시스템을 마련했다. 이는 미국령 당시 세부 도시 근대화의 기념비적인 성과로 평가되기도 한다.

다른 한편으로 세부 항구와 세부섬 곳곳에 도로를 건설하고, 통신을 위한 전신 시스템을 구축했으며 자동차가 도입되었다. 1906년에서 1908년 사이에는 세부섬 내에 철로가 건설되어 기차가 다닐 수 있게 되었다. 다만 이러한 근대적 교통수단 및 인프라의 도입은 세부섬에서는 그리 효과를 보지 못했는데, 일단 비용이 비싸 이를 이용할 수 있는 인구가 많지 않았고, 일반 세부아노에게는 작은 배를 이용한 이동이 훨씬 편리했기 때문이다. 이와 같은 교통 인프라는 지주계급의 수요에 맞는 것이었다. 그런 의미에서 미국의 엔지니어들이 대거 참여해 1905년부터 추진한 세부 항구 증설 사업이 현지인들에게는 훨씬 더 도움이 되었을 수 있다.

이처럼 미국령 시기 근대도시로서 세부의 변화는 19세기 후반 스페인령 시기 급격한 상업적 성장으로 부작용이 발생한 도시에 각종 근대적 인프라를 구축하는 방향으로 진행되었다. 그렇다 보니 눈에 띄는 역사유적은 스페인령 시기의 것이 많지만, 근대적 제도, 인프라, 교통 등 눈에 보이지 않는 유산은 미국령 시기에 마련된 것이 대부분이다. 이 차이 역시 세부 다운타운을 여행할 때 눈여겨보면 좋을 것이다.

# 500년 세월이 느껴지는 세부의 역사적 흔적

세부시 다운타운에는 스페인 식민시기와 미국 식민시기의 분위기를 느낄 수 있는 다양한 흔적이 곳곳에 남아 있다. 그중 스페인령 세부의 역사를 알아보기 위한 여행은 산토니뇨 대성당과 마젤란의 십자가로부터 시작하는 것이 좋다. 현지에서는 '바실리카 델 산토니뇨'라 부르는 대성당은 세부인들에게 삶의 중심인 만큼 언제 가든 아기 예수상을 보기 위해 몰려든 인파로 가득하다.

관광객이 주로 들르는 또 다른 장소로 마젤란의 십자가가 있다. 산토니뇨 대성당에서 걸어서 5분 거리에 조성된 광장에 1521년 마젤란이 세부의 왕과 왕비에게 세례를 준 것을 기념해 심었다고 하는 거대한 십자가가 있다. 특히 광장에 조성된 플리마켓은 볼거리가 많아 외국 관광객이 많이 찾는 곳이다. 물론 정말 마젤란이 심은 십자가인지는 불분명하지만, 독특한 형태와 천장의 벽화 때문에 사진을 찍는 이들로 항상 붐비는 곳이다.

산토니뇨 대성당 못지않게 역사도 길고 상징적인 성당 건축으로 메트로폴리탄 성당이 있다. 메트로폴리탄 성당은 1595년 세부 지역이 마닐라의 관할 교구로 지정되면서 세부 교구의 주교를 위해 지어진 성당이다. 산토니뇨 대성당과 마찬가지로 초기에는 현지 니파하우스의 형식대로 목조와 니파 잎으로 지어졌으나 1786년 석조 건축으로 완성되었다고 한다. 이후 1940년대 2차 세계대전 때까지 여러 차례의 파손 및 파괴와 보수를 거치면서 지금의 모습이 되었는데, 외관은 초기의 석조 건축 형태이지만, 내부는 2차 세계

산토니뇨 대성당 외관.

1700년대 성당 건축을 제대로 느낄 수 있다. 현지인에게 가톨릭 신앙이 어떤 의미인지 관찰할 수 있는 장소이기도 하다. 외국 관광객도 많지만, 세부아노나 필리핀 다른 지역에서 성지 순례하듯 건너온 내국인 관광객도 많다. 성당 입구를 따라 들어가면 복도 전체에 걸쳐 세부 가톨릭 전파의 역사 및 역대 주교의 업적과 스토리가 시기별로 전시되어 있다. 무엇보다 백미는 대성당 한쪽에 봉안된 아기 예수상인데, 사람들이 지나가면서 볼 수 있도록 유리관에 모셔져 있다. 세부아노를 비롯한 필리핀 사람들은 한참을 들여다보다 유리관 앞 탁자를 쓰다듬고 성호를 긋고는 예수상을 다시 쳐다보며 손을 흔들면서 떠난다. 그런 모습을 보고 있으면 세부인에게 산토니뇨 아기 예수 상이 어떤 의미인지 느낄 수 있다.

대전 때 파괴되어 상대적으로 이른 시기에 보수와 개조가 이루어
졌다. 무엇보다 성당 뒤편에 다양한 건축물과 석상들로 조성된 작
은 정원이 있어 독특한 매력을 풍긴다.

성당 건축 외에 포르투갈이나 스페인 사람들이 도시를 건설할
때 가장 심혈을 기울이는 요새 역시 세부시에 그대로 남아 있다. 산
페드로 요새라 불리는 이곳은 산토니뇨 대성당에서 걸어서 갈 수
있다. 요새는 플라자 인디펜던시아라고 불리는 광장에 위치해 있
는데, 삼각형 모양의 전형적인 스페인 식민 도시의 요새 디자인이
다. 다른 건축물과 마찬가지로, 산페드로 요새 역시 처음에는 목조
로 지어졌다가 1630년대부터 석조로 지어지기 시작했다. 성당 건

메트로폴리탄 성당의 내부.

축물이 1700년대 중후반부터 석조로 지어졌음을 감안할 때 비교적 매우 이른 시기에 지어진 것인데, 아무도 믿을 수 없는 식민지에서 자신들의 안전을 도모하기 위한 선택이었을 것이다. 지금은 스페인 식민시기의 각종 자료를 보관한 박물관으로 쓰이고 있다.

산페드로 요새를 품은 공원인 플라자 인디펜던시아 역시 스페인 식민지 초기에 조성된 광장으로, 히스패닉 식민 도시를 건설할 때 성당, 요새, 광장을 한 세드로 짓도록 한 인디즈법이 적용되었다. 광장 중앙에는 레가스피를 기리는 상징물이 우뚝 서 있고, 다른 한쪽에는 필리핀 현대사의 중요한 지도자였던 막사이사이의 동상이 세워져 있다. 광장에서 그리 멀지 않은 곳에 세부시립박물관이 있는

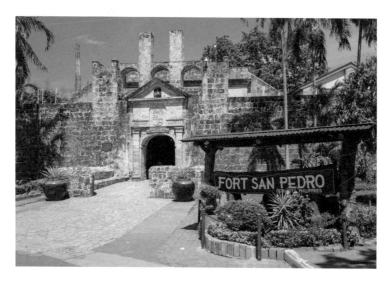

산페드로 요새 입구.
ⓒ 위키미디어 커먼즈

세부항에 위치한 콤파니아 마리티마 건물.
지금은 비어 있지만, 외관이 워낙 독특해 눈길을 끈다.
ⓒ 위키미디어 커먼즈

데, 스페인 식민시기에 지어진 감옥을 그대로 활용한 박물관이다. 세부의 옛 지명인 '석보'를 따서 무제오 석보Museo Sugbo라고 한다. 원시시대부터 식민지 이전의 역사, 스페인령·미국령 시기를 거쳐 독립운동, 그리고 현대사에 이르기까지 세부의 역사를 일목요연하게 볼 수 있어 어디를 가든 그 지역의 역사를 알아야 직성이 풀리는 사람이라면 반드시 들러야 할 곳이다.

세부시 중심가에 모여 있는 스페인령 시기의 오래된 건축물과는 달리 미국령 시기 세부의 근대화 과정에서 만들어진 근대식 건축군의 경우 그 기능에 따라 곳곳에 퍼져 있다. 그중 가장 유명한 건축물은 항구에 위치한 콤파니아 마리티마 건물이다. 길쭉한 형태의 3층짜리 건물로 1910년에 지어져 호텔로 쓰이다가 2차 세계대전 이후에는 기선회사 건물로 활용되기도 했다. 지금은 건물 뼈대만 남은 채 시에서 관리하고 있다고 한다. 같은 해에 지어진 해관건물 역시 그대로 항구에 남아 있다. 두 건물 모두 스페인 계열의 건축군과는 완전히 다른 형태의 디자인을 보여주는데, 흔히 신고전주의 건축이라고 칭한다. 또 다른 대표적인 신고전주의 건축으로는 현재 세부 주정부 건물로 쓰이는 세부 카피톨 건물이 있다. 1937년에서 1938년 사이에 지어진 건물로 미국령 시기 세부의 근대화를 상징하는 건축물로 꼽힌다.

세부의 시가지라 할 수 있는 콜론스트리트는 가장 오래된 거리다. 레가스피가 세부를 점령하고 가장 먼저 조성한 거리로 알려져 있고, '콜론Colon'이라는 지명 역시 크리스토퍼 콜럼버스의 스페인식 이름인 크리스토발 콜론에서 비롯되었다. 다만 현재 이 거리에는 20세기 초중반 미국령 시기 혹은 독립 직후에 지어진 건물과 1990년대 및 2000년대에 지어진 건물들이 뒤섞여 있다. 그래서인지 거리를 거닐다 보면, 세부의 젊은이들이 몰리는 거리임에도 풍경은 마치 한국의 1970~1980년대와 현대를 섞어놓은 듯하다. 다만 곳곳에서 발견할 수 있는 미국령 시기에 지어진 극장 건물이나 쇼핑몰, 독특한 외관의 주상복합 건축물은 당시 세부가 도시로서 발전해가던 모습을 상상할 수 있어 특별한 감흥을 준다. 특히 1895년 세부에서 처음으로 지어진 극장인 씨네 오리엔테는 그 독특한 외관으로 콜론스트리트를 지키고 있다. 덤으로 거리 중간에서 발견할 수 있는 스타벅스는 여행자들의 작은 쉼터가 되어주기도 한다.

세부 주정부 건물로 쓰이는 카피톨 건물. 전형적인 신고전주의 건축물로 꼽힌다. 내부가 H자 형태로 된 독특한 구조를 가지고 있다.
ⓒ 위키미디어 커먼즈

도시로 보는 동남아시아사 2

마닐라,
천년 세월을 품은 동방의 진주

박정훈

필리핀은 베트남, 태국과 함께 한국인이 가장 많이 찾는 동남아 국가다. 한 통계에 따르면 2019년 필리핀을 방문한 외국인은 약 826만 명에 달하며, 이 가운데 한국인은 약 24퍼센트인 200여만 명으로 중국인과 미국인을 제치고 1위를 차지했다. 이러한 한국인의 필리핀 사랑에도 불구하고 유독 수도 마닐라는 상대적으로 덜 알려졌는데, 이는 베트남의 하노이, 태국의 방콕과는 달리 마닐라가 관광지로서의 매력이 떨어진다는 세간의 인식 때문이다. 자연스럽게 우리에게 마닐라는 세부나 보라카이를 비롯한 유명 관광지에 가려져 가끔 뉴스나 드라마에 나오는 필리핀의 수도 그 이상도 그 이하도 아닌 곳이 되어버렸다. 만약 리조트에서 망중한을 즐기거나 저렴한 가격에 수상 스포츠를 즐기고 싶다면 복잡한 도시 마닐라는 그다지 매력적인 선택지가 아니다.

하지만 필리핀의 역사, 특히 현대사를 조금이라도 안다면 마닐라는 그야말로 살아 있는 박물관으로서 매력이 가득한 도시다. 우선 마닐라의 관문인 공항의 공식 명칭이 필리핀 민주화의 상징이자, 1983년 마르코스 독재정권의 흉탄에 의해 그곳에서 생을 마감한 베니그노 아키노 2세의 애칭을 딴 아키노 국제공항이다. 어디 그뿐이랴. 스페인 식민지 당시의 건축 양식과 문화를 그대로 느낄 수 있는 성곽 도시 인트라무로스, 각자 방법은 다르지만 조국의 독립을 위해 목숨을 바친 호세 리잘과 안드레스 보니파시오의 흔적들, 한때 동남아시아 금융의 중심지였으며, 지금도 필리핀 경제발전의 영화가 남아 있는 마카티의 마천루, 그리고 아시아 민주화의 상징으로 자리매김한 에드사(EDSA) 혁명의 발자취를 따라가는 것만으로도 마닐라의 매력을 느끼기에 충분하다. 스페인군에게 잡혀 총살당한 호세 리잘의 절명시에 아로새겨진 것처럼, 끝없이 펼쳐진 태평양 연안에서 천 년이 넘는 필리핀의 흥망성쇠를 고스란히 간직한 마닐라는 과연 '동방의 진주'라고 불리기에 손색이 없다.

## 부레옥잠 가득한 마이닐라에서
## 식민무역의 중심지 마닐라로

우리가 흔히 마닐라라고 알고 있는 지역의 정식 명칭은 메트로 마닐라다. 루손섬 남부 16개 시와 1개 군으로 이루어진 메트로 마닐라의 면적은 서울과 비슷한 636제곱킬로미터이지만, 인구는 서울보다 훨씬 많은 약 1300만 명이며, 특히 주변 위성도시를 더하면 약 2400만 명에 달하는 거대한 도시권을 보유하고 있다. 고고학 자료에 따르면 약 6만 5000년 전부터 마닐라와 그 주변 지역에 사람이 거주했으며, 9세기 무렵에는 파시그강 삼각주 지역에 원시 타갈

마닐라의 젖줄인 파시그강.
수상 버스와 화물선이 오가는 파시그강에는
지금도 부레옥잠이 가득하다.

로그어*를 사용했던 촌락(바랑가이)들로 구성된 연맹체인 톤도Tondo
가 발생했다. 이후 12세기 무렵에는 또 다른 타갈로그어 부족 연맹
체인 나마얀Namayan이, 13세기 중엽에는 말레이 무슬림이 주축이
된 마이닐라Maynila가 발생해 톤도와 느슨한 정치적 연합을 구성했
다. 특히 마닐라의 어원이 된 마이닐라는 본래 '부레옥잠이 가득한
곳'이라는 뜻으로, 사실상 촌락국가 수준에 머물렀던 톤도와 나마
얀과는 달리 현재 브루나이 지역 정치체들과의 긴밀한 교류와 해
상무역을 바탕으로 왕(라자)을 중심으로 한 관료체계를 구축했다.
이외에도 파시그강 하류 유역에는 중국 본토와 필리핀 사이의 중

---

* 타갈로그어는 마닐라를 포함한 필리핀 중북부 지역에서 널리 쓰이는 언어로, 1973
년 영어와 함께 필리핀의 유일한 공용어로서의 헌법적 지위를 가지게 되었다.

개무역에 종사하던 중국인 커뮤니티가 존재했으며, 때로는 일본 해적도 거주했다.

한편 마이닐라가 파시그강 하류를 넘어 점차 세력을 키워가던 16세기 초는 강력한 해상세력을 바탕으로 한 스페인과 포르투갈의 식민지 침탈과 가톨릭 선교 경쟁이 본격화된 시기였다. 1521년 포르투갈 출신의 스페인 항해사인 페르디난드 마젤란은 함대를 이끌고 스페인에서 남아메리카를 경유해 현재 세부시 근처의 막탄섬에 도착했다. 마젤란은 가톨릭 선교에 저항하던 무슬림 부족장 라푸라푸의 군대에 의해 살해당했지만 세바스티안 엘카노를 비롯한 그의 수하들은 북쪽으로 항해를 계속했는데, 이 과정에서 마이닐라의 아체 왕자를 사로잡기도 했다. 그 뒤 필리핀의 본격적인 식민화를 추진한 스페인은 1560년대 이미 마이닐라의 경제권을 장악했으며, 이에 대한 저항운동이 벌어졌던 1570년과 1571년에 전면적인 공격을 통해 마이닐라 왕의 항복을 받아냈다. 마침내 1571년 5월 19일에 당시 스페인 동인도 총독이었던 미구엘 로페스 데 레가스피는 마이닐라를 스페인의 식민지로 선포하고 마닐라로 개칭했다.

스페인 동인도의 수도가 된 마닐라는 곧 식민무역의 중심지로 변모했다. 특히 마닐라와 오늘날 멕시코의 아카풀코를 정기적으로 왕복하는 무역항로를 뜻하는 마닐라 갤리온은 마닐라가 유럽과 아메리카, 나아가 중국과 일본을 포함한 아시아를 잇는 스페인 세계무역의 허브로 자리 잡는 데 큰 역할을 했다. 1520년대 마젤란의 세계 일주 이후 스페인은 아시아 식민지에서 생산되는 향신료와 더불어 유럽에서 큰 인기를 끌던 도자기와 비단을 비롯한 중국산 수입품을 때

마침 발견된 아메리카 대륙의 은과 원활하게 교환할 수 있는 정기항로를 개척하기 위해 수십 년간 공을 들였다. 당시 다수의 중국 상인이 거주하던 마닐라의 정복은 스페인으로서는 숙원을 이룰 절호의 기회였다. 마침내 1565년 스페인 항해사 두 명이 이끄는 상선은 마닐라를 출발해 약 넉 달에 걸친 태평양 횡단 끝에 아카풀코항에 도착했다. 이후 마닐라 갤리온은 산후안 바티스타 등 여러 척의 무역선이 정기적으로 운항하는 항로가 되었는데, 자료에 따르면 마닐라를 출발해 아카풀코에 도착한 물자는 중국산 화약·도자기·식탁보·손수건과 중동산 낙타털 양탄자, 인도산 호박琥珀과 면, 일본산 부채와 병풍 등 사실상 모든 아시아산 보물을 포함했다. 또한 은, 담배, 고구마, 코코아, 수박, 포도주, 단검 등 당시 아시아에서는 볼 수 없었던 진귀한 물품들이 아카풀코에서 마닐라로 들어왔다.

멕시코가 스페인으로부터 독립하기 직전인 1815년까지 운영된 마닐라 갤리온은 마닐라를 스페인, 중국, 일본, 멀리는 인도와 중동의 상인들이 오가는 명실상부한 글로벌 무역항으로 급속히 변모시

약 1590년경의 마닐라 갤리온 항해도.
ⓒ 위키미디어 커먼즈

컸다. 자연스럽게 도시의 규모도 급격히 증가해 16세기 말 인구가 약 4만 명에 육박했으며, 이와는 별개로 중국인들을 중심으로 한 수만 명의 외국 상인 커뮤니티가 존재했다. 이들은 시간이 지날수록 현지인들과의 통혼을 통해 마닐라에 정착했으며, 자연스럽게 다양한 문화적 배경을 대표하는 혼혈 커뮤니티를 구성하게 되었다. 부레옥잠이 가득한 파시그강의 마을 마이닐라는 이렇게 아시아에서 가장 국제화된 식민지 무역의 중심지 마닐라로 급격히 탈바꿈했다.

## 작은 스페인, 인트라무로스

스페인의 지배하에 놓인 마닐라의 앞날이 순탄한 것만은 아니었다. 태풍과 집중호우로 파시그강의 범람이 잦았으며 지진도 심심치 않게 일어났다. 무엇보다도 중국 해적의 잦은 기습에 대한 방비책도 시급했다. 실제로 1574년 광둥성 출신 림펑(혹은 리마홍)이 이끌던 해적단은 당시 마닐라 내 스페인인 거주지역을 대대적으로 공격해 큰 피해를 주었다. 더욱이 스페인의 국교이자, 식민화의 명분이었던 가톨릭 포교와 효과적인 식민통치를 위해서는 교회와 더불어 다양한 행정사무를 위한 건물이 필요했다. 이에 스페인 식민정부는 과거 마이닐라의 왕이 머물던 파시그강 최하류 지역을 성벽을 둘러 요새화하고 식민정부의 주요 행정기관과 종교시설이 들어설 계획도시를 건설했는데, 이곳이 바로 인트라무로스다.

'성내' 정도로 번역할 수 있는 인트라무로스는 면적이 약 0.67제

1734년경 인트라무로스 지도.(맨 위) ⓒ 위키미디어 커먼즈
지금도 남아 있는 인트라무로스 성곽(가운데).
산티아고 요새의 성벽(맨 아래).

곱킬로미터로 여의도의 4분의 1 정도에 불과하지만, 17세기 중반에 이미 7000명이 넘는 스페인인이 거주하는 도시로 발전했다. 초기 인트라무로스는 목책으로 둘러싸여 있었으나, 1583년 대화재 때 시가지가 전소된 이후 산티아고 데 베라 총독의 지시를 받은 예수회 안토니오 세데뇨Antonio Sedeño의 설계로 성벽과 도시 전체를 석재로 건축하기 시작했다. 흥미로운 것은 좁은 공간에 건물을 효율적으로 재배치하기 위해 지역에 가로 8개, 세로 13개의 직선 도로를 닦고 도로 사이에 자연스럽게 형성되는 사각형 모양의 블록에 주거지역, 상업지역, 종교시설, 관청 등 총 329개 건물을 계획적으로 건설했다는 점이다. 또한 도로가 통과하지 않는 도시 남서단에는 기독교의 성자 야고보의 이름을 딴 산티아고 요새를 건설했다. 산티아고 요새에는 스페인 식민통치가 종식된 19세기 말까지 스페인군의 총본영과 반체제 인사들을 구금하던 형무소가 있었다. 후술할 필리핀 민족주의 운동의 지도자이자 지금도 국부로 추앙받고 있는 호세 리잘 역시 처형 직전까지 산티아고 요새에서 수감생활을 했다.

인트라무로스는 식민지 필리핀의 현실과는 동떨어진 작은 스페인이었다. 중심가인 플라자 데 로마와 플라자 산토 토마스에는 총독부 건물과 관저, 그리고 성당이 속속 들어섰다. 특히 마닐라 마탄다 왕의 세례를 기념하기 위해 세운 마닐라 대성당과 도미니코 수도회가 세운 산토도밍고 성당*은 지금까지 필리핀 가톨릭의 중

---

* 산토도밍고 성당은 1941년 일본군의 공습으로 파괴된 후 1954년 마닐라 외곽인 케손시티에 아시아 최대 규모로 다시 지어졌다.

마닐라 대성당.
1981년 마닐라를 방문한 교황 요한 바오로 2세에 의해
기념 대성당(소 바실리카)으로 지정되었다.

심으로 자리 잡고 있다. 또한 필리핀 최초의 대학인 산토토마스대학교와 여성들을 위한 신학 교육기관인 콜레지오 데 산타로사가 각각 1611년과 1750년에 설립되었다. 중심가를 벗어난 네모반듯한 구역에는 정원과 우물을 갖춘 저택들이 스페인 출신 관료들과 가족들을 위해 들어섰다. 연구에 따르면 이들 가옥은 초기에는 스페인 양식을 따랐으나, 고온다습하고 태풍 피해가 잦은 마닐라의 기후에 적응하기 위해 1층은 단단한 석재로, 2층과 경사가 심한 지붕은 필리핀 전통 방식으로 목재로 지은 바하이 나 바토Bahay na bato를 도입했다고 한다. 직역하자면 '돌집'인 이러한 퓨전 건축 양식은 지금도 인트라무로스를 걷다 보면 흔히 접할 수 있다. 그러나 인트라무로스 밖의 세상은 이러한 고급스러움과는 거리가 멀었다. 스페인과 결탁해 대농장을 소유했던 소수의 지주계층을 제외한 절대다수는 식량 작물뿐만 아니라 설탕, 커피, 담배 등 플랜테이션 농작물을 강제로 생산해야 하는 수탈구조로 수백 년 동안 고통받아야 했다. 특히 지금까지도 유지되고 있는 대지주 농장 중심의 농업생산 체제는 극심한 불평등에도 불구하고 필리핀의 정치사회적 개혁을 요원하게 만든 주된 요인으로 지목되고 있다.

400년이 넘는 세월 동안 인트라무로스는 수많은 변란과 자연재해를 겪었다. 특히 2차 세계대전 동안 마닐라 전역이 미군과 일본군 사이의 치열한 전장이 되는 와중에 상당수의 건물이 파괴되었다. 그러나 1966년 인트라무로스 재건을 위한 특별위원회가 구성되고, 1979년 인트라무로스가 필리핀 관광부 소속 특별행정구역으로 지정되면서 빠른 속도로 과거의 모습을 되찾았다. 현재 인트라무로스

1800년대 말(위)과 현재(아래)의 인트라무로스 카빌도(Cabildo) 거리 풍경.
비교적 건물 원형이 잘 보존되어 있다.
ⓒ 위키미디어 커먼즈

는 박물관과 성당, 그리고 예전 건물들을 활용한 고즈넉한 분위기의 레스토랑과 카페가 어우러진 관광 명소이자 필리핀의 근대사를 고스란히 담은 유적지로 큰 인기를 얻고 있다.

수많은 인파와 차들이 오가는 마닐라 구경에 지칠 때 성벽 안으로 들어가보라. 차분히 한 걸음 내디딜 때마다 색다른 정취와 살아 있는 역사를 느낄 수 있을 것이다.


## 필리핀 민족주의 운동의 두 영웅

인트라무로스의 남쪽과 동쪽 경계에는 각각 필리핀 근대사에서 빼놓을 수 없는 두 영웅, 호세 리잘과 안드레스 보니파시오의 기념비가 있다. 비록 투쟁 방식과 출신은 달랐으나 리잘과 보니파시오는 19세기 후반 식민지배의 모순을 폭로하고 민족주의를 바탕으로 스페인에 대한 조직적인 저항을 주도하다 목숨을 빼앗긴 인물들이다. 마닐라 시내 한가운데 웅장하게 설치된 기념비만 보더라도 그들이 필리핀 근대사에서 차지하는 비중이 얼마나 큰지 짐작할 수 있을 것이다.

필리핀의 국부로 추앙받는 호세 리잘의 기념비는 인트라무로스 남쪽 에르미타에 조성된 리잘 공원의 서쪽 게이트에 있다. 1861년 마닐라 근교 라구나의 지주 집안에서 태어난 리잘은 마닐라의 산토토마스대학을 거쳐 스페인 마드리드국립대 의학과에 입학한 전형적인 현지 지식인 계층의 일원이었다. 스스로 '일루스트라도스

Illustrados', 즉 '계몽된 자'로 칭했던 이들은 농장 경영, 유통, 대부업 등을 통해 부를 축적했던 집안 배경과 더불어 마닐라와 스페인을 포함한 유럽 고등교육기관에서 수학했던 개인적 경험을 통해 그 누구보다 서구 문물과 사상에 밝았다. 그러나 곧 스페인뿐만 아니라 고국에서도 필리핀 출생이라는 배경 때문에 차별을 받는 현실에 직면해야 했다. 이 와중에 1872년 1월 마닐라에서 일어난 폭동을 반란으로 규정한 스페인 정부가 그 배후로 일루스트라도스를 지목하고, 이들과 긴밀한 관계를 맺고 있던 필리핀인 사제 세 명을 주동자로 처형한 이른바 곰부르자Gomburza 사건[*]은 필리핀 지식인 사회에 민족의식을 일깨워주는 중대한 계기가 되었다. 스페인과 독일에서 다재다능한 안과의사로 활동 중이던 리잘 역시 식민지 필리핀의 암울한 현실을 그린 소설 《나를 만지지 마라Noli Me Tangere》(1887)와 그 후속편인 《선동가El Filibusterismo》(1891)를 발표해 필리핀 민중의 민족의식을 고취시켰으며, 1889년에는 스페인어 신문 《단결La Solidaridad》을 발간해 필리핀인의 자유와 권리를 증진하기 위한 지식인의 역할을 촉구했다. 필리핀뿐만 아니라 스페인에서도 호응을 얻은 리잘의 행보에 대한 스페인 정부의 경계는 높아졌고, 결국 1892년에 그를 필리핀으로 추방했다.

마닐라로 돌아온 리잘은 즉시 합법적이고 점진적인 사회개혁을 촉구하는 '필리핀 동맹La Liga Filipina'을 조직해 더욱 직접적으로 스

---

[*] 곰부르자는 처형된 세 명의 신부, 즉 마리아노 고메스(Mariano Gomez), 호세 부르고스(José Burgos), 하신토 사모라(Jacinto Zamora)의 성의 앞 글자를 딴 단어다.

페인 정부에 맞섰다. 그러나 이미 저술활동을 통해 반체제 인사로 낙인찍힌 리잘은 정치적 운신의 폭이 좁을 수밖에 없었다. 결국 귀국한 지 몇 개월이 되지 않은 1892년 7월에 반란모의 혐의로 민다나오섬의 다피탄으로 유배되었다. 이후 지역 사회에서 학교와 병원 건립, 치수 사업 등에 힘을 쓰던 리잘은 뒤에 소개할 비밀결사단체 카티푸난Katipunan이 주도한 무장투쟁의 배후라는 누명을 쓰고 1896년 10월, 마닐라 산티아고 요새로 압송되었으며, 그로부터 두달 뒤인 12월 30일 당시 공개처형장으로 쓰이던 '초승달 광장'에서 스페인군의 총탄에 의해 35세의 짧은 생을 마감하고 말았다. 리잘이 처형 직전에 남긴 절명시를 통해 그가 비극적 운명 앞에서도 굽히지 않았던 조국 필리핀에 대한 사랑을 엿볼 수 있다.

(중략)

잘 있거라, 사랑하는 나의 조국
사랑받는 태양의 고향이여.
동방 바다의 진주
잃어버린 우리의 에덴동산이여!
나의 이 슬프고 암울한 인생을
기꺼이 너를 위해 바치리니
더욱 빛나고, 더욱 신선하고
더욱 꽃핀 세월이 오도록 너를 위하여도
나의 행복을 위하여도
이 한목숨 바치리라.

1948년 필리핀의 독립 이후 리잘이 처형당했던 초승달 광장과 주변 지역은 그의 이름을 딴 공원이 되었다. 도심 속 공원으로는 상당히 큰 약 17만 평 규모의 리잘 공원은 마닐라만灣을 바라보고 있는 기념비와 더불어 그가 처형당하던 상황을 재현한 청동상이 전시되어 있다. 푸른 잔디밭과 울창한 나무가 우거진 공원을 찾는 마닐라 시민들에게 오늘도 리잘은 민족 영웅으로 기억되고 있다.

리잘이 필리핀의 실력 양성과 점진적 개혁을 지향했던 일루스트라도스를 대표한다면, 어릴 때부터 스페인의 수탈을 직접 겪어야만 했던 안드레스 보니파시오는 노동자와 농민의 연대를 통한 즉각적인 무장독립투쟁을 주장하고 이를 실천에 옮겼던 인물이다. 1862년 마닐라에서 빈농의 맏아들로 태어난 그는 어려운 집안 형편 때문에 초등학교를 졸업한 뒤 곧바로 한 영국계 상점에서 심부

잘 공원 정문에 있는 리잘 기념비.
가운데 책을 들고 있는 사람이 리잘이다.
양옆의 아기를 안은 부인과 소년들은 각각
가족애와 교육을, 기념탑 상단 세 개의 별은
필리핀의 주요 지역인 루손, 비사야,
민다나오를 상징한다.

름꾼으로 일했다. 열네 살이 되던 1876년에 부모님을 여읜 후로는 가장이 되어 지팡이와 부채를 만들어 팔아 동생들을 책임져야 했다. 어린 나이에 사업 수완을 인정받은 그는 10대 후반부터 외국계 무역회사의 중간관리직으로 일하면서, 독학으로 많은 책을 읽으며 교육에 대한 갈증을 해소했다. 보니파시오가 읽었던 책 중에는 호세 리잘이 쓴 두 편의 소설도 포함되어 있었다.

나름대로 안정적인 삶을 살던 보니파시오가 정치활동에 투신한 계기는 리잘의 귀국이었다. 필리핀 동맹의 창립 회원으로 리잘을 도왔던 보니파시오는 리잘이 체포되어 민다나오로 유배를 떠나던 날인 1892년 7월 7일에 테오도로 플라타 등과 함께 필리핀 동맹의 점진적 개혁 대신 무장투쟁의 필요성을 공감하고 비밀결사 단체인 카티푸난을 조직했다. 초기에 철저하게 점조직으로 운영되면서 교육 및 간행물 발행으로 도시 노동자들과 농민들을 포섭한 카티푸난은 4년 만에 5만 명이 넘는 회원을 보유하게 되었으며 필리핀 동맹 내 일루스트라도스가 이끄는 점진주의자 그룹이었던 '대의원단 Cuerpo de Compromisarios'과 치열한 노선투쟁을 벌였다. 비밀리에 무장투쟁 혁명을 준비하던 보니파시오와 카티푸난 지도부는 1896년 7월 리잘과 접촉해 필리핀 자본가들의 재정 지원 협조를 요청한다. 그러나 리잘은 보니파시오의 지원 요청을 거부했고, 설상가상으로 스페인 당국에 카티푸난의 존재가 알려지게 된다. 대대적인 검거 작전을 피하고자 마닐라 근교의 발린타왁으로 피신한 카티푸난 지도부는 같은 해 8월 24일에 스페인에 대한 즉각적인 무장투쟁을 선포하고 보니파시오를 혁명정부인 타갈로그공화국의 대통령으로 추대했다.

카티푸난 의용군은 마닐라를 포함한 루손섬 남부 지역에서 스페인군에 대한 대대적인 전투에 돌입했지만, 계엄령을 포함한 스페인의 강압적인 대응과 병력 우세로 인해 초반부터 수세에 몰렸다. 유일한 예외가 보니파시오의 부관 에밀리오 아기날도가 이끌던 카비테주였는데, 스페인군의 공세를 효과적으로 막아낸 아기날도의 인기는 결국 보니파시오를 능가하게 되었다. 이후 카티푸난은 보니파시오와 아기날도를 지지하는 2개의 파벌로 갈라져 급기야 아기날도가 새로운 혁명정부 구성을 제안하기에 이르렀다. 이러한 내부 갈등이 무력충돌의 가능성으로 확대되자, 카티푸난 지도부는 1896년 12월 31일 보니파시오와 아기날도의 회담을 주선했다. 그러나 회담은 결렬되었고, 아기날도 지지 세력의 주도로 새롭게 구성된 새 정부에서 내무장관으로 강등된 보니파시오는 독자 세력화를 모색했다. 위기감을 느낀 아기날도는 1897년 4월 반역혐의로 보니파시오를 체포하고 5월 10일 그를 처형했다. 필리핀의 독립을 꿈꿨던 한 젊은 혁명가의 꿈은 그렇게 갑작스레 끝났다.

살아온 환경과 정치적 견해는 달랐지만, 리잘과 보니파시오 모두 30대의 젊은 나이에 조국에 대한 무한한 사랑을 실천하다 생을 마감했다는 점, 그리고 그들의 희생이 결국 필리핀의 독립[*]에 중요

---

[*] 1898년 스페인과의 전쟁에서 승리한 미국은 애초의 약속을 저버리고 아기날도가 이끌던 혁명정부의 독립국가 건설 대신 필리핀에 대한 직접통치를 선택했다. 이에 크게 반발한 혁명정부와 미군 사이의 전쟁이 1902년까지 이어져 20만 명이 넘

보니파시오와 카티푸난 기념비.
사진에서 보이는 KKK는 카티푸난의 공식 명칭인
따갈로그어 Kataas-taasang kagalang-galangang Katipunan ng mga Anak ng Bayan
(민족의 아이들이 만든 가장 존귀한 의회)의 약자이다.

한 밑거름이 되었다는 점에서 지금도 필리핀에서 큰 존경을 받고 있다. 특히 1986년 민주화 이후에도 개선되지 않는 만연한 빈부 격차와 정치사회적 불평등은 사회 변혁을 꿈꾸던 보니파시오가 재조명되는 계기가 되었다. 1998년 보니파시오와 카티푸난 기념비가 설치된 마닐라 영웅 공원에 2006년 필리핀 민주화운동 기념 조형물이 추가로 설치된 것은 우연이 아니다.

## 에드사 대로는 여전히 뜨겁다

잘 닦인 도심의 거리는 때로는 시민들의 요구를 분출하는 살아 있는 정치현장으로 탈바꿈한다. 특히 정부의 실정과 폭거에 대한 불만이 선거를 포함한 제도화된 방식으로는 제대로 해결되지 않을 때, 시민들은 거리로 나와 절박하게 자신들의 목소리를 들어달라고 호소한다. 현대 정치사의 많은 장면에서는 이러한 거리의 정치가 정부의 특정 정책, 제도, 심지어는 정치체제까지 바꿀 수 있는 폭발력을 가지고 있음을 보여준다. 특히 1970년대부터 1980년대 말까지 전 세계 곳곳에서 목격된 권위주의 정권의 몰락에는 거리에 나온 시민들의 분노와 민주주의에 대한 열망이 결정적이었다.

는 필리핀인들이 학살당했다. 전쟁은 미국의 승리로 끝났지만 필리핀 혁명정부의 끈질긴 저항을 경험한 미국은 일정한 준비 기간이 지나면 독립을 허용하는 유화책을 제시할 수밖에 없었다.

1986년 2월 마닐라 에드사 대로의 피플파워처럼 말이다.

에드사 대로는 총 길이 23.8킬로미터의 메트로 마닐라의 주요 지점을 관통하는 순환도로다. 본래 마닐라 순환도로라는 이름으로 1940년에 일부 구간이 개통된 이후 계속해서 노선이 확장되었으며, 1959년부터는 역사학자이자 작가인 에피파니오 데 로스 산토스의 이름을 도로의 공식 명칭에 사용하고 있다. 하지만 현지에서는 Epifanio de los Santos Avenue의 머리글자를 딴 EDSA를 훨씬 더 자주 사용한다. 케손시티, 마카티, 파사이 등 메트로 마닐라의 도심 행정구역들을 이어줄 뿐만 아니라 쇼핑몰과 공공기관들이 근처에 자리 잡은 에드사 대로는 24시간 차량과 인파가 끊이지 않는 마닐라에서 가장 바쁜 도로다.

정치와 무관할 것만 같았던 에드사 대로가 아시아 민주화의 상징으로 부상한 것은 1970년대부터 누적되어온 필리핀의 정치적·경제적 모순 때문이었다. 1946년 미국으로부터 독립한 이후 필리핀은 상대적으로 원만한 미국과의 관계와 한국전쟁으로 인한 전쟁 특수 등으로 1960년대 말까지 꾸준히 성장했다. 일례로 1956년 유엔이 발간한 〈아시아·극동 경제조사Economic Survey of Asia and the Far East〉 보고서에 따르면 1946년부터 1954년까지 필리핀의 연평균 경제성장률은 13.4퍼센트였는데, 이는 아시아에서 가장 높은 수준이었다. 지속적인 경제성장은 자연스럽게 수도 마닐라를 싱가포르에 버금가는 동남아시아 금융과 무역 허브로 탈바꿈시켰다. 그러나 토지개혁이 지지부진한 가운데 산업고도화가 이루어지지 못한 필리핀 경제는 1970년대부터 성장세가 급격히 둔화되었지만, 소수

화인 자본가와 대농장 출신 엘리트들의 부의 독점은 오히려 강화되었다. 이러한 상황에서 1965년부터 필리핀을 이끌어오던 페르디난드 마르코스는 대통령 3선 연임을 제한하는 헌법을 무력화하기 위해 1972년 9월 계엄령을 선포했다. 동남아에서 가장 활발한 민주주의 제도를 유지하던 필리핀은 한순간에 정치적 탄압과 폭력이 일상화된 권위주의 국가로 전락했다. 1973년부터 7년간 강제 구금되어 감옥에서 생사의 고비를 오갔던 야당 지도자 베니그노 아키노는 대표적인 마르코스 권위주의 정권의 희생자였다.

3년 동안 신병치료를 위해 미국에 머물렀던 아키노는 다가오는 총선을 준비하기 위해 마르코스 정권의 경고에도 불구하고 1983년 8월 귀국길에 올랐다. 그러나 그는 마닐라 국제공항에 도착해 탑승 계단에서 내려오던 중 암살당하고 만다. 지금도 명확하게 진실이 밝혀지지 않은 아키노의 암살은 TV 카메라에 생생히 찍혔고, 시민, 자본가, 가톨릭교회, 심지어 국방장관 후안 엔릴레와 군참모차장 피델 라모스로 대표되는 군 개혁세력을 포함하는 광범위한 마르코스 반대세력이 형성되었다. 정권에 대한 반대여론이 높아지자 마르코스는 1987년에 예정되어 있던 대통령 선거를 1년 앞당겨 치르는 승부수를 띄웠고, 야당 진영에서는 아키노의 부인인 코라손 아키노를 단일후보로 추대했다. 1986년 2월 7일 열린 대통령 선거에서 아키노의 우세가 확실시됨에도 개표 조작으로 마르코스의 당선이 발표되자 분노한 시민들은 마닐라 거리로 쏟아져 나왔다. 리잘 공원에 모인 수백만 시민은 엔릴레와 라모스가 아기날도 기지를 근거지로 쿠데타를 시도했다는 소식이 들리자 그들을 응원하기 위해 기지

주변의 에드사 대로로 몰려갔다.

1986년 2월의 에드사 대로는 살아 있는 민주주의의 장이었다. 즉석에서 미사가 진행되어 시위에 참여한 사람들을 축복하고, 한쪽에서는 민중가요인 '나의 땅Bayan Ko'을 합창하면서 분위기를 고조시켰으며, 다른 한쪽에서는 시민들이 자발적으로 아기날도 기지와 시위대를 해산하려는 정부군에 맞서 저지선을 구축했다. 마르코스는 해병대를 투입해 아기날도 기지를 점거하는 데 성공했지만 거기까지였다. 시위대를 결국 진압하지 못한 채 군부의 이탈은 점점 가시화되었다. 궁지에 몰린 마르코스는 2월 25일 대통령 취임식을 강행했지만 미국을 비롯한 국내외 이해관계자들의 지지를 얻는

1986년 피플파워 혁명 당시 에드사 대로를 가득 메운 마닐라 시민들.
ⓒ 위키미디어 커먼즈

데 실패했다. 결국 하루 뒤인 2월 26일 마르코스는 재임 기간에 부정축재한 상당한 재산과 더불어 가족과 함께 하와이로 도망치듯 떠났고, 에드사 대로는 민주화를 이룬 마닐라 시민들의 환호성으로 뒤덮였다. 국민의 지지를 얻은 아키노가 대통령 관저인 말라카냥궁의 주인이 된, 이른바 피플파워 혁명은 그렇게 마무리되었다.

에드사 대로를 가득 메운 마닐라 시민들의 뜨거운 함성은 필리핀을 넘어 1987년 한국, 1992년 태국, 1998년 인도네시아의 민주화를 이루는 데 큰 영감을 주었다. 물론 우리가 뉴스에서 접하듯이 피플파워 혁명 이후 전개된 필리핀 민주주의는 순탄하지 않았다. 민주화가 이루어졌어도 여전히 극심한 빈부 격차는 좁혀지지 않았고, 2022년 대통령 선거에서 마르코스의 아들인 페르디난드 마르코스 주니어가 당선된 사실에서 알 수 있듯 오히려 때로는 미화된 권위주의의 기억이 민주주의에 대한 갈망을 누를 때도 있다. 그러나 마닐라 곳곳을 돌아다니다 보면 자유를 갈구하며 불의에 항거했던 마닐라 시민들의 강한 의지는 오랫동안 켜켜이 쌓인 역사적 산물이라는 것을 금세 알아차릴 수 있다. 호세 리잘이 죽음을 맞이하면서도 목 놓아 외쳤던 동방의 진주 마닐라는 쉽사리 그 아름다움을 잃지 않을 것이다.

쿠알라룸푸르,
다양한 사람들이 공존하는 글로벌 도시

박정훈

여행지의 첫인상을 공항 착륙 후 시내로 가는 교통의 편리함으로 그려본다면, 분명 쿠알라룸푸르의 첫인상은 동남아시아 어느 도시보다 좋을 것이다. 1998년 6월 기존 수방 공항을 대체하고자 개항한 쿠알라룸푸르 국제공항(KLIA)은 비록 쿠알라룸푸르 시내에서 남쪽으로 약 45킬로미터 떨어져 있지만, 공항철도인 KLIA 익스프레스를 이용하면 종점이자 교통의 중심인 쿠알라룸푸르 중앙역까지 30분 남짓이면 도착한다. 교통체증과 흥정으로부터 아직 자유롭지 않은 동남아의 다른 도시에 비교한다면 쿠알라룸푸르로 향하는 여정은 쾌적하기 그지없다.

말레이시아의 수도이자 최대 도시인 쿠알라룸푸르의 정식 명칭은 쿠알라룸푸르 연방구역이다. 쿠알라룸푸르Kuala Lumpur는 말레이어로 '흙탕물이 모이는 지점'이라는 뜻으로, 이는 도시의 초기 발전 역사가 슬랑고르 지역 하천인 곰박강이 부킷 타부르 부근에서 발원해 믈라카 해협으로 이어지는 클랑강에 합류하는 지점 부근에서 시작되었기 때문이다. 243제곱킬로미터의 면적에 약 200만 명의 인구가 사는, 서울보다 작은 규모지만 흔히 클랑밸리라고 불리

곰박강(왼쪽)과 클랑강(오른쪽)의 합수 지점.
우기철 범람 방지를 위해 둑을 높게 쌓은 것이 인상적이다.

는 주변 지역을 더하면 말레이시아 전체 인구의 4분의 1인 약 800
여만 명이 거주하고 있다. 또한 5년에 한 번씩 말레이시아연방*을
이루는 각 주의 술탄들이 협의를 통해 선출하는 국왕이 거주하고
있는 왕궁 이스타나 느가라와 상원, 하원 의사당이 있어 명실상부
한 말레이시아 정치의 중심지이기도 하다.

쿠알라룸푸르 이곳저곳을 돌아다니다 보면 두 가지를 쉽게 느
낄 수 있다. 먼저 말레이인뿐만 아니라 중국인, 인도인 등 다양한
인종이 함께 살아가는 도시라는 것이다. 특히 중국인과 인도인이

---

* 말레이시아는 지리적으로 말레이반도의 서말레이시아와 보르네오섬 북부 사바와
사라왁의 동말레이시아로, 행정적으로는 13개 주와 3개의 연방구역으로 나뉜다.
이 가운데 동말레이시아 9개 주에서는 영국 식민시대 이전의 통치자였던 술탄이
여전히 상징적인 통치자로 존재한다.

자주 찾는 곳에 있노라면 과연 이곳이 말레이시아의 수도인지, 아니면 중국이나 인도의 한 도시인지 헷갈릴 정도다. 두 번째는 페트로나스 트윈타워를 비롯한 수많은 고층 빌딩과 잘 닦인 도로, 편리한 대중교통 수단을 갖춘 경쟁력 높은 글로벌 도시라는 것이다. 말레이시아는 이미 1인당 국민소득이 1만 달러를 넘었으며, 특히 쿠알라룸푸르 주민의 1인당 국민소득은 약 2만 5000달러로 웬만한 선진국 국민의 구매력과 생활수준을 보유하고 있다. 쿠알라룸푸르 시내를 달리는 말레이시아산 자동차 브랜드 프로톤과 페로두아는 산업국가로 도약한 말레이시아 국민의 자존심이다. 이쯤 되면 동남아시아에서 손꼽히는 글로벌 도시 쿠알라룸푸르의 이야기가 궁금해진다.


## 아무도 찾지 않는 정글에서
## 식민지배의 중심 도시로


쿠알라룸푸르와 그 주변 지역은 예전부터 클랑Klang으로 불렸다. 고고학적 연구에 따르면 클랑의 해안지대에는 약 기원전 2세기부터 마을 단위의 공동체가 존재했으며, 중국과 말라카 술탄국과 조호르 술탄국을 포함한 인접 지역의 다양한 정치세력과의 교류와 지배에 영향을 받았다. 그러나 지금의 쿠알라룸푸르를 포함한 클랑의 내륙지대는 울창한 정글로 뒤덮여 있어 사람들의 출입이 극히 제한되어 있었기 때문에, 1766년 조호르 술탄국을 물리치고 건국한 슬랑고르 술탄국은 19세기 초반까지 이 지역을 아예 버려두다 시피 했다.

사람의 손길이 닿지 않는 밀림 지대였던 쿠알라룸푸르의 운명이 바뀌게 된 계기는 제국주의 경제의 동력인 천연자원의 개발 열풍 이었다. 1800년대 초 말레이반도의 서부 해안 지역에서 당시 유럽 인들에게 고급 식기와 합금 소재로 큰 인기를 끌던 주석의 매장지 가 발견되자 여러 지역에서 온 광산 개발업자들이 슬랑고르 내륙 정글 지역의 주석광산 개발에도 눈독을 들였다. 이들은 1840년대 부터 강을 거슬러 올라가면서 본격적으로 탐사에 나섰고 곰박강과 클랑강의 합수 지점 부근에 일종의 베이스캠프를 건설했다. 쿠알 라룸푸르에 본격적으로 마을이 생겨난 것은 슬랑고르 왕실의 의뢰 를 받은 87명의 중국인이 1857년에 대규모 주석광맥을 발견하면 서부터다. 자연스럽게 광산 개발과 채굴을 위한 인력이 말레이반 도뿐만 아니라 중국과 인도에서도 유입되었으며, 배를 통해 물자 를 운반하기 쉬운 합수 지점에 상설 시장이 설치되었다. 가족을 동 반한 정주 인구가 늘어난 1870년대 초에는 당시 중국인 커뮤니티 의 지도자[*]였던 상인 얍아로이葉亞來의 주도하에 학교를 비롯한 교

---

[*] 말레이시아와 인도네시아의 전통적 국가들은 광활한 영토를 통치할 인력이 크게 부족했다. 이에 수도 주변을 제외한 지방의 통치는 그 지역의 지도자에게 일임하 는 대신 수도와 왕실에 대한 정치적 충성을 확인하는 선에서 그쳤다. 주석광산 개 발 과정에서 '발견'된 쿠알라룸푸르 역시 영국의 통치가 시작된 1880년 이전까지 슬랑고르 술탄의 직접 지배가 아닌 종족별로 거주민을 대표하는 지도자들이 행정 업무를 대신했다. 그중에서도 당시 인구가 가장 많았던 중국인 지도자(Kapitan

1884년경의 쿠알라룸푸르 전경(위).
클랑강 동쪽 중국인 거주구역의 모습이다.
ⓒ 위키미디어 커먼즈

1906년경 말레이연합주(FMS) 철도본부 앞의 풍경(아래).
클랑항으로 향하는 철도와 잘 포장된 도로가 인상적이다.
ⓒ 위키미디어 커먼즈

육과 치안 시스템이 구축되었다.

주석광산을 중심으로 한 쿠알라룸푸르의 성장은 곧 말레이반도에서 지배력을 키워가던 영국의 관심을 끌었다. 말레이반도의 주도권을 두고 18세기 후반 포르투갈 및 네덜란드와의 경쟁에서 승리한 영국은 본래 직접통치를 시행한 해협식민지*를 제외한 나머지 지역에서는 술탄을 정점으로 하는 전통적 정치 체제를 인정하는 대신 통상과 외교에 대한 권리를 행사하는 이른바 간접통치에 의존했다. 그러나 주석과 고무를 비롯한 자원 개발이 말레이반도 전역에서 이루어지면서 경제적 이권에 대한 영국의 직접 개입 필요성이 대두되었다. 이에 영국 식민정부는 1874년 슬랑고르에 영국인 주재관을 파견해 종교를 제외한 모든 내정에 간섭했으며, 1880년에는 슬랑고르 술탄국의 행정 중심지를 쿠알라룸푸르로 이전했다. 자연스럽게 클랑강 서쪽을 중심으로 행정기관과 영국인 주거시설이 건설되었으며, 특히 1886년에 쿠알라룸푸르와 클랑항을 잇는 철도가 완성되면서 사람과 물자의 교류가 급격히 늘어나기 시작했다. 아무도 살지 않던 정글은 불과 수십 년 만에 변모해 1890년 2만여 명, 1920년 8만여 명이 거주하는 영국 식민통치의 중심 도시로 탈바꿈했다.

Cina)의 영향력이 가장 컸다.

* 해상무역의 중심지였던 믈라카, 페낭, 싱가포르, 그리고 페락주의 딘딩이 해협식민지에 속했다.

# 정치 변동의 중심, 메르데카 광장

클랑강과 곰박강이 만나는 합수 지점에서 서쪽으로 조금만 걸어가면 르네상스와 아랍 건축 양식이 절묘하게 조화를 이룬 술탄 압둘사마드 빌딩과 그 앞에 펼쳐진 드넓은 광장을 만날 수 있다. 이곳이바로 쿠알라룸푸르를 방문한 관광객이라면 반드시 찾는 메르데카광장(독립 광장)이다. 가족과 연인들이 산책하며 여유를 즐기는 도심속 공간으로 보이지만, 사실 이곳은 식민지배의 모순, 전쟁의 참상과 독립의 환희, 민중의 분노가 녹아 있는 말레이시아 현대사에서가장 중요한 공간 가운데 하나다.

현재 메르데카 광장이 위치한 구역은 쿠알라룸푸르 건설 초기부터 1970년대까지 파당(Padang, '들판'이라는 뜻)으로 불렸다. 클랑강 서쪽 수변 지대인 이곳은 본래 물이 잘 빠지지 않아 동쪽 지역과는달리 사람이 거의 살지 않았고, 앞서 언급했던 중국계 상인 얍아로이가 종종 채소를 재배하는 데 그쳤다. 버려진 땅이나 다름없던 파당은 1880년 영국이 얍아로이로부터 토지 소유권을 사들인 이후행정기관과 영국인 거주구역으로 급속히 변모했다. 이 가운데 클랑강에서 가장 가까운 곳을 골라 배수와 평탄화 작업을 마치고1884년부터 경찰 훈련장으로 잠시 사용되다가 1890년대부터는 영국인들이 크리켓과 럭비를 즐기는 광장으로 바뀌었다. 이후 1895년 쿠알라룸푸르가 새롭게 출범한 말레이연합주(FMS)*의 수도로

---

* 기존 주재관을 허용했던 4개 주, 즉 슬랑고르, 파항, 페락, 느그리슬빌란을 하나로

메르데카 광장. 술탄 압둘 사마드 빌딩 뒤로 쿠알라룸푸르 타워가 보인다.

지정되면서 광장 앞 공간에 FMS의 행정을 총괄하는 정부청사[*]가 들어섰다. 파당은 곧 본격적인 영국의 말레이시아 식민통치를 상징하는 공간으로 탈바꿈했다.

　2차 세계대전 이전까지 쿠알라룸푸르는 식민지배의 모순적인 발전 양상으로 얽혀 있는 도시였다. 주석 채굴 및 가공산업에 의존하던 쿠알라룸푸르와 주변 지역은 고무 플랜테이션의 발전으로 또 다른 기회를 맞게 된다. 이는 20세기 들어 자동차 수요가 유럽과 미국을 중심으로 폭발적으로 증가하면서 말레이시아산 고무의 수출이 급증한 결과다. 노동집약적인 고무 생산과 가공산업의 특성상 많은

묶어 영국인 총감이 행정사무를 총괄하는 영국 보호령이었다. FMS의 출범 이후 각 주의 술탄은 정치적 실권을 사실상 잃었다.

[*] 이 건물은 건축 당시 슬랑고르의 술탄이었던 술탄 압둘 사마드 빌딩으로 1974년 개칭되었다.

인구가 유입되었고, 이들을 위한 상업시설이 속속 들어섰다. 이러한 경제활동의 팽창을 이용해 과거 주석광산 노동자로 쿠알라룸푸르로 들어온 록유(陸佑)를 비롯한 일부 중국 출신 이주민들이 상업 자본가로 성장하기도 했다. 식민행정의 중심인 파당에서도 정부청사 맞은편에 영국인의 사교시설인 로열 슬랑고르 클럽과 FMS 호텔 등의 편의시설이, 부근에 조성된 고급 주거단지에는 1913년 '왕의 저택'이라는 별칭으로 유명한 FMS 총감공관이 지어졌다.[*]

이러한 화려함의 뒤에는 식민지 수탈경제의 어두움이 짙게 드리워져 있었는데, 특히 농촌 지역에 주로 거주하던 말레이 원주민은 영국 식민정부의 플랜테이션 작물 재배 확대로 인해 토지를 수탈당했을 뿐만 아니라 점차 상업자본을 장악해가던 화인과 영국에 의해 대거 이주한 인도인 플랜테이션 노동자들 사이에서 경제적으로 성장할 기회를 잃었다. 종족별로 심화된 사회경제적 격차는 하위급 공직의 말레이인 의무 할당과 교육기관 설립을 비롯한 영국 정부의 일련의 정책에도 불구하고 좀처럼 개선되지 못했으며, 후술하겠지만 이는 독립 이후 사회 갈등의 주된 원인으로 부상했다.

1941년 12월 일본이 일으킨 태평양전쟁은 영국 식민지배의 무기력함을 극명하게 보여주었다. 전반적인 전력에서 일본군에 크게 뒤진 영국군은 전쟁이 발발한 지 불과 한 달 뒤인 1942년 1월에 말레이반도를 포기하고 싱가포르로 철수했다. 수차례에 걸쳐 일본군의

---

[*] 현재 이 저택은 페르다나 식물원 내에 있으며 일반에 공개되어 있다.

공습을 받았던 쿠알라룸푸르는 1월 7일 영국군과 FMS 관리들이 빠져나가면서 무정부 상태에 빠져버렸다. 결국 4일 뒤인 1월 11일에 공습으로 인해 시계탑이 무너져버린 파당의 정부청사 건물과 주요 관공서에는 일장기가 걸렸다. 그로부터 3년 7개월 뒤인 1945년 8월에 다시 돌아온 영국 식민정부는 FMS와 해협식민지, 그리고 FMS에 가입하지 않았던 말레이반도의 이른바 '비연합주'를 합쳐 말라야연합(1948년 말라야연방으로 개편)을 설치했지만, 이번에는 일본 점령 당시 지하 무장투쟁에 앞장섰던 중국계 말라야민족해방군(MNLA)과 정치사회적 지위 개선을 요구했던 말레이인들로부터 이중적인 압박에 직면했다. 1955년까지 지속된 이른바 '말라얀 비상사태' 기간 동안 쿠알라룸푸르는 외곽 지역에서 간헐적으로 이어지는 영국군과 MNLA 사이의 교전, 그리고 말레이인만의 독립국가를 원하던 말레이계 단체들과 이들을 반대하는 시위로 바람 잘 날 없었다.

자칫하면 종족 간 무력충돌로 번질 수 있는 위험한 상황에서 선거와 정당정치는 다종족 독립국가로 나아갈 수 있는 중요한 발판이었다. 1952년 쿠알라룸푸르와 일부 지방에서 시범적으로 시행된 지방의회 선거에서 말레이계 정당 통일말레이국민조직(UMNO)과 중국계 정당 말레이화인협회(MCA)는 단일후보 추천을 통한 선거연합을 구성해 의석 대부분을 차지했다. 종족 간 분열이 아닌 연대가 정치 안정의 필요조건임을 자각한 말레이계와 중국계 정치 엘리트들은 1955년 인도인들로 구성된 말레이인도인의회(MIC)와 함께 여당연합인 동맹당을 구성하고, 영국의 주권 이양으로 탄생할 독립국가가 말레이인과 이슬람의 정치적 우위를 인정하는 대신 시민권을 비롯한 중국인 및 인도인이 기존에 누리고 있던 권리를 인정하는 정치적 타협을 이끌었다. 마침내 1957년 8월 31일 자정을 기해 파당의 정부청사에서 60년 넘게 나부꼈던 영국의 유니언잭이 내려가고, 몇 시간 뒤 새롭게 건축된 메르데카 경기장에서 초대 총리인 툰쿠 압둘 라만의 선언과 함께 말라야연방(1963년 말레이시아연방으로 국명 변경)이 출범했다.

새로운 다종족 국가의 수도가 된 쿠알라룸푸르에도 얼마간의 안정기가 찾아왔지만, 갈등의 불씨가 완전히 사라진 것은 아니었다. 특히 중국인의 비율이 다른 지역보다 크게 높았던 쿠알라룸푸르<sup>*</sup>는 독립으로 인해 정치적 우위를 보장받았음에도 불구하고, 여전히 경제적으로 소외된 말레이계의 불만이 그대로 투영되는 공간이었다.<sup>**</sup> 이러한 불만은 결국 1969년 5월 13일 국회의원 선거에서 선전한 중국계 야당 지지자들의 행진이 쿠알라룸푸르의 말레이계 거주지역을 통과하면서 벌어진 마찰이 대규모 종족 간 폭력사태로 이어지는 결정적인 계기가 되었다. 공식적으로 196명이 사망하고, 350명이 다친 이 사건에서 특히 초우킷을 비롯한 클랑강 서쪽의 중국인 밀집 지역이 큰 피해를 입었다. 말레이계의 경제적 박탈감이 극에 달했다는 것을 아수라장이 된 쿠알라룸푸르를 통해 뒤늦

* 최근 통계에 따르면 중국계 인구는 말레이시아 전체 인구의 약 23퍼센트를 차지하나, 쿠알라룸푸르로 한정할 경우 말레이계와 거의 비슷한 약 43퍼센트에 이른다. 특히 독립 전후에는 중국계 인구의 비율이 말레이계를 능가했다.
** 영국으로부터 독립한 1957년에 실시한 조사에 따르면 중국계 가구의 평균 소득이 말레이계 가구보다 두 배 이상 높았다고 한다.

게 깨달은 말레이시아 정부는 국가 비상사태를 선포했다. 그리고 이후 신경제정책(NEP)을 통해 말레이계와 서부 말레이시아의 원주민을 포함하는 이른바 부미푸트라Bumiputra(땅의 사람들)의 사회경제적 지위를 향상시키는 데 역점을 두게 되었다.

1989년 높이 95미터에 이르는 대형 국기 게양대가 설치되면서 메르데카 광장으로 개칭한 파당이 다시 말레이시아 정치 변동의 중심 무대가 된 것은 이른바 레포르마시(Reformasi, 개혁) 국면에 접어든 1998년이다. 신경제정책으로 말레이계의 압도적인 지지를 획득한 동맹당은 1973년 국민전선(BN)으로 확대 개편된 이후 산업고도화를 통한 지속적인 경제성장을 바탕으로 장기집권의 발판을 마련해나갔다. 그러나 1997년부터 아시아를 강타한 외환위기와 이에 대한 대처 방식을 둘러싸고 BN 정부의 내부균열이 감지되었다. 특

1969년 종족폭동 직후 아수라장이 된 쿠알라룸푸르 시내.
ⓒ 위키미디어 커먼즈

히 긴축재정으로 대표되는 국제통화기금(IMF)의 처방에 대해 1981
년부터 총리직을 수행한 마하티르 모하맛이 강력히 반대한 반면,
마하티르에게 발탁되어 1991년부터 재무부 장관이자 정권의 이인
자로 활약했던 안와르 이브라힘이 사실상 찬성한 것은 결정적이었
다. 이러한 안와르의 입장을 자신에 대한 항명으로 간주한 마하티
르는 1998년 9월에 그를 모든 공직에서 해임했고, 곧바로 경찰을
통해 동성애와 부패 혐의로 안와르에 대한 수사를 진행했다. 순식
간에 정권에서 축출되었지만, 종족을 막론하고 젊은 유권자들에게
큰 지지를 받고 있던 안와르는 9월 20일 메르데카 광장에 모인 수
만 명의 지지자 앞에서 마하티르의 퇴진을 비롯한 정치개혁의 필
요성을 외쳤다. 비록 안와르는 그날 저녁 자택을 급습한 경찰에 의
해 구금된 뒤 2004년까지 옥고를 치렀지만, 레포르마시의 상징적

1998년 마하티르의 퇴진을 촉구하며 쿠알라룸푸르
시내를 행진하는 안와르 지지자들.
ⓒ 위키미디어 커먼즈

인 인물로 부상했다. 또한 그의 지지자들과 시민단체들은 BN의 탄압에도 불구하고 정치조직화에 성공해 마침내 2018년 야당에 의한 최초의 평화적 정권교체를 실현했다.

멋진 조명과 탁 트인 시야, 그리고 고풍스러운 빌딩 옆에서 다양한 푸드트럭을 즐길 수 있는 것만으로도 메르데카 광장을 방문해야 할 이유가 충분하다. 하지만 그곳에서 펼쳐졌던 말레이시아 정치사의 주요 사건들을 떠올린다면 그 방문의 의미는 조금 더 특별해질 것이다.


## 페트로나스 트윈타워에 담긴 말레이시아의 꿈


가보지 않더라도 상징적인 건축물을 쉽게 떠올릴 수 있는 도시들이 있다. 에펠탑과 프랑스 파리, 빅벤과 영국 런던, 자유의 여신상과 미국 뉴욕, 피라미드와 이집트 카이로 등등. 그렇다면 쿠알라룸푸르를 대표하는 건축물은 무엇일까? 세계에서 가장 높은 쌍둥이 빌딩, 바로 페트로나스 트윈타워*가 아닐까 한다. 트윈타워가 위치한 쿠알라룸푸르 시티센터(KLCC)가 고층빌딩이 즐비한 중심 상업지구이긴 하지만 그중에서도 지상 88층, 지하 5층, 높이 452미터인 쌍둥

---

* 페트로나스는 말레이시아의 국영 석유회사다. 트윈타워 가운데 타워1의 사무공간을 본사로 사용하고 있다.

페트로나스 트윈타워.
지하에 대형 쇼핑몰이 있어 언제나 붐빈다. 방문객을 위해 야간에도 조명을 켜두고 있다.
쌍둥이 타워는 41층과 42층에 설치된 스카이브리지로 연결되어 있다.

이 빌딩의 규모와 위상은 압도적이다. 물론 흔히 알고 있는 것과는 달리 2019년과 2022년에 각각 453미터와 679미터 높이의 시그니처 타워와 메르데카118이 준공된 후 페트로나스 트윈타워는 더 이상 쿠알라룸푸르와 말레이시아에서 가장 높은 건축물이 아니다. 그러나 벌써 사반세기를 넘는 기간 동안 말레이시아인이 느끼는 트윈타워의 위상은 다른 어떤 건축물도 대체할 수 없다. 트윈타워는 지속적 경제발전을 통해 마침내 선진국 반열에 오르겠다는 말레이시아의 자신감이 현실로 이루어졌던 대표적인 사례이기 때문이다.

트윈타워 건축의 역사는 외환위기 전까지 지속됐던 말레이시아의 경제성장, 그리고 그에 따른 쿠알라룸푸르의 팽창과 직접적인 관련이 있다. 석유를 비롯한 천연자원과 1차 산업 생산품의 수출에 주력하던 말레이시아는 1980년대부터 본격적인 산업고도화에 착수해 전자기기·기계·화학 등 2차 산업과 금융·관광 등 3차 산업을 꾸준히 발전시켜나갔다. 이에 1980년부터 1997년까지 말레이시아의 연평균 경제성장률은 무려 7퍼센트에 달했고, 1인당 국민소득 역시 1800달러에서 신흥공업국 수준인 4700달러로 급상승했다. 수도 쿠알라룸푸르의 인구도 경제발전으로 촉진된 농촌 지역으로부터의 인구 유입으로 인해 1970년 45만 명에서 2000년 138만 명으로 급증했다. 이에 자신감을 얻은 당시 마하티르 총리는 1991년 대규모 기반시설 구축을 통해 2020년까지 말레이시아를 '완전한 선진국'으로 진입시키겠다는 이른바 비전 2020을 발표했다. 이어 이듬해인 1992년부터 한적한 주택가였던 쿠알라룸푸르 북동부의 이른바 '골든트라이앵글' 지역에 대규모 상업과 업무 단지인

KLCC 조성사업에 착수했다. KLCC는 쿠알라룸푸르를 말레이시아의 수도에서 한 걸음 더 나아가 이른바 '국제도시'로 탈바꿈시키겠다는 마하티르와 말레이시아 정부의 원대한 꿈이 투영된 대형 프로젝트였다.

페트로나스 트윈타워 건설은 KLCC 프로젝트의 핵심이었다. 더 높은 빌딩을 짓기 위해 지금도 경쟁하고 있는 여러 국가에서도 볼수 있듯이, 최첨단 설계와 건축 기술, 도시 디자인 등 건축에 있어서 여러 까다로운 조건을 고려해야 하는 초고층 빌딩은 도시, 그리고 도시가 속한 국가의 '현대성'의 수준을 시각적으로 극명하게 보여주는 수단 가운데 하나다. 마하티르 총리와 말레이시아 정부 역시 초고층 빌딩을 통해 말레이시아가 근대 산업국가 반열에 진입했다는 것을 널리 알림과 동시에, 말레이시아를 상징하는 문화적 랜드마크를 확보할 수 있다는 점에 주목했다. 더욱이 단일 건물이 아닌 쌍둥이 빌딩, 그리고 두 빌딩을 공중에서 잇는 스카이브리지는 강풍에도 견딜 수 있는 기술의 구현뿐만 아니라 말레이시아가 개발도상국과 선진국을 잇는 일종의 관문이 되겠다는 상징적 함의를 지닌다. 당시 경제발전에 힘입어 자신감을 키우고 있던 말레이시아 국민들도 세계 최고층 빌딩의 건축 계획을 적극적으로 찬성했다.

트윈타워 건설은 1993년 3월 1일 예전 슬랑고르 경마장 부지에서 시작되었다. 새로운 천 년을 완공된 트윈타워와 함께 맞이하기를 원했던 말레이시아 정부였기에 6년이라는 비교적 짧은 시간을 공사 기한으로 정했다. 흥미롭게도 말레이시아 정부는 그 목표를 달성하기 위해 한국과 일본의 경쟁을 유도했다. 타워1, 즉 서쪽 타워는 일본 건설회사 컨소시엄에, 동쪽 타워인 타워2는 한국 건설회사 컨소시엄에 공사를 맡겨 양측이 서로 경쟁적으로 건설 기한을 단축하기를 노린 것이다. 이 전략은 효과를 보았다. 한국 측이 맡은 타워2는 타워1보다 35일 늦게 시공에 들어갔음에도 불구하고 펌프를 이용해 콘크리트를 최상층에 전달하는 기술을 개발해 4.5일에 한 층을 올리는 성과를 거두었다. 트윈타워 건설의 대미를 장식하는 1996년 3월의 스카이브리지의 연결 역시 한국 측이 주도했다.

1996년 6월 1일에 준공해 1999년 8월 31일, 즉 말레이시아의 독립기념일에 공개된 트윈타워는 21세기 말레이시아 국가 정체성의 지향점 그 자체였다. 아르헨티나 출신 건축가 세자르 펠리가 설계한 트윈타워의 평면은 팔각형 별의 꼭짓점 사이를 곡선으로 잇고 각 선의 교차점에 16개의 기둥을 세웠는데, 이는 이슬람 전통 문양인 아라베스크에서 영감을 받은 것이다. 흔히 볼 수 있는 고층 빌딩의 건축 양식과는 크게 다른 트윈타워의 외관은 중국계 및 인도계와 비교해 이제는 더 이상 말레이계가 사회경제적으로 열세가 아니라는 이른바 '새로운 말레이인'의 선언이자 이슬람이 근대적일 수 없다는 서구의 편견에 대한 정면 도전의 상징이었다.

최근 쿠알라룸푸르 도심의 초고층 빌딩 건축 경쟁으로 말레이시아에서 가장 높은 빌딩의 지위는 잃었지만, 트윈타워는 여전히 수많은 관광객과 현지인들이 찾는 가장 유명한 명소로 자리매김하고 있다. 86층 전망대*에 올라가 쿠알라룸푸르 시내를 내려다본다면,

---

* 하루 입장 정원이 1000명으로 제한되어 있어, 예약이 필수적이다.

선진국으로의 도약을 확신하는 말레이시아의 자신감을 느낄 수 있을 것이다.

## 종교적 관용을 보여주는 좋은 사례

다시 쿠알라룸푸르의 역사가 시작된 구도심으로 돌아가보자. 클랑강의 오른쪽을 따라 내려가다 보면 잘란 프탈링을 중심으로 수십 년은 되어 보이는 고풍스러운 건물들이 나온다. 건물에 걸린 한자 간판과 수많은 물건을 내놓고 고객을 잡으려는 상인들의 목소리를 듣고 있노라면 마치 말레이시아 속 작은 중국에 와 있는 것 같다. 이곳이 바로 과거 중국인 거주구역이었으며, 지금은 먹을거리와 볼거리가 즐비한 관광지로 변모한 차이나타운이다. 특히 차이나타운의 중심가에는 한국에서는 쉽게 맛볼 수 없는 하카客家, 푸젠성, 하이난성 등 중국 남부의 음식들을 저렴하게 즐길 수 있다. 과거 말레이시아로 이주했던 중국인들이 대부분 중국 남부 출신이라는 사실을 여기서도 느낄 수 있다.

사람들로 북적대는 차이나타운이지만, 한 블록만 걸어 나오면 금세 조용해진다. 평범한 거리라고 생각할 찰나, 2차선 도로를 마주하고 불과 몇 미터 거리에 도교 사원과 힌두교 사원이 자리 잡은 뜻밖의 광경에 걸음을 멈추게 된다. 바로 관제묘關帝廟와 스리 마하 마리암만 사원이다. 쿠알라룸푸르의 중국계와 인도계 주민들의 종교적 안식처는 이렇게 서로 이웃해 있다.

1888년 광둥성의 광저우와 자오칭 출신 화인 사업가들의 기부로 세워진 쿠알라룸푸르 관제묘는 중국 삼국시대의 영웅 관우를 모시는 도교 사당이다. 관우는 우리나라 토속신앙에서도 중히 모셔지고 있는데, 중국 문화권에 널리 퍼져 있는 도교에서는 신뢰의 표상이자 적토마를 타고 영험과 재물을 가져다주는 신으로 숭상되고 있다. 관우를 모시는 다른 도교 사원들과 마찬가지로 쿠알라룸푸르의 관제묘에서는 중앙에 관우의 위패를, 좌우에 관우의 아들인 관평과 소설 《삼국지연의》에 등장하는 주창의 위패를 두고 있다. 특히 관제묘에 전시된 무게 59킬로그램의 청동검은 만지는 사람에게 재복과 건강을 가져다준다고 알려져 있다. 향을 피우면서 기도하는 사람들로 매일 관제묘는 문전성시를 이룬다.

한편 관제묘에서 불과 몇 미터 떨어진 곳에 있는 스리 마하마리 암만 사원은 1873년 싱가포르 출신 타밀인인 탐부사미 필라이 Thamboosamy Pillay에 의해 지어졌다. 사업가로 큰 성공을 거둔 탐부사미는 말레이시아 최초의 힌두교 사원인 이 사원을 가족 전용으로 지었으나 1920년대부터 대중에게 공개했고, 곧 재단을 설립해 기부했다. 인도 남부 지방에서 비와 풍요의 상징이자 전염병을 치료하는 여신으로 숭배되는 마리암만(암만)을 모시는 이 사원의 건물은 인체의 형상에 따라 배치되었으며, 서쪽과 발을 상징하는 입구에서 동쪽과 머리를 상징하는 예배당인 가르바그라함이 있다. 또한 예배당 내 좌우에는 지혜와 행운의 신 가네샤와 전쟁의 신 카르티케야를 모시는 작은 사당이 있다. 말레이시아 힌두교도의 중심과도 같

관제묘 전경(위)
스리 마하 마리암만 사원의 정문이자 가장 높은 구조물인 고푸람(Gopuram, 탑)(아래).

은 이곳은 해마다 힌두교의 전통 명절인 디파발리*와 인도 남부 지역의 축제인 타이푸삼 때 인산인해를 이룬다.

도교와 힌두교, 화인과 인도인을 대표하는 두 사원은 서로 마주한 지 100년이 지났지만, 지금까지 별문제 없이 평화적으로 공존하고 있다. 더욱 눈에 띄는 것은 다른 종교에 대한 존중과 관용이다. 지나가던 화인이 마하마리암만 사원 앞에서 예를 표하고, 반대로 인도인도 관제묘를 향해 인사하는 모습을 쉽게 볼 수 있다. 종교적 관용이란 무엇인지, 우리와 '다른' 사람과 어떻게 살아가야 하는지, 쿠알라룸푸르 사람들은 잘 알고 있는 것 같다.

## 이슬람 세계의 모범적인 계획도시, 푸트라자야

대한민국의 수도는 서울이지만, 국무총리실을 비롯한 정부종합청사와 주요 행정기관은 행정중심복합도시가 있는 세종시에 모여 있다. 2000년대 초반 과밀화된 수도권의 기능을 분산하고 지역 균형발전을 위해 충청남도 연기군을 세종특별자치시로 승격하고, 세종시 내에 인구 50만 규모의 행정중심복합도시를 새롭게 만든 결과

---

* 디왈리라고도 불리며, 인도 신화 라마야나에서 라마가 악마 라바나를 물리치고 부인인 시타와 동생인 락쉬마나와 함께 자신의 아요다 왕국으로 돌아온 것을 기념하는 인도 최대의 명절이다.

다. 행정중심복합도시를 건설하면서 말레이시아의 행정수도인 푸트라자야를 벤치마킹한 것은 널리 알려진 사실이다.

우리말로 '승리하는 사람들' 정도로 해석될 수 있는 푸트라자야는 쿠알라룸푸르 도심에서 남쪽으로 약 35킬로미터 떨어져 있으며, 공항철도와 경전철로 쿠알라룸푸르 등 주변 지역과 연결되어 있다. 1921년 영국 식민정부에 의해 개척된 이래 프랑 브사르Prang Besar로 불렸던 이 지역은 본래 팜유의 원료인 기름야자와 고무 플랜테이션이 광활하게 펼쳐져 사람이 거의 살지 않는 곳이었다. 1980년대 말 쿠알라룸푸르의 만성적 교통체증과 더불어 연방정부의 부처가 시내 곳곳에 흩어져 있어 행정 비효율성이 높다는 인식하에 당시 마하티르 총리와 연방정부는 신공항 예정지와 쿠알라룸푸르 사이에 연방정부의 새로운 행정수도를 건설한다는 결정을 내렸다. 프랑 브사르를 최종 후보지로 결정한 연방정부는 약 46제곱킬로미터 규모의 부지를 슬랑고르주 정부로부터 사들인 뒤 세 번째 연방구역으로 지정하고, 초대 총리 툰쿠 압둘 라만*의 이름을 따서 푸트라자야로 개칭했다.

총 예산 약 810억 달러(한화 약 107조 원)로, 당시 말레이시아뿐 아니라 동남아시아 최대의 개발 사업이었으며 1995년에 첫 삽을 떴다. 1999년 총리공관을 시작으로 2005년까지 국방부와 무역부 등 일부를 제외한 모든 연방정부의 부처가 이전을 완료했으며, 사법

---

* 그의 전체 이름은 '툰쿠 압둘 라만 푸트라 알-하지 입니 알마르훔 술탄 압둘 하미드 할림 샤'이다.

부 최고 법원인 연방법원과 항소법원, 국왕의 별궁, 슬랑고르주 술탄 공관이 입주했다. 1990년대 말 외환위기 당시 천문학적인 예산을 투입해야 하는 건설 사업에 대한 비판 여론이 높았지만, 당시 마하티르 총리는 "앞으로 100년, 300년, 혹은 1000년 동안 정부를 위해 사용될 건물을 짓고 있다"라고 반박한 바 있다. 또한 푸트라자야는 바로 옆에 개발된 정보통신 특화도시 사이버자야, 그리고 쿠알라룸푸르의 KLCC와 함께 말레이시아의 IT 경제특구인 멀티미디어 슈퍼회랑을 구성하고 있다.

현재 약 11만 명의 인구가 거주 중인 푸트라자야는 21개 지구로 구성되어 있으며, 각 지구는 도시 구조, 도시 형태, 도시 특성이라는 가이드라인에 따라 주거, 상업, 업무, 여가 등 기능별로 특화되어 있다. 특히 푸트라자야는 출범 당시부터 도시공학적으로 두 가지 특징이 철저하게 반영되도록 조성되었다는 점에서 많은 주목을 받았다. 먼저 이슬람 조형 양식의 계승이다. 이슬람 경전인 꾸란에 언급되는 지상낙원, 즉 호수를 중심으로 한 4개의 수로가 자연적으로 지역을 구분하는 차하르바그 형식을 도입해 도시 중앙에 인공 호수인 푸트라자야호를 배치하고 도시를 감싸는 형태의 수로를 건설했다. 전체 면적 약 6만 7000제곱미터(약 2만 평)의 총리공관 역시 지붕에 첨탑(미너렛)이 있는 중앙과 양옆의 에메랄드색 돔을 설치해 이슬람 국가로서의 정체성을 분명하게 드러냈으며, 도시에서 가장 큰 모스크인 푸트라 모스크를 총리공관 바로 옆에 배치한 것에서도 이슬람을 바탕으로 선진국으로 도약하려는 말레이시아의 지향점을 엿볼 수 있다.

푸트라자야 전경(위), 푸트라자야호 주변으로
푸트라 모스크(왼쪽), 총리공관(가운데), 호텔(오른쪽)이 배치되어 있다.

푸트라자야 총리공관(아래).
이슬람 건축양식을 적극적으로 사용해 푸트라자야가 이슬람 세계의
모범적인 계획도시가 되겠다는 말레이시아의 이상을 대표한다.

두 번째로, 녹지와 열린 공간에 도시 면적의 상당수를 할애했다는 점이다. '정원도시'를 도시의 주요 비전으로 설정한 푸트라자야는 총면적의 37퍼센트를 공원과 녹지 공간, 그리고 이웃 간 교류의 장으로 사용하고 있다. 특히 일종의 자연 냉각 시스템으로 기능하는 푸트라자야호와 수로뿐만 아니라 광역 공원, 도시공원, 소규모 도시공원, 포켓 공원 등 공원과 녹지를 최대한 확보해 시민들의 삶의 질을 보장하도록 계획되었다.

곰박강과 클랑강이 만나 하나가 되었듯이, 쿠알라룸푸르는 말레이계와 중국계, 인도계 등 다양한 구성원이 모여 동남아시아에서 가장 번영하는 도시 가운데 하나가 되었다. 함께 어울려 밤이 늦도록 흥겨운 잘란 알로르의 야시장처럼, 그리고 '단결이 곧 힘이다'라는 국가 슬로건처럼, 오늘도 쿠알라룸푸르는 하나 되어 번영의 길로 나아가고 있다.

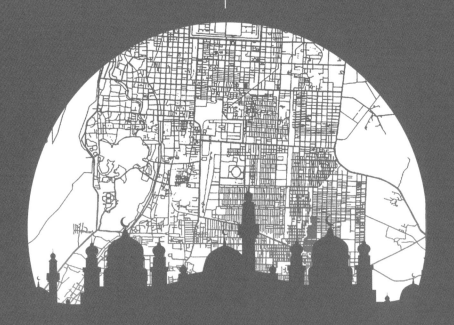

우주를 현세에 구현하다,
만달레이

김종호

미얀마 중부의 핵심 도시, 만달레이는 여행객들에게 그리 인기 있는 도시는 아니다. 미얀마를 방문하는 여행객은 주로 양곤에 거점을 두고 만달레이는 하루 혹은 이틀 시간을 들여 다녀오는 코스를 선호한다. 볼 것이라고는 사원밖에 없기 때문이다. 다양한 사원이 아주 화려하고 독특해서 이국적인 매력을 풍기지만, 일주일 내내 사원만 볼 수는 없지 않은가. 물론 오래된 목조 다리, 아슬아슬한 철로, 만달레이 언덕에서 보는 풍경도 있지만, 사실 양곤의 다이내 믹함이나 천 년에 가까운 역사와 함께 도시 전체에 수많은 사원과 스투파가 별처럼 수놓아진 바간의 열기구 투어만큼의 매력은 없다고 여길 수 있다.

심지어 만달레이는 양곤의 쉐다곤 파고다가 가진 상징성이나 바간의 세월의 흔적에 비하면 엄청난 역사적 의미가 있는 것 같지도 않다. 미얀마 최후의 왕조, 꼰바웅 왕조의 마지막 수도라고는 하지만, 1885년에 완전히 영국령이 되어 꼰바웅 왕조가 막을 내리면서 수도로서의 역사는 30년이 채 되지 않는다. 만달레이 투어가 다른 지역에 비해 인기가 덜한 이유다. 그럼에도 불구하고 미얀마를 진

미얀마 여행객에게 가장 인기 있는 바간 열기구 투어.
하늘에서 바라보는 사원의 대지는 여행객의 발길과 눈길을 붙잡을 만큼 충분한 매력이 있다.
ⓒ 위키미디어 커먼즈

정으로 이해하고자 한다면 만달레이는 필수코스라고 말하고 싶다.

만달레이 곳곳의 이국적이고 화려한 사원 건축과 순백의 스투파, 그리고 왕궁의 화려함을 제대로 느끼기 위해서는 미얀마인의 정신세계와 그들의 삶과 역사에서 불교가 어떤 의미를 지니는지 이해할 필요가 있다. 그에 대해 알고 나서 여행한다면, 하루를 둘러보더라도 모든 것이 새롭게 보일 것이다. 왜냐하면 만달레이는 외세의 침략을 종교로 극복하기 위한 꼰바웅 왕조 최후의 몸부림이면서, 바간 왕조 이후 전통시기 버마인들이 이룩한 도시 건설의 노하우와 정수가 녹아들어 있는 계획도시이기도 하고, 미얀마인들이 상상하는 우주를 현세에 구현한 공간이기 때문이다. 괜히 만달레이를 미얀마인의 정신적 수도라 부르는 게 아니다.

미얀마인의 삶과 경제를 지탱하는 축은 이라와디강이다. 이라와디강 하류, 즉 삼각주 지역은 곡창지대로 전통시기에는 페구, 식민시기에는 양곤이 핵심이었다. 북부에는 대규모 산지가 조성되어 소수민족의 삶의 근거지가 되고 있다. 이라와디강 중류에 해당하는 지역은 북부와 남부를 연결하는 역할을 하면서 다양한 전통 왕조의 도시들이 형성되어 있는데, 그 중앙에 만달레이가 자리 잡고 있다. 특히 19세기 중반 이후 영국의 침략과 식민지배를 받게 되는 미얀마의 근대사에서 가장 중요한 두 도시는 바로 이라와디강 하류의 양곤과 중류의 만달레이다. 양곤이 일찍부터 영국의 식민지로서 인도인, 중국인 등의 이주민이 인구의 대다수를 차지하는 코즈모폴리턴 도시가 되어 경제 중심지로 기능한 반면, 만달레이는 미얀마의 마지막 왕조인 꼰바웅 왕조의 마지막 수도로 미얀마인의 정신적·문화적 수도로 기능한다.

사실 전통시기 미얀마는 '도시들의 땅'이라 불리곤 한다. 14~19세기 버마족을 비롯한 다양한 소수민족의 삶의 터전이자 경제를 지탱해온 이라와디강을 따라 많은 계획도시가 여러 왕조의 흥망성쇠와 함께 건설되었다. 전통시기 도시 계획에 있어 남아시아, 동남아시아 어느 지역도 미얀마인만큼의 성과를 보여주지 못했다고 해도 과언이 아니다. 심지어 중국마저 명청시기의 수도였던 베이징의 도시 구획 이후 도시 계획 및 건설은 19세기 개항장의 근대도시들을 제외하면 그리 활발하지 않았지만, 미얀마의 경우 19세기까지도 그 전통이 계속 이어져왔다는 점에서 매우 독특한 사례다. 심지어 이 시기 제국주의 열강이 곳곳에 서구식 근대도시를 건설했다는 점과 비교해보면, 19세기 중후반까지도 전통 도시를 건설해온 미얀마는 매우 흥미로운 사례임이 분명하다.

## 서구 제국의 위협과 새로운 수도의 필요성

1752년부터 1885년까지 존속한 꼰바웅 왕조는 강성한 세력과 강역을 자랑하던 왕조였다. 바간 왕조 이후 미얀마 땅에는 아바 왕조, 페구 왕조, 따웅우 왕조가 들어서는데, 알라웅파야가 세운 꼰바웅 왕조는 버마족 중심의 국가이면서 몬족이 장악한 남부의 페구 지역까지 점령한 최후의 통일 왕조였다. 초대 왕인 알라웅파야의 잔혹한 몬족 학살 이후 태국으로 달아난 몬족은 이후 꼰바웅 왕조와 태국 사이의 주요한 갈등의 요인이 되지만, 그럼에도 불구하고 초대 왕 이후 걸출한 왕이 연달아 등장하면서 1700년대 후반과 1800년대 초반 꼰바웅 왕조는 최고의 전성기를 누린다.

그러다가 6대인 보도파야 왕이 아라칸 지역을 둘러싸고 영국과 충돌하면서 영국에 미얀마 진출의 계기를 제공했다. 당시만 해도 수면 아래 있던 양국의 긴장관계는 그 아들인 바지도 왕이 영국령 인도에 직접 진출하면서 본격화되었다. 1824년부터 1826년까지 이어진 1차 버마-영국 전쟁의 시작이었다. 전쟁에서 꼰바웅 왕조가 패하면서 갈등의 계기가 되었던 아라칸 지역이 영국령이 되었고, 21세기 종족 및 종교 갈등의 중요한 변수가 되는 벵골 지역 무슬림 로힝야 주민들의 대거 이주가 시작되었다. 이후 꼰바웅 왕조는 1852년 2차 버마-영국 전쟁으로 하부 버마 지역마저 영국에 빼앗기면서 그 세력이 더욱 쇠퇴하게 된다. 이때 등장한 왕이 바로 만달레이 천도를 계획하고 실행한 민돈 왕(재위 1853~1878)이다.

만달레이 건설의 직접적인 배경은 크게 두 가지다. 1852년 2차 버마-영국 전쟁의 결과 하부 버마 지역이 영국령으로 편입된 사건이 첫 번째이고, 그 이듬해인 1853년 2월에 왕권이 약해진 틈을 타 민돈 왕자가 이복형제인 파간 왕을 몰아낸 사건이 두 번째다. 사실 1차 버마-영국 전쟁의 결과로 인한 아라칸 지역의 영국령 편입과 2차 전쟁의 결과인 하부 버마 지역의 영국령 편입은 차원이 다른 문제였다. 무엇보다 꼰바웅 왕조의 경제에 끼친 영향이 컸다. 하부 버마 지역을 영국에 빼앗긴 후 꼰바웅 왕조는 두 가지 경제적 어려움에 봉착하게 되는데, 하부 버마 지역의 이라와디강 삼각주

만달레이 왕궁에 있는 민돈 왕의 초상.
영국의 위협 속에서도 꼰바웅 왕조를 유지해왔다. 그가 죽은 뒤 그의 아들인 띠보 왕이 즉위했지만,
얼마 되지 않아 1885년 영국과의 3차 전쟁으로 국권을 완전히 빼앗기게 된다.
ⓒ 위키미디어 커먼즈

유역에 형성된 광대한 곡창지대를 잃어버린 것과 해로가 막히면서 외부와의 교역이 어려워진 것이다. 사실 전쟁의 원인 역시 수도인 아바 왕궁과 영국 동인도회사 사이에 자유무역을 둘러싸고 빚어진 의견 충돌이었다.

꼰바웅 왕조는 영국에 대한 미곡 수출을 금지하고 있었는데, 영국은 2차 전쟁이 끝나자마자 이 조치를 철폐한다. 그 결과 대부분의 미곡이 생산되는 하부 버마 지역의 쌀이 시장 가격에 따라 궁성에 판매되었다. 게다가 영국은 많은 미곡을 더 비싸게 판매할 수 있는 해외에 수출하기도 했다. 1855년부터 1856년까지 총 12만 7000톤에 달하는 미곡 가운데 절반 이상이 해외로 수출되었다고 한다.

문제는 주요 수익원이었던 하부 버마의 평원지역을 잃음으로써 수도의 왕실 및 귀족들의 재정적 원천이 사라졌다는 것이다. 이는 왕궁의 재정에 심각한 타격을 주었다. 물론 아직은 왕실 중심의 상부 버마 지역이 미얀마 경제를 어느 정도 지탱해주고 있었는데, 이는 옥과 같이 국가가 독점하던 상품들과 양곤을 중심으로 한 영국령 버마와의 교역이 확대된 덕분이었다. 이러한 애매한 상황은 1885년 3차 버마-영국 전쟁을 통해 미얀마 지역 전체가 영국령으로 넘어가면서 막을 내린다.

이 시기 거의 끝까지 왕조의 국체를 유지한 민돈 왕 재위기는 영국의 위협에도 불구하고 각종 개혁을 실시한 시기로 평가받는다. 특히 그는 근대적 개혁조치를 실행한 것으로 유명한데, 교육·행정·군사·산업 분야에서 각종 근대적 제도 및 기술을 도입하려고 노력했던 것으로 알려져 있다. 무엇보다 영국을 견제하기 위해 프랑스 등의 외부 세력을 이용하려 한 것은 당시에는 합리적인 정책이었다. 그러나 그는 형제를 몰아내고 일종의 쿠데타로 집권했다는 점 때문에 끊임없이 정통성 시비에 시달려야 했고, 결국 근대적 개혁 조치나 영국 견제 외교정책은 동력을 잃은 채 대부분 실패한다.

민돈 왕이 즉위하자마자 아바, 아마라푸라 등의 기존 수도들을 두고 새로운 수도를 건설한 이유는 무엇일까. 답은 간단하다. 왕권이 위협받고 있었기 때문이다. 당시는 19세기 초 영국인들이 최초로 버마 땅에 발을 디딘 이래 1차, 2차 전쟁을 통해 서서히 왕국의 영토를 점령하고 있던 시기였고, 꼰바웅 왕조에게 이는 왕권의 약화를 의미했다. 게다가 민돈 왕은 정통성에 의심을 받고 있는 등, 전체적으로 국가가 존망의 갈림길에 서 있었다. 이러한 상황에서 새로운 불교 도시를 건설함으로써 위기를 극복해보자는 전통 왕조적 사고를 답습한 것으로 볼 수 있다. 비불교도인 제국주의자들을 물리치기 위해 불교를 오히려 강화하는 방향을 선택한 것이다. 현실의 위기를 종교적 상징과 행위로 해결하려는 미얀마인 특유의 전통적인 사고방식을 보여주는 천도였다. 각종 근대적 제도를 도입하려고 했던 민돈 왕 역시 기존 체제인 불교적 질서의 강화라는 선택지를 동시에 사용한 것으로 평가된다.

사실 1차, 2차 전쟁으로 인해 서서히 다가오는 영국 군대의 위협은 버마인들에게 스투파와 불상, 사원들(대표적으로 양곤의 쉐다곤 파고다)이 이교도의 손에 의해 파괴되고 있다는 고통, 그런데도 아무것도 할 수 없다는 무력감과 수치심을 주었다. 1855년 민돈 왕은 왕궁에 파견된 영국 대사에게 "한때 우리 버마족이 지금 너희가 장

만달레이 언덕 정상 입구에 서 있는 두 마리의 친테상.
만달레이 곳곳에서 친테상을 볼 수 있다. 친테(Chinthe)는 미얀마인이 신성하게 여기는,
불국 세계를 수호하는 신성한 존재로 사자의 모습을 하고 있다.
친테라는 단어 자체가 사자라는 의미다.

악한 모든 지역을 다스렸다. (그런데) 지금은 그 깔라스Kalas(외부인을 가리킴)들이 우리에게 거의 가까워지고 있다"라며 복잡미묘한 감정을 드러내기도 했다. 이후 영국은 버마 불교의 상징과도 같았던 쉐다곤 파고다가 위치한 양곤에 군대를 주둔시키고, 버마인을 탄압하기 위해 인도인·중국인 등의 외부인들을 도시에 들여 이주민 중심의 도시로 변모시킨다. 중북부의 버마인들은 자신들의 땅이 더럽혀졌다고 느꼈을 것이다.

아이러니하게도 영국령으로 편입된 이후 양곤을 중심으로 한 하부 버마 지역은 광대한 농업 생산력과 항구 도시를 바탕으로 더욱 발전한다. 이러한 상황이 버마 왕실의 정치적 권위와 경제적 기반뿐 아니라 버마인들의 신앙까지도 약화시키는 데 기여했다. 수도 이전은 이러한 상황에서 이복형제를 몰아내고 즉위한 민돈 왕에 의해 진행되었다. 즉 만달레이의 건설 자체가 버마인의 자존심을 살리고, 승려와 불교도들에게는 도피처를 제공하면서 신앙을 재정비하려는 의도에서 이루어진 일이었다.


# 만달레이,
## 동남아시아 최후의 만다라 계획도시

미얀마 최후의 왕조가 세운 최후의 수도인 만달레이는 1857년 건설되었고, 1860년 수도로 지정되었다. 미얀마 중부 이라와디강 유역에 위치해 북부와 남부를 잇는 요충지인 만달레이의 초기 도시 구획의 핵심은 만달레이 언덕과 그 아래에 지어진 만달레이 왕궁이다. 만달레이는 바로 이 두 지역이 확장됨으로써 지금의 규모에 이르게 되었다. 전설에 따르면, 2500년 전 만달레이 언덕에 올라선 부처가 만달레이 왕궁 및 시가지가 형성된 지역을 손가락으로 가리켰고, 그 지점에 수도를 건설했다고 한다. 물론 이는 만달레이 천도를 위한 명분일 가능성이 높지만, 현재 전설이 말하는 그 자리에 사원과 함께 만달레이 왕궁을 손가락으로 가리키는 거대한 불상이 세워져 있다.

초기 만달레이 도시의 핵심은 반경 2킬로미터에 달하는 왕궁과 왕궁을 성벽으로 보호하는 왕성이었다. 여기에 더해 만달레이 왕성을 방어하기 위해 60미터 너비의 해자를 만들었다. 왕성의 중심에는 왕이 기거하는 왕궁이 자리 잡고 있다. 전통시기 미얀마의 왕조는 도시를 건설할 때 주요 관문과 탑 아래 희생자를 산 채로 묻는 인신공양을 행했다고 한다. 이 희생자들이 수호신이 되어 왕성을 지켜준다고 믿었기 때문인데, 불교적 믿음보다는 원시적인 믿음에 가깝다. 만달레이 왕성을 건설할 때에도 그렇게 했는지는 분명하진 않지만, 공식 기록에 따르면 인신공양 대신 거대한 항아리에 기름을 채워 묻도록 했다는데, 당시 항간에는 52명의 남성, 여성, 어린이가 희생당했다는 소문이 떠돌기도 했다.

만달레이는 이후 꼰바웅 왕조 시기와 영국 식민시기에 걸쳐 남부의 아마라푸라를 흡수함과 동시에 아바와도 연결되는 대도시로 성장한다. 그 과정에서 만달레이 왕성의 남부와 서부 쪽으로 일반인 거주구역이 형성되고, 바자Bazzar라고 부르는 상업지구가 조성되

만달레이 언덕 정상에 세워진 쉐얏토 사원의 불상.
손가락으로 만달레이 왕궁을 가리키고 있다.
ⓒ 위키미디어 커먼즈

면서 왕의 도시에서 미얀마인의 수도로 변모한다. 왕궁을 둘러싼 왕성과 4개의 문 안쪽은 왕족과 귀족이 거주하는 왕실 직할 도시였고, 19세기 후반부터는 그 주변에 일반 서민들의 거주구역이 조성되었다. 물론 왕궁-왕성-해자-외부구역으로 이어지는 도시의 구조는 처음부터 계획되어 있었고, 정방형의 격자무늬로 이루어진 구역 역시 계획된 것이다. 이는 꼰바웅 왕조가 처음으로 시도한 것이 아니라 이전 수도들이 가진 특성을 좀 더 큰 규모로 계획한 것으로 볼 수 있다. 그렇다면 이러한 형태의 도시 구조를 역사적인 측면에서 어떻게 이해할 수 있을까.

동남아시아의 역사에는 '인도화'라는 현상이 있다. 간단하게 말해, 전통시기 동남아시아가 다양한 분야에서 인도의 영향을 강하게 받았다는 것인데, 여러 문헌 및 고고학적 자료에 의해 거의 정설처럼 여겨지고 있다. 물론 구체적으로 보면 학자들 사이에도 이견이 있고, 여전히 풀리지 않는 부분도 많지만, 전체적으로 동남아시아가 초기 국가를 형성하거나 사회적 구조를 만들어갈 때 인도 문명의 영향을 강하게 받은 것은 사실이다. 무엇보다 가장 중요한 요소는 종교와 왕권 개념의 확립이다. 흔히 한국사에서 삼국시대에 중국으로부터 불교와 유교를 받아들여 율령 체제를 정비하고 왕권을 확립했다고 서술하는 것처럼, 동남아시아 역시 초기 국가의 형성과 왕권 확립이라는 부분에서 인도의 힌두교와 불교의 영향을 강하게 받았다.

그 증거는 여전히 남아 있는데, 다양한 언어에 남아 있는 산스크리트어나 곳곳에 지어진 다양한 사원이 모두 힌두교나 불교 사원

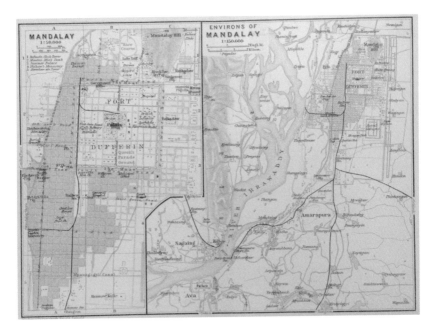

1914년의 만달레이.

왼편의 만달레이 구역을 보면 상부의 언덕과 바로 아래 사각형의 해자로 둘러싸인 왕성과 그 중심의 왕궁 구역이 뚜렷하다. 해자 내부 구역이 왕궁과 귀족의 거주구역이었다. 이 두 구역이 만달레이 수도의 시작이었고, 왕성의 서남부 지역으로 이라와디강을 따라 일반인 거주구역이 정방형으로 일정하게 구획되어나간다. 지금은 그 구역이 예전 수도였던 아마라푸라까지 확장되었다(지도 오른편 참조).

ⓒ 위키미디어 커먼즈

이라는 점이 특히 그렇다. 캄보디아의 앙코르 와트가 대표적이고, 미얀마의 바간 사원군, 자바 지역의 보로부두르 불교 사원과 프람바난 힌두교 사원, 베트남 중남부 곳곳에 있는 오래된 힌두교 사원이 모두 여기에 해당한다. 무엇보다 베트남을 제외한 대륙부 동남아시아의 인구 대다수가 현재 상좌부 불교를 믿는 것 역시 버마족이 처음으로 받아들인 데서 시작되었다.

인도화의 핵심은 바로 왕권의 확립인데, 4~6세기에 동남아시아 각 지역의 지도자들이 받아들인 힌두교와 불교는 왕권의 확립에 중요한 역할을 했다. 샤머니즘이나 토템, 애니미즘과 같은 토착 종교에 의존하던 지도자의 권력이 일시적이었다면, 힌두교 및 불교의 세계관을 받아들이면서 신과 왕을 동일시하기 시작한 인도화 이후 왕의 권력은 절대화, 영속화하기 시작한다. 힌두교 세계관의 절대 신인 비슈누나 시바와 자신을 동일시하거나, 자신을 신 혹은 부처의 화신으로 자임함으로써 공동체 구성원들의 충성을 이끌어내고, 권력을 정당화하는 통치 방식이 바로 인도화의 영향이었다.

이는 도시 건설 혹은 사원 건축으로 실현된다. 흔히 힌두교와 불교의 세계관에서 우주 혹은 진리의 형상으로 여겨지는 만다라 Mandala 세계를 구현하는 수단으로서 도시와 사원을 화려하게 짓는 식이다. 앞서 언급한 앙코르 와트, 보로부두르, 프람바난, 바간 사원군 등에서 일정한 통일성을 발견할 수 있다. 이는 곧 만다라 구조의 구현으로 이해할 수 있으며, 왕 혹은 왕성이 이 구조의 중심에 위치함으로써 왕의 권력을 신의 절대성과 동일시하는 시각적 효과를 드러내려는 의도가 다분하다.

이와 같은 동남아시아 전통 도시 구조와 만다라 개념이 동남아시아 최후의 인도화 도시, 만달레이를 통해 왕권과 불국의 결합이라는 형태로 드러났고, 이는 곧 왕이 불국 세계를 이 땅에 실현한 것이다. 아울러 왕이 우주의 중심에 위치함으로써 그 권력이 여전히 절대적임을 강조한 것으로도 풀이할 수 있다. 도시의 구조 및 왕궁의 위치, 각종 사원의 디자인이 모두 만다라의 실현이자 우주의 구조를 사바세계에 구현하는 것인 만큼 지극히 정치적 행위에 가깝지만, 동시에 종교적 상징으로 가득 차 있다. 버마인들이 세운 미얀마 전통 국가들의 도시는 대체로 이와 비슷한 형태와 디자인을 보여준다. 기능도 비슷한 경우가 많다.

학자들은 이를 저명한 인류학자 클리포드 기어츠가 말한 "모범적 중앙exemplary centers"으로 설명하기도 한다. 이는 수도를 중심으로 왕권과 결합된 종교적 힘이 방사형으로 퍼지는 형태로 권력이 작용한다는 것이고, 그것이 곧 동남아시아에서는 국가 공동체의 핵

8세기경에 지어진 것으로 알려진 자바섬의 보로부두르 불교 사원.
ⓒ 위키미디어 커먼즈

심이다. 그런 이유로 동남아시아의 전통 국가는 경계가 그리 뚜렷하지 않은데, 도시를 중심으로 왕과 종교적 영향력이 결합된 형태의 권력이 국가의 중심에 자리 잡고 있다면 경계는 중요하지 않기 때문이다. 미얀마의 역사에서는 그 최후의 정수가 바로 만달레이다. 동남아시아 전체 역사에서도 가장 마지막으로 인도화의 세계관을 구현한 도시인 것이다.

민돈 왕의 만달레이 건설과 수도 이전은 왕권 강화와 유지, 정당성 확보의 수단이었다. 도시의 구조가 우주, 불국, 만다라 세계를 구현하고, 그 중심인 왕궁에 왕이 기거한다는 것은 곧 이 세상의 중심은 왕이고, 왕이 종교적 세계관인 만다라의 중심이자 현실 세계, 즉 세속의 중심임을 시각적, 구조적으로 보여주는 것이다. 미얀마가 '도시들의 땅'인 이유도 여기에 있다. 21세기에 미얀마 군부가 식민 도시이자 경제 도시이면서 인구가 가장 많은 오랜 수도 양곤을 버리고 네피도로 수도를 옮겨 새롭게 도시를 건설한 것 역시 이러한 세계관과 사고방식을 계승한 것으로 볼 수 있지 않을까.

현실의 권력을 유지하고 과시하기 위해 다양한 종교적 상징과 내러티브를 활용하는 국가의 형태를 기어츠는 '극장국가'라 칭했다. 전통 도시는 곧 국왕이 피지배계층에게 보여주고 싶은 이야기를 전시하는, 혹은 보여주는 거대한 극장, 즉 무대이기 때문이다. 동남아시아의 종교 건축이 유독 화려하고, 각종 상징으로 가득 차있으며, 금과 보석으로 치장된 것 역시 피지배계층에게 왕의 절대성을 드러내기 위함이다. 이러한 사실을 염두에 두고 만달레이를 둘러본다면 새롭게 다가오지 않을까 싶다.

미얀마는 19세기까지 강대한 불교 왕국을 이룩하면서 버마족의 도시뿐 아니라 샨족, 몬족과 같은 소수민족의 도시들을 미얀마 지역 전역에 건설해왔다. 꼰바웅 왕조 최후의 계획도시인 만달레이는 수 세기 동안 이어온 계획도시의 노하우가 축적된 정수이자 근대 시기 영국에 의해 코즈모폴리턴 도시로 성장하는 양곤과 대비되는, 미얀마인의 정신세계를 보여주는 공간이다. 19세기 중반에 건설된 만달레이가 그 짧은 역사에도 불구하고 미얀마인의 문화적·정신적 수도라 불리는 이유다.

이러한 지위는 영국령이 된 이후에도 계속 이어졌으며, 오히려 그 지위가 더욱 강화되는 모습마저 보인다. 메이지 유신 이후 동남아시아 지역에 깊은 관심을 가졌던 일본이 간행한 《남양민족지》(1942)에 따르면, 지난 수십 년간 영국령이었음에도 버마인의 삶의 근간은 여전히 불교였고, 승려의 지위가 매우 중요했으며, 그 공간적 중심은 만달레이였다.

> 양곤이 영국 통치의 중심이었던 것에 대해 버마인의 생활과 신앙의 중심은 만달레이다. 전국불교연맹의 본부와 불교청년회의 본부도 이곳에 있는데, 만달레이의 불교 책임자인 관장은 전국 승려들의 신뢰와 존경을 모아 그 명령을 전국의 사원에 통달한다. 관장의 명령은 지상의 명령이다. 법률의 힘도 정부의 위력도 미치지 못한다. 승려가 정치와 상업에 간섭하는 것을 금지하는 법률을 제정해도 승려들이 반대하면 정부는 법률을 개폐할 수밖에 없다. 이는 승려에 대한 민중의 존경이 자연스럽게 절대의 세력을 승려에

게 주었기 때문이다. 아무리 화교가 일본 상품을 배척해도 승려가 일본 편을 들면 민중은 일본 제품을 산다. 화교가 아무리 힘을 써도 승려의 권력에는 미치지 못한다. 이 때문에 승려의 허락을 얻는 일이 치세의 비결이며 영국 정부도 새로운 시설을 만들 때에는 일단 승려에게 의향을 물어볼 정도였다.[*]

영국의 압박을 끈질기게 건디던 민돈 왕이 1878년에 사망하고, 그의 아들 띠보가 즉위하지만, 결국 1885년에서 1886년 사이 영국과의 3차 전쟁으로 만달레이가 함락되면서 꼰바웅 왕조는 몰락하고 미얀마 전체 지역이 영국의 통치를 받게 된다. 띠보 왕은 인도로 유폐되었다. 만달레이를 중심으로 하는 상부 버마 지역이 영국령으로 편입되면서 만달레이의 도시 기능은 완전히 다른 차원으로 변모한다. 3차 전쟁이 벌어지기 전에 이미 영국은 양곤을 중심으로 중부 지역까지 다양한 방법으로 경제적 통합을 실시하는데, 그 핵심은 교통이었다.

우선 미얀마 지역을 가로지르는 이라와디강을 활용한 증기선 항로를 개설해 교통문제를 어느 정도 해결한 영국 정부는 철도 건설을 통한 육로 운송을 계획한다. 1877년 민돈 왕 말기에 이미 양곤에서 하부 버마와 상부 버마의 경계선에 위치한 따웅우 지역까지 철도가 연결되었다. 철도가 놓이기 전에는 양곤에서 따웅우까지 가는

[*] 사와다 겐 지음, 송완범 옮김, 《남양민족지》, 보고사, 1942.

'로드 투 만달레이' 포스터.

영국의 만달레이 점령은 버마 지역 점령이 마무리되었다는 의미였고, 싱가포르, 말레이반도, 버마, 인도로 이어지는 영국령의 완성으로 여겨졌다. 이 점령은 아이러니하게도 영국과 미국의 대중문화 예술가들을 자극했는데, 그 시작은 영국의 시인이자 소설가로서 노벨 문학상 수상자(1907)이기도 한 러디어드 키플링이었다. 영국령 인도에서 태어난 키플링은 1890년 〈만달레이〉라는 시를 통해 버마족 여성과 영국인 병사의 로맨스를 그린 바 있다. 이 시는 1907년에 올레이 스픽스(Oley Speaks)라는 음악가에 의해 노래로 만들어지기도 했는데, 제목은 시의 한 구절인 '온 더 로드 투 만달레이(On the Road to Mandalay)다. 이후에 미국에서 〈로드 투 만달레이〉(1926)라는 제목의 영화가 만들어지기도 했다. 스토리는 다르지만 2016년에도 같은 제목의 영화가 만들어졌다. 이러한 결과물들은 그동안 영국의 침략을 끈질기게 버티며 새로운 불국 세계를 구현한 왕과 그 도시에 대한 영국인들의 환상을 잘 보여주지만, 키플링의 시는 다분히 제국주의적 시선에 머물러 있다는 비판을 받기도 했다.

ⓒ 위키미디어 커먼즈

데 20여 일이 걸렸지만, 열차를 이용하면 반나절 만에 도착했다. 만달레이 점령 이후 1889년 따웅우에서 만달레이까지, 그리고 만달레이에서 상부 버마 지역의 주요 지점들을 연결하는 철도 건설이 1900년까지 계속 이어지면서 만달레이는 남부의 대항이자 영국령 버마의 수도 양곤과 함께 교통, 물류, 인적 이동의 두 축이 된다.

영국이 북부 버마 지역까지 철도를 연장한 것은 영국령 미얀마 지역의 경제적 통합을 위한 복적도 있었지만, 다른 한편으로는 윈난성을 통한 중국 진출을 염두에 두고 있었기 때문이다. 이유야 어쨌든 만달레이는 민돈 왕 시기 불국 세계의 실현과 왕권의 상징으로 건설되었다가 식민시기 하부 버마와 상부 버마를 잇는 경제적 창구 및 연결점 역할을 하게 되었다. 그런 와중에도 앞서 인용한 것처럼 만달레이는 여전히 미얀마 불교의 중심으로 남아 있었고, 절대적 존재인 왕의 역할을 승려들이 대신한 것으로 이해할 수 있다. 이 두 도시는 경제뿐 아니라 20세기 초중반 영국의 차별정책과 버마인 억압 정책에 반발한 버마인들이 민족주의 운동을 펼칠 때에도 중요한 거점이 되었다. 양곤대학이 위치한 양곤이 오랜 기간 영국령 아래에서 근대화한 엘리트 민족주의의 중심이었다면, 만달레이는 불교 계통 민족주의 운동의 중심이었다. 물론 폭넓은 민중의 지지를 얻은 것은 당연히 압도적 영향력을 지닌 불교와 만달레이였음은 분명하다.

# 불국을 실현하는
# 만달레이의 다양한 유산

만달레이의 핵심은 결국 왕궁이다. 왕이 기거하는 궁전을 중심으로 붉은 지붕의 건축물이 질서정연하게 자리 잡은 모습이 인상적이다. 다만 원래의 왕성 건물은 2차 세계대전 때 만달레이를 점령한 일본군을 공격하기 위해 폭격을 퍼부은 연합군에 의해 거의 대부분 소실되었고, 지금의 왕궁은 군부독재 시기에 일부 복원한 것이다. 감시탑 정도만이 원래 건물 그대로라고 한다. 그런 이유로 과거의 왕궁과 지금의 왕궁은 조금 다른 인상을 준다.

만달레이의 왕궁을 중심으로 다양한 건축물이 왕의 권위와 불국 세계의 실현을 위해 마련되었다. 1859년 왕은 새로운 수도에 꼭 필요한 왕성(성벽), 해자, 사원(파고다), 도서관, 알현장, 수도원, 법당 건설을 명령했다. 지금도 성벽과 해자, 각종 사원이 관광객을 맞이하고 있다. 그중에서도 여행자들의 눈을 즐겁게 해주는 것은 다양한 형태와 구조를 가진 사원들이다. 사실 만달레이는 이전 수도였던 아바 및 아마라푸라에서도 가까워 민돈 이전의 왕들이 이미 47개의 사원을 지은 상태였다. 즉 곳곳에 사원이 조성되어 있었던 것이다. 여기에 민돈 왕 및 띠보 왕 시기에 세 곳, 이후 영국령 및 독립 이후에 세 곳 정도가 더해져 대략 50여 불교 사원이 조성되어 있다. 그중에서 가장 유명한 곳 중 하나가 백색 스투파(탑)로 가득 찬 쿠도도 사원이다.

쿠도도 사원은 민돈 왕이 만달레이에 건설한 몇 안 되는 사원 중

만달레이 왕궁의 과거(1906)와 현재의 모습.
ⓒ 위키미디어 커먼즈

하나로 1860년부터 1868년 사이에 지어졌고, 계속 개보수를 거쳐 지금에 이르렀다. 중앙의 본당도 화려하지만, 무엇보다 압도적인 경관을 자랑하는 것은 백색으로 칠해진 총 726개의 스투파다. 이 스투파 속에는 각각 한 장의 석각 판이 보관되어 있는데, 총 726장의 석판에 버마어로 된 대장경이 새겨져 있다. 이 때문에 이 사원 자체를 한 권의 거대한 불교 경전으로 보기도 한다. 즉 세계에서 가장 거대한 경전인 것이다. 왕성의 오른쪽 위편에 위치해 있다.

과거 수도였던 아마라푸라의 왕성에서 옮겨온 건축물도 있는데, 쉐난도 수도원이 대표적이다. 거대한 도시를 건설하는 데는 엄청난 비용이 드는데, 당시 주요 수입원이던 하부 버마 지역을 영국에 빼앗긴 왕실로서는 건물이나 재료를 재활용하는 수밖에 없었을 것이다. 또한 이전 왕실의 권위를 빌리고 정통성을 확보하는 효과도 있었을 것이다. 띠보 왕 역시 마찬가지였는데, 그는 1878년에 즉위하자마자 부왕이 지은 수도원을 허물고 새로운 수도원을 왕성 동편에 짓기 위해 아마라푸라 왕궁의 일부를 옮겨왔다. 만달레이의 다른 건축물과 닮은 듯 다른 쉐난도 수도원은 버마식 건축 양식을 잘 보여주는 유적이다.

'만달레이'라는 이름의 기원이 되는 만달레이 언덕은 새로운 수도가 되기 전부터 미얀마 불교의 성지와도 같은 곳이었고, 곳곳에 다양한 사원과 절이 있는 만달레이 불교 신앙의 중심이었다. 그중에서도 화려한 모자이크 타일로 지어진 수타웅파이 사원은 만달레이 왕궁 전체를 조망할 수 있는 곳이다.

왕궁 주변이 아닌, 외성의 일반인들이 거주하는 구역에서 가장

하늘에서 바라본 쿠도도 사원(위).
유네스코 세계문화유산으로 지정되어 있다.
ⓒ 위키미디어 커먼즈

쉐난도 수도원(아래).
ⓒ 위키미디어 커먼즈

유명한 사원은 마하무니 사원이다. 마하무니 사원은 미얀마 전역의 불교도가 찾는 곳으로 유명한데, 이곳이 미얀마 3대 불교 성지 중 하나로 여겨지기 때문이다. 미얀마의 3대 불교 성지는 석가모니와 직접적으로 연관이 있다고 알려진 성물을 보관한 곳이다. 나머지 두 곳은 양곤의 쉐다곤 파고다와 몬주의 짜익티요 황금바위 사원으로, 둘 다 석가모니의 진신사리를 보관한 곳으로 알려져 있다. 마하무니 사원에는 사리가 아닌 불상이 보관되어 있다. 석가모니가 열반하기 전 지금의 아라칸 지역을 방문했는데, 그때 현지인들이 그 모습을 직접 보고 불상을 제작했다고 한다. 이 불상을 보도파야 왕 시기에 당시 수도였던 아마라푸라로 가져와 지금의 사원을 지었다고 한다. 당시 붓다의 모습을 형상화한 불상이라는 전설이 있어 지금까지도 수많은 현지인이 성지 순례하듯 찾는 사원이다.

만달레이가 영국령이 된 이후에는 왕성 바깥 곳곳에 서구식 근대 건축물이 지어지기 시작했다. 그중 가장 상징적인 건축물은 왕성 서남쪽 사거리에 있는 쩨조 시계탑이다. 1909년 빅토리아 여왕의 생일을 기념해 지어진 이 시계탑은 다양한 사원들 속에서 이 구역이 영국령이었음을 드러내는 근대 유산이다. 시계탑을 중심으로 1894년에 지어진 세인트 조셉 교회, 1890년에 지어진 로마 가톨릭 교회의 성심 대성당, 1911년에 문을 연 세인트 미셸 교회 등이 자리 잡고 있다.

21세기 만달레이는 새로운 국면에 접어들고 있다. 중국인의 대량이주가 그것이다. 윈난성과 마주하고 있는 만달레이는 21세기 이후 대량으로 들어오는 중국인 이주민들로 인해 거리의 풍경이

마하무니 사원의 황금 불상.
다만 미얀마 3대 성지의 성물은 전설로만 전해질 뿐 실제 석가모니와 관계있다는 증거는 없으며, 학계에서도 사실로 받아들이지 않는 경향이 우세하다. 특히 마하무니 사원의 불상은 역사적으로 석가모니가 살아 있을 때는 불상을 만들지 않았다는 점과 이후에도 수백 년 동안 불상을 만들지 않는 무불상 시대가 이어졌다는 점을 감안하면 전설일 가능성이 높다.
ⓒ 위키미디어 커먼즈

바뀌고 있다. 2025년 인구가 대략 150만 명이 될 것으로 예상되는 미얀마 제2의 도시, 만달레이는 중국계가 인구의 50퍼센트에 달할 만큼 변화의 시기를 맞고 있다. 왕성과 왕궁, 사원 구역을 제외한 일반 거주구역 및 상업지구는 거의 중국인이 장악해가고 있다고 한다. 현재 만달레이 최고 기업인 열 명 중 일곱 명이 중국계일 정도다.

이러한 변화가 만달레이에 어떠한 영향을 줄지는 미지수지만, 불교 세계를 이 땅에 구현하기 위해 조성된 만달레이는 영국의 식민지배를 거쳐 군부와 독재, 시민사회의 저항으로 점철된 미얀마 불교 신앙의 중심을 지나 이제는 중국계 이주민의 미얀마 진출 통로로 변화하고 있다. 여전히 살아 있는 도시, 만달레이를 방문하고자 한다면 200년도 채 안 되는 짧은 시기 동안 급변하고 있는 도시의 과거 흔적과 현재를 비교해보길 바란다.

우붓,
예술의 향기가 피어나는 열대의 도시

정정훈

○
○○
○

콘크리트로 지어진 고층 빌딩, 퇴근길 대중교통에 몸을 실은 일상
에 지친 사람들, 밤늦도록 꺼지지 않는 네온사인은 우리가 살고 있
는 도시의 모습이다. 하지만 이곳은 우리가 생각하는 도시의 이미
지와는 전혀 다른 색깔을 지녔다. 멀리서 들려오는 닭 울음과 그 소
리에 호응하는 새들의 지저귀는 소리가 들리는 곳. 제단에 바친 향
에서 피어오르는 뿌연 연기와 함께 여성의 간절한 기도 소리가 들
리는 곳. 영원한 만인의 '귀여운 여인'인 줄리아 로버츠와 스페인
국민배우 하비에르 바르뎀이 사랑의 속삭임을 나누던 곳. 과거 작
은 시장이 있던 농촌 마을에서 관광지로 거듭나면서 조금은 특별
한 도시로 변신한 이곳은 우붓이다.

　우붓은 우리에게 잘 알려진 휴양지인 인도네시아 발리섬 중남부
에 위치한다. 발리섬은 한국인을 비롯한 전 세계인에게 푸른 바다
와 넓은 해안선을 가진 관광 명소로 알려져 있다. 실제로 발리 남부
지역에는 1960년대부터 현재까지 세계적인 서핑 명소이자 해안 관
광지인 쿠타, 사누르, 누사두아, 스미냑이 위치한다. 하지만 우붓이
기존의 도시와는 전혀 다른 이미지인 것처럼, 관광지로서 우붓이

우붓 거리에서 흔히 볼 수 있는 예술품 판매점.

가진 매력은 우리가 생각하는 발리에 대한 이미지와는 차별화된다.

2000년대 이전 우붓은 '예술인의 마을' 혹은 '문화예술 마을'로 소개되었고 일반 관광객의 우붓 방문은 드문 일이었다. 발리의 문화적 전통과 예술에 영감을 받은 보헤미안 스타일을 추구하는 소수의 서구인이나 남부 지역의 혼잡함을 피하려는 일부 여행객이 이곳에 머물렀다. 2000년대 이후 우붓은 새로운 여행지를 원하는 관광객이 늘면서 점차 대중적인 관광지로 변모하게 된다. 특히 베스트셀러 소설인《먹고 기도하고 사랑하라》가 동명의 영화로 제작되면서 우붓의 독특한 풍경이 널리 알려지게 되었다.

해발 500미터에 위치해 열대우림이 펼쳐진 지리적·환경적 특이성, 회화와 목공예 제품, 전통의례가 일상적으로 벌어지는 이곳은 독특하고 새로운 유형의 도시로 우리에게 다가온다.

## 우붓 이전에는 기안야르가 있었다

우붓의 행정구역명을 우리식으로 바꿔보면 발리주 기안야르군 우붓읍 정도가 될 것이다. 인도네시아는 총 34개 주로 이루어져 있으며, 이 중 발리섬은 430여만 명의 인구가 거주하는 하나의 주다. 발리주는 8개 군과 1개 시로 구성되는데 우붓은 기안야르군에 속한다. 기안야르군의 행정, 교육, 상업의 중심지는 기안야르읍이다. 비록 관광객에게 우붓이 잘 알려진 지역이지만, 기안야르는 18세기 중반부터 발리 중부 지역의 중심 도시 역할을 했다.

발리 사람들은 기안야르를 어떤 도시로 인식할까? 인구 10만 명의 이 도시는 인근의 우붓과 다른 어떤 매력이 있을까? 이를 이해하려면 기안야르의 역사와 현재를 살펴봐야 한다. 발리섬에서 고고학적으로 확인할 수 있는 인류의 흔적은 약 5만 년 전으로 추정되는 석기류다. 이후 섬 곳곳에서 조상 숭배, 농경의례, 종교 행위와 관련된 청동과 철기 의례용품이 발견되었다. 발리섬이 자바섬과 본격적으로 교류하기 시작한 것은 15세기부터다. 이슬람 세력의 확장으로 자바섬의 힌두-불교 왕국이었던 마자파힛의 왕족, 신하, 승려, 공예가 들이 발리섬으로 이주한다. 이들의 자바 힌두문화는 오늘날에도 발리 사회의 역사와 전통의 근간이 된다.

17세기 이전 번영했던 겔겔 왕조는 수도를 끌룽꿍으로 이전하면서 끌룽꿍 왕조가 성립됐지만, 발리섬에 대한 지배적인 영향력은 섬 전역의 귀족들에게 넘어갔다. 각 지역의 귀족들은 다시 8개의 소왕국으로 분화되어 결국 9개의 소왕국 시대가 시작된다. 당시 구성된 소왕국 중 기안야르 왕궁은 끌룽꿍 왕조와 네덜란드 식민당국과의 협력을 통해 확고한 지배력을 가질 수 있었다. 특히 기안야르 왕국의 수까와띠 왕족은 전통문화에서 비롯된 다양한 예술활동을 지원했고, 이러한 활동은 우붓과 기안야르의 문화와 관광산업의 바탕이 되었다.

기안야르는 발리 고대왕국, 네덜란드 식민지 시기, 인도네시아 혁명기, 인도네시아공화국 시기를 지나면서 역사적 부흥과 쇠퇴를 반복했고, 현재는 발리 문화의 중심지이자 발리주의 자치지역으로 거듭났다. 오늘날 기안야르와 그 일대에는 관광자원으로 활용되는

띠르따 엠풀 사원에서 정화의식을 하는 관광객.

언덕 위에 웅장하게 서 있는 탐팍시링 별장.

역사적 유적이 산재해 있다. 가장 오래된 역사유적은 기안야르에서 북쪽으로 대략 20킬로미터 떨어진 띠르따 엠풀 사원이다. 발리인에게 이곳은 성스러운 물이 샘솟는 사원으로 힌두교 의식에 따라 정화의례를 치르기 위해 방문하는 장소다. 관광객도 이 사원의 정화의례를 특별하게 받아들인다. 사원의 중심에는 쁘띠르따안 Petirtaan이라 불리는 정화 장소, 즉 목욕하는 공간이 있으며 이곳에서 관광객은 30개의 물줄기에서 뿜어져 나오는 샘물을 맞는 특별한 경험을 한다.

발리어로 '성스러운 물'이라는 뜻의 띠르따 엠풀은 힌두교의 물의 신 비슈누에 헌화하는 사원이다. 사원 인근의 마눅까야 마을의 비석에 따르면 띠르따 엠풀 사원은 962년, 즉 10세기에서 14세기까지 부흥했던 와르마데와 왕조 시기의 유적으로 보고 있다. 띠르따 엠풀 사원의 서쪽 언덕에는 인도네시아 초대 대통령인 수카르노 대통령의 탐팍시링 별장이 있다. 수카르노와 그의 가족 그리고 국빈 방문객을 위해 건물 일부가 1957년에 지어졌고, 1963년에 이르러 현재의 크기인 약 2000제곱미터의 규모로 완공되었다.

기안야르와 우붓 중간 지점에는 2개의 주요 사원이 있는데, 고아 가자 사원과 예 푸루 사원이다. '코끼리 동굴'이라는 뜻의 고아 가자 사원은 9세기 혹은 11세기에 축조된 것으로 추정된다. 사원 중앙에는 정화를 위해 사용하던 목욕시설이 있으며, 자연동굴을 활용한 기도 시설이 관람객에게 깊은 인상을 준다. 이 사원이 코끼리 동굴로 명명된 것은 자연동굴 입구 주위에 위협적으로 새겨진 동물의 얼굴에서 비롯되었다는 설이 있다. 고아 가자 사원이 관광객에

고아 가자 사원.(위), 예 푸루 사원(아래).

게 흥미를 불러일으키는 부분도 조금은 험악한 정체 모를 동물의 형상이다. 코끼리 동굴로 명명된 것은 동굴 안쪽에 위치한 코끼리 형상의 가네샤 석조물 때문이라는 이야기도 전해진다.

예 푸루는 물을 의미하는 '예Yeh'와 쌀 보관 용기를 의미하는 '푸루Pulu'가 합쳐진 이름이다. 사원 내부에 둥근 모양의 돌에서 물이 뿜어져 나오는 것을 확인할 수 있다. 사원을 향해 내려가는 길옆에는 25미터 길이의 석조 부조가 새겨져 있다. 발리인의 생활모습을 묘사하고 있으며 길 끝에 주민들을 위한 작은 사원과 가네샤 석상이 위치한다. 지역 주민들에게 예 푸루 사원은 마을의 안녕과 가족의 건강을 기원하는 곳이지만, 관광객에게 이 공간은 인근의 논, 수로, 석조 부조가 조화롭게 어울린 역사유적지다.

기안야르 시내 중심부는 우붓에 비해 관광객의 호기심을 자극할 만한 볼거리가 많지 않다. 발리 주민들에게 필요한 행정기관, 시장과 상점, 교육기관, 의료시설이 도시 곳곳에 자리 잡고 있다. 기안야르 여행의 시작은 도시 중앙에 있는 아스티나 공원, 기안야르 문화관, 기안야르 왕궁 일대다. 관광객이 현지 주민의 '진짜 삶'을 경험할 수 있는 곳이다. 관광지화된 우붓보다 좀 더 현지인들의 일상을 엿볼 수 있다. 더욱이 아직 관광지화되지 않았기 때문에 대부분 무료로 여러 가지 시설을 방문하고 체험할 수 있다.

그렇다면 발리 주민들에게 기안야르는 어떤 이미지일까? 혹은 기안야르는 외부인에게 어떻게 소개될까? 아마 대다수의 발리인에게 기안야르는 바비굴링 맛집이 있는 곳으로 소개될 것이다. 실제로 기안야르가 최종 목적지가 아니어도 이곳을 지나가는 발리인은

기안야르 문화관.

으레 이곳에서 유명한 바비굴링 식당을 방문한다. 바비굴링은 인도네시아 사회에서 매우 독특한 음식이다. 전체 인구의 80퍼센트 이상이 무슬림인 인도네시아에서 돼지고기 요리인 바비굴링은 그 자체로 발리인의 종교적 정체성을 재확인하고 종교적 관용을 표상하는 음식이다.

돼지 한 마리를 통째로 숯불에 구운 바비굴링은 발리인의 종교 의례, 명절, 기념일에 가족이나 이웃들과 함께 먹는 특별한 음식이다. 원래는 의례 음식이었으나 관광지화와 현대화 과정에서 일상의 음식으로 자리 잡았다. 발리에 가면 반드시 먹어봐야 할 현지 음식이자, 발리인에게는 고기를 먹을 수 있는 특식이다. 바비굴링으로 유명한 식당들은 바삭한 껍질과 부드러운 고기 그리고 특별한 양념인 삼발sambal로 차별화하면서 손님들을 불러 모은다.

여행객이 많은 지역에는 으레 바비굴링 전문식당이 있다. 하지만 관광객을 위한 음식이자 특식이라는 정체성 때문인지 일반적인

식당에서 파는 바비굴링.

인도네시아 음식보다 비싼 편이다. 일부 발리인은 관광지의 바비굴링 식당이 맛과 양에 비해 너무 비싸다고 불만을 표한다. 이에 비해 기안야르에서는 좀 더 저렴한 가격에 맛있는 바비굴링을 즐길수 있다. 특히 기안야르 야시장은 매콤한 삼발이 어우러진 바비굴링을 배부르게 먹을 수 있는 곳이다.

## 발리 르네상스의 중심,
## 우붓!

발리 남부 해안에서 우붓으로 향하는 길 주위에는 다양한 종류의 공예품과 미술품을 판매하는 상점이 즐비하다. 논에서 모내기를 하는 농부와 바로 옆의 논에서 벼를 수확하는 이질적인 풍경, 차곡차곡 상자를 쌓아놓은 것 같은 계단식 논, 짙은 녹음이 우거지고 키 큰 야자수가 서 있는 열대의 풍경이 공존한다. 예술인 마을로 불리는 우붓에 미처 도착하기도 전에 관광객은 벌써 우붓의 특별함에 마음이 사로잡힌다. 더욱이 남부 지역의 뜨거운 열기에서 벗어나 시원한 청량함과 때로는 차가운 기운이 몸을 감싸면 하나의 섬에서 전혀 다른 감정이 느껴진다.

20세기 초 서구의 예술가, 소설가, 학자 들은 이 지역에서 예술적 영감과 사회적·문화적 특이성을 발견하고서는 서구 세계에 이를 적극적으로 알렸다. '지상 최후의 낙원', '신들의 섬'이라는 발리섬의 이미지는 남부 지역의 해안 절경과 함께 우붓의 예술의 향기가 더해진 결과일 것이다. 이 중 열대에서 피어나는 예술의 향기를 느낄 수 있는 곳이 바로 우붓이다.

발리섬이 관광지와 식민지의 물자 수탈 장소였던 20세기 초반에 우붓은 교역로의 중간 기착지 중 한 곳이었다. 북부 싱아라자 항구에서 시작한 도로는 남부의 덴파사르까지 이어졌고, 현재 우붓 서쪽에 위치한 짬뿌한 다리는 당시에 건립된 도로 구조물 중 하나다. 우붓이 문화예술 마을로 거듭나게 된 것은 우붓 왕족인 라카 수까와띠의 노력 덕분이다. 그는 서구의 예술가들을 우붓으로 초청해 다양한 활동을 펼칠 수 있게 후원했다. 독일 출생의 러시아인 발터 슈피스와 네덜란드인 루돌프 보넷은 발리 사람들과 자연을 배경으로 다양한 작품을 선보였다.

인류학자인 마거릿 미드와 그레고리 베이트슨은 발리 사회의 문화적 행위 양식에 관한 민족지를 저술했고, 음악가인 콜린 맥피는 음악과 책을 통해 서구 세계에 발리와 우붓을 알렸다. '황금시대'라 불렸던 이 시기에 우붓은 발리섬 예술인의 마을로 확고하게 인식되었다.

2차 세계대전이 발발하면서 문화예술 활동은 중단되었지만, 전쟁이 끝난 후 수까와띠 왕족은 보넷, 아리 스밋, 안토니오 블랑코 등 서구 예술인을 지속적으로 후원함으로써 우붓을 중심으로 예술적 역량을 펼칠 수 있는 장을 마련해주었다. 보넷과 수까와띠 왕조는 우붓 최초의 근대 미술관인 뿌리 루끼산미술관을 설립했고, 블랑코는 발리 출신의 아내와 함께 블랑코르네상스미술관을 개관했다. 이 미술관들은 현재까지도 다양한 전시와 프로그램을 통해 예

우붓 양식의 회화.

바투안 양식의 회화.

술인 마을이라는 우붓의 정체성을 지키고 있다.

발리 주민들 역시 서구 출신 예술가들의 영향을 받아 그들의 화풍을 이어받거나 새로운 화풍을 고안했다. 이전에는 종교의례 목적을 위해 그림을 그렸던 발리 화가들은 서구 예술가의 영향으로 발리의 자연과 사람들을 화폭에 담으면서 원근법과 아나토미 개념을 도입한 작품들을 만들었다. 보넷과 슈피스의 영향을 받은 발리 화가들은 우붓 양식이라는 새로운 화풍을 창조했다. 우붓 양식은 발리의 풍경, 논밭에서 일하는 사람, 강에서 목욕하는 사람 등 발리인의 일상을 다양한 색의 조합을 통해 세밀하게 그리는 방식이다.* 우붓 양식은 현재까지도 발리 지역을 넘어 세계적으로 주요한 회화 사조 중 하나로 여겨진다.

우붓 양식과 함께 1930년대 주요 화풍 중 하나는 우붓의 남쪽이자 수까와띠 예술시장의 북쪽에 위치한 바투안 마을에서 비롯된 바투안 양식이 있다. 우붓 양식과 비슷하게 발리의 자연 풍경과 사람 그리고 종교와 관련된 의례가 주요 소재로 활용된다. 다만 검은색과 회색을 주요 색조로 사용해 전체적으로 어두운 색감을 띤다. 가장 두드러진 특징은 빈 공간을 남기지 않고 사람, 동물, 자연을 캔버스에 빼곡히 구현하는 것이다. 2차 세계대전 이후에도 발리 전통 회화 양식과 서구의 회화 양식을 접목한 젊은 예술가의 활동이 지속되었고, 이들에 의해 독창적인 회화 양식이 만들어졌다. 현재

* 가종수 2010: 325.

도 이러한 전통은 계승되어 우붓과 그 인근의 작은 마을에서는 예술인들의 새로운 시도가 이어진다.

## 거리 이면에 보이는 '진짜 우붓' 만나기

현재의 우붓은 지난 10년 혹은 20년 전과 비교하면 괄목할 만한 변화를 겪었다. 과거 무거운 배낭을 메고 값싼 호스텔을 찾아 거리를 헤매던 서구의 젊은이를 더 이상 만나기는 쉽지 않다. 대신에 캐리어를 끌고 호텔로 들어가는 아시아 출신의 단체 여행객이 거리 곳곳을 점령하고 있다. 간이식당인 와룽Warung에서 미원과 아지노모토 등 화학조미료가 들어간 값싼 음식으로 한 끼를 해결했던 기억은 과거의 일이 되었다. 모내기를 하고 과일을 따는 농민들은 스스로를 예술가로 칭하면서 뛰어난 작품을 만들었다. 하지만 돈이 안 되는 농사를 짓는 사람들은 급감했고, 관광객이 좋아할 만한 그림이 어딘가에서 대량으로 생산되고 있다.

현재 우붓을 상징하는 단어는 요가와 유기농이다. 발리 힌두교와 이와 관련된 종교의례가 일상적으로 펼쳐지는 우붓이라는 공간의 힘은 전 세계 요가인들의 호기심을 자극했다. 더욱이 미국, 호주, 영국 출신의 유명 요가 지도자들이 앞다퉈 요가센터를 열어 전 세계 요가인들을 불러 모았다. 소규모로 시작된 요가 강습과 몸의 정화를 위해 먹었던 유기농 식품은 현재 우붓의 경제를 지탱하는 산업으로 발전했다. 우붓 거리 곳곳에서 매트를 들고 요가센터로 향하거나 밀싹음료를 마시고 채식을 하는 사람들을 볼 수 있다.

우붓이 도시로 발전하게 된 것은 관광산업과 관련되어 있다. 과거 예술가나 소수의 배낭여행객이 찾던 우붓은 현재 수백만 명이 방문하는 관광지가 되었다. 울창한 밀림 속에서 예술의 향기를 느낄 수 있었던 우붓은 이제 더 이상 만나기 힘든 과거가 되었다. 하지만 우붓이 가진 진짜 힘은 어쩌면 이곳에서 일상을 영위하는 주민들일지도 모른다. 발리 예술의 힘은 힌두교 의례에서 비롯되었고, 의례행위가 일상에서 펼쳐지기에 우붓은 여전히 매력적인 도시로 다가온다.

과거 서구인들은 두 차례의 세계대전이 가져온 전쟁의 참상 그리고 과학기술의 발전이 가져온 공허함에 '진짜'를 찾기 위해 노력했다. 그들이 주목했던 지역 중 하나가 발리였고, 발리는 지상낙원으로 불리면서 서구인들의 관심을 이끌었다. 20세기 초중반 서구인의 시선에 지상낙원은 우붓이었고, 20세기 중후반의 지상낙원은 바다와 인접한 발리의 남부 지역이었다. 물론 21세기 들어 여행객은 좀 더 한적하면서도 특별한 매력을 감춘 발리의 또 다른 장소를 찾기 위해 노력할 것이다.

우붓이 도시화 과정에서 겪은 변화로 과거의 지상낙원 혹은 예술인 마을이라는 명칭을 유지하기에는 아쉬운 점이 있을 것이다. 하지만 이곳에서 삶을 영위하고 의례행위를 지속하는 주민, 자연 속에서 예술적 재능을 발휘하는 예술가 그리고 장기간 이 지역에 거주하면서 새로운 문화를 만들어가는 여행자들이 있기에 우붓의 특별한 매력은 여전히 관광객들에게 호기심을 자극할 것이다.

'진짜' 우붓을 만나고 싶다면 먼저 관광객의 시간이 아닌 발리인의 삶의 시간을 찾아야 한다. 여행지에서 관광객은 일상에서 벗어났음을 만끽하기 위해 조금은 게으르게 하루를 시작하곤 한다. 늦잠을 자거나 호텔에서 조식을 먹으며 하루의 에너지를 보충한 후 하루를 시작한다. 관광객의 첫 일정이 시작되는 시간에 발리인은 아마도 하루 중 3분의 1이 넘는 시간을 보내고 있을 것이다. 우붓의 중심에는 우붓 왕궁이 있고 그 맞은편에는 전통 시장이 있다. 관광객에게 전통 시장은 흔히 우붓 아트 마켓으로 알려져 있으며 목공예품, 면직물 관련 제품, 라탄 등의 기념품을 판매한다.

하지만 우붓 사람들에게 이 공간은 식료품을 사고파는 일종의 새벽시장이다. 새벽 5시 전후에 문을 열어 아침 8시면 거의 파장 분위기다. 직장인의 출근과 학생들의 등교가 대략 7시 전후에 이루어지기에 아침식사 준비를 위해 이른 새벽부터 장사가 시작된다. 종이나 바나나 잎으로 싼 밥과 반찬 그리고 과일을 사는 발리인을 만날 수 있다. 관광객이 새벽잠의 달콤함을 포기한다면 맛좋고 신선한 열대과일과 진짜 발리인의 일상 음식을 매우 저렴한 가격으로 살 수 있는 곳이다.

여성들이 하루에 몇 차례 차낭canang이라는 제물을 사원에 올리는 의례도 눈여겨볼 만하다. 이른 아침 농사일을 시작하기 전이나 일하는 상점에서 정성스럽게 차낭을 올리는 사람들의 모습에서 노동을 대하는 경건한 마음을 확인할 수 있다.

우붓에서 한낮의 더위를 식혀줄 공간은 지역 곳곳에 위치한 갤러리다. 앞서 소개한 유명 미술관에서 발리 르네상스 시대를 열었

아침식사를 판매하는 노점(위).
논 인근 제단에 올려진 차낭(아래).

세계문화유산으로 등재된 발리의 수박.

던 그림과 조형물을 만나는 것도 하나의 방법이다. 우붓 곳곳에 위치한 아마추어와 프로의 경계를 넘나드는 작가들의 작품을 만나고 이들과 대화를 나누는 시간은 또 다른 즐거움을 선사할 것이다. 그림을 직접 그려보거나 목공예품을 만들어봄으로써 우붓이 선사한 예술적 영감을 직접 경험할 수 있다. 여건이 된다면 마음에 드는 그림을 구매해 우붓에서의 추억을 집으로 가져갈 수 있다.

우붓이 관광지로 발전하면서 과거의 정취가 사라졌다고 아쉬워하는 사람들이 있다. 실제로 우붓 왕궁, 원숭이 사원 그리고 우붓의 초입은 교통체증이 심각하다. 그럼에도 우붓은 여전히 관광객들에게 다양한 매력을 안겨준다. 예술로 인해 탄생하고 발전한 도시라는 역사성과 이미지는 여행자의 호기심을 자극하고 만족감을 높여준다. 특히 우붓에서 살아가는 사람들의 삶을 천천히 바라보고 함께 경험한다면 '진짜 우붓'이 가진 독특한 매력을 느낄 수 있을 것이다.

우붓의 과거와 현재를 소개하는 데 치중하다 보니 인근의 자연과 사람들이 만들어내는 다채로운 풍경을 소개하지 못했다. 우붓에서 대략 30분에서 1시간 정도 이동하면 해발 3000미터에 이르는 화산과 칼데라호를 만날 수 있고, 그 인근에서 열대 날씨와 조금은 이질적인 온천을 체험할 수 있다. 또한 발리인의 삶의 지혜를 보여주는 계단식 논 수박Subak의 풍경은 주변의 열대우림과 함께 신비로운 풍경을 선사한다.

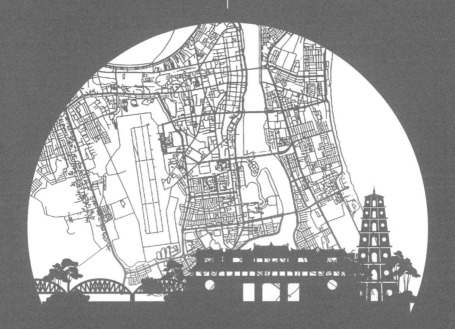

# 다낭,
# 오랜 역사를 품은 베트남 중부 최대의 도시

하정민

베트남 중부의 해안 도시 다낭은 아름다운 모래 해변과 현대적인 인프라를 갖춘 최고의 휴양지로 주목받고 있다. 멀지 않은 곳에 호이안, 미선 유적지, 후에 등 풍부한 문화유산이 위치하기도 해서 동남아시아에서 가장 주목받는 관광도시 중 하나다. 다낭은 베트남 전쟁 당시 미군과 남베트남군의 중요한 군사기지로 활용되었고, 베트남에 파병된 한국군이 많이 투입되었던 곳이기도 하다.

　하지만 다낭을 단순히 최근 개발된 관광지 또는 베트남 전쟁의 격전지로만 이해한다면 이 도시의 아주 일부분만 보는 것이다. 남북으로 기다란 영토를 가진 베트남의 중부 지역에 위치한 다낭은 현재 베트남 중부 최대의 상업 도시이자 중부 유일의 직할시다. 베트남에는 행정구역 단위로 성省과 동등한 지위를 갖는 중앙직할시가 5개 있는데, 그중 하나인 것이다. 다낭이 중부 최대의 도시가 된 것은 지정학적 위치와 관계가 깊다. 베트남 중부 해안가에 위치해 남중국해와 맞닿아 있어서 항구 도시로 발전하기에 최적의 요건을 갖추었다. 국도 1호선과 남북 철도가 지나는 곳에 위치한 교통 중심지이며, 현대적인 도시 인프라를 잘 갖춘 상업 및 산업의 중심지다.

다낭은 역사가 매우 짧은 도시로 오해받을 수 있다. 다낭이 역사에 이름을 드러내는 시기를 19세기로 보기 때문에 생긴 오해다. 응우옌 왕조(1802~1945)의 민망 황제(재위 1820~1841)는 외국 선박들에 대해 예전에 무역항으로 유명했던 투본강 유역의 도시 호이안 대신에 다낭에서만 무역할 수 있도록 하는 정책을 폈다. 이후 프랑스 식민정부(1853~1945)가 본격적으로 다낭을 항구 도시로 개발하면서, 다낭은 호이안을 대신하는 상업 중심지로 변모했다. 다낭은 프랑스 식민지 항구로 유명했으며 유럽인들에게 무역하기 좋은 도시로 꼽혔다. 베트남 전쟁 시기(1955~1975)에는 다낭에 미군 공군기지와 해병대 사령부가 들어서면서 중요한 거점 도시로 빠르게 성장했다.

사후인문화박물관 전경.
베트남 꽝남성 호이안에 있다. 베트남 중부의 철기문화인
사후인 문화의 발굴품들을 전시하고 있다.
ⓒ 위키미디어 커먼즈

하지만 다낭의 역사는 훨씬 오래전인 기원전 2세기부터 15세기까지 베트남 중부와 남부를 지배했던 강력한 해양 국가 참파 왕국으로 거슬러 올라간다. 참파 왕국은 참족이 세운 나라로 이 시기부터 다낭은 동서무역의 활발한 교역로이자 상업의 중심 도시로 발달했다. 참족의 흔적은 현재 도시의 이름에서도 나타난다. 다낭은 참족의 언어로 '다낙Da Nak'(큰 강의 입구)에서 유래했다. 즉 큰 강의 입구에 위치해, 동쪽의 남중국해와 만나는 도시를 의미한다. 여기서 큰 강이란 다낭 시내를 관통하는 한강汗江이다. 서울의 한강과 이름이 같지만, 한자는 다르다. 서울의 한강은 동서로 흐르지만, 다낭의 한강은 남북으로 관통한다. 다낭 한강의 동쪽은 해안가이고, 서쪽으로는 시가지가 펼쳐져 있다.

다낭이라는 도시를 잘 이해하기 위해서 우리는 프랑스 점령기와 그 이후에 이 도시에서 펼쳐진 이야기를 하기에 앞서, 참족이 세운 나라인 참파 왕국과 그 문화, 특히 그들의 주요 종교인 힌두교와 관련된 유적들을 살펴볼 필요가 있다.

## 고대 문명과 참파 왕국

고고학적 근거에 따르면 다낭 지역에는 참파 왕국 이전인 수천 년 전부터 이미 다양한 집단의 사람들이 거주했다. 그중 대표적인 고대 문화가 사후인Sa Huynh(약 기원전 500~기원후 100) 문화다. 사후인 문화를 나타내는 많은 유물이 베트남 중부의 꽝빈성에서 남쪽으로 꽝응아이성까지 해안을 따라 넓은 지역에 분포한다. 사후인 문화는 해안에 위치한 지리적 특징 때문에 항구 도시로 발전했다. 이 지역에서 발견된 유물들을 보면 해로를 통해 인도와 중국, 동남아시아 해상 국가들과 활발히 교류했음을 알 수 있다. 다낭에서 가까운 역사문화 도시인 호이안에 사후인문화박물관이 있다. 1994년에 설립된 이 박물관에는 토기, 청동 검, 철제 도구 등 사후인 문화의 특징을 잘 보여주는 200여 점의 유물이 전시되어 있다.

사후인 문화는 참파 왕국보다 훨씬 앞선 문명으로 호이안이 무역항으로 성장하기 이전의 고대 역사를 보여준다. 사후인 문화를 주도했던 사람들은 참족의 선조로 알려져 있다. 이들은 2세기 말 참파 왕국을 세웠다. 참파 왕국을 세운 참족의 기원은 신화와 전설에 싸여 있지만, 말레이폴리네시아 계통의 어족이고 오늘날 보르네오를 비롯한 동남아시아의 다른 지역에서 베트남으로 이주해온 것으로 추정된다.

참파 왕국은 15세기까지 베트남 중부와 남부의 대부분을 지배한 강력한 해양 국가였다. 중국, 동남아시아, 그리고 인도를 연결하는 해상교역로에서 전략적인 위치를 차지함으로써 세력을 키웠다. 바닷길을 통해 이동한 물자들을 거래하기에 이상적인 항구 도시였던 다낭은 이 시기 무역과 상업의 중심지였다. 참파 왕국은 수 세기에 걸쳐 북쪽의 베트남(다이비엣大越)과 서쪽의 앙코르 왕조를 포함한 이웃 왕국들과 세력다툼을 벌였다.

12세기에 참파 왕국은 동남아시아의 강국이었던 캄보디아의 앙코르 왕조와 경쟁을 벌일 만큼 강력한 왕국이었다. 당시 캄보디아 앙코르 왕국에서 앙코르 와트를 건립한 수리야바르만 2세(재위 1113~1150)의 사후 혼란기였던 1177년경에 앙코르 왕조를 기습하여 점령하기에 이르렀다. 이후 앙코르 왕국의 자야바르만 7세(재위 1181~1220)가 세력을 모아 참족을 물리치며 다시 영토를 되찾았다. 이후 100년간 참족은 앙코르 왕국의 보복전쟁을 치러야 했고, 역으로 앙코르 왕조의 지배를 받았다. 1220년이 되어서야 앙코르 왕국으로부터 독립했다.

캄보디아 앙코르 유적의 앙코르 톰은 자야바르만 7세가 재건한 신도시다. 중앙에 위치한 바욘 사원에 새겨진 부조 중에 투구를 쓰고 앙코르 왕조를 침입한 참족이 생생하게 묘사되어 있다. 참족이 머리에 쓴 투구는 앙코르 유적군에서 묘사된 악신 아수라와 같은 모습으로 표현되었다. 반면 앙코르 왕국의 크메르인들은 선신 데바와 같은 모습으로 표현되었다. 크메르인의 시각에서 침략자인 참족을 묘사한 것이기 때문에 참족을 아수라와 동일시하며 크메르인의 우월함을 보여주기 위한 비유다. 참족을 물리치는 앙코르 군대의 모습을 바욘 사원 벽면에 새긴 것은 자야바르만 7세가 참족을 몰아내고 나라를 되찾은 자신의 업적을 기념하기 위한 것이기도 하다.

참파 왕국은 이후 지속된 전쟁으로 인해 세력이 약화되었고 15세기경 베트남의 영토로 편입되었다. 참파 왕국은 이후에도 베트남 중남부에서 규모는 작지만 독자적인 세력을 유지하다가 응우옌 왕조의 민망 황제(재위 1820~1841)에 의해 최종적으로 합병되었다. 참족은 이 부근에 계속 존재했지만 시간이 흐르면서 베트남 사회에 동화되었다. 소수민족으로 캄보디아에 거주하던 참족도 있었는

투구를 쓴 참족을 물리치는 앙코르 군대.
캄보디아 앙코르 유적의 바욘 사원 벽면에 새겨진 부조. 화면 중앙에 앙코르 왕국의 장수가
투구를 쓴 참족을 물리치는 모습이 묘사되어 있다.
ⓒ 위키미디어 커먼즈

데, 1970년대 크메르 루주 정권에 의해 몰살당하는 비극을 겪었다.

참파 왕국은 해상 교류를 통해 일찍부터 인도의 문화와 종교를 받아들였고, 2~3세기부터 힌두교 문화를 발전시켰다. 참파 왕국의 문화유산은 그들이 세운 힌두교 사원 건축과 조각에 잘 남아 있다. 일부는 오늘날까지 전해지는데 주로 다낭과 그 주변 지역에 위치한다. 참파 왕국이 건립한 힌두교 사원 중 가장 잘 알려진 것이 바로 유네스코 세계문화유산으로도 등재된 미선 유적이다.


## 참파 왕국의 힌두교 문화를
## 느낄 수 있는 곳, 미선 유적


미선 유적은 다낭에서 남서쪽으로 약 69킬로미터 거리에 있다. 이 사원과 성소 유적군은 주로 4세기에서 14세기 사이에 지어졌다. 미선 유적은 인도와 동남아시아의 문화적 교류를 잘 보여줄 뿐만 아니라, 베트남 중남부 지역에서 오랜 기간 번영했던 고대 참파 왕국의 역사와 문화를 이해하는 데에 매우 중요한 의의가 있음을 인정받아 1999년 유네스코 세계문화유산으로 지정되었다. 미선 유적지에 있는 대부분의 사원은 시바 신을 모신 힌두교 사원이다. 미선 유적은 참파 왕국의 힌두교 성지일 뿐만 아니라 왕실의 중요한 의식 및 국가 의례가 행해졌던 곳으로 알려졌다.

미선 유적에서는 석판에 새겨진 비문이 다수 발견되었다. 주로 인도에서 전해진 문자인 산스크리트어로 새겨졌다. 비문은 대체로

미선 유적 전경. 그룹 B, C, D.
ⓒ 위키미디어 커먼즈

왕 또는 고위직 권력자의 관점에서 기록되었으며 대부분 종교적이 거나 정치적인 내용이다. 즉 참파 왕국의 여러 왕이 미선의 힌두교 성지에 사원과 성소를 새로 짓도록 후원하고, 다수의 힌두교 신상 을 봉헌했다는 기록이다. 일부 비문에서는 참파 왕조의 계보를 자 세히 기록해 왕의 정통성과 왕과 신의 긴밀한 관계를 강조하고 있 다. 한 예로 미선 유적지에서 발견된, 가장 이른 시기에 새겨진 명문 에는 4세기경 참파의 왕 바드라바르만(재위 380~413)이 힌두교 시바 신의 화신化神인 바드레시바라 신을 숭배하기 위해 성소를 건립하 고 링가linga, 즉 시바 신의 상징인 남근 형태의 조각을 봉헌한다고 기록했다.

미선 유적에서 가장 유명한 비문은 657년에 새겨진 것으로 프라 카사다르마 왕(재위 653~687)이 시바 신을 위한 신전을 세웠음을 기 록했다. 이 명문은 참파 왕조의 계보를 자세히 서술하면서 참파 왕 의 선조를 푸난(扶南, Funan) 왕국의 신화와 연결하고 있어서 흥미롭 다. 푸난은 1~6세기에 메콩강 하류지역에서 번영했던 왕국으로, 동남아시아 최초의 힌두 왕국이다. 프라카사다르마 왕은 7세기 후 반에 참파 왕국을 통치하며 영토를 남북으로 크게 확장한 인물이 다. 미선 유적뿐만 아니라 인근의 다른 유적에서도 그가 남긴 비문 이 발견되어서 주목된다.

두 개의 산맥으로 둘러싸인 약 2킬로미터 너비의 계곡에 있는 미선 유적에는 약 71개의 사원이 세워졌으나, 현재는 20여 곳만 남 아 있다. 베트남 전쟁 당시 폭격으로 파괴된 사원이 많아서 전체적 으로 보존 상태가 썩 좋지는 않다. 대부분의 사원은 붉은 벽돌로 축

미선 유적 그룹 A 전경.
ⓒ 위키미디어 커먼즈

조되었다. 가장 안쪽의 성소에 시바 신의 상징인 링가를 모시고 있는 전형적인 힌두교 사원 구조다. 성소 내부와 벽면에는 힌두교의 여러 신상과 장식 모티프가 매우 섬세하게 조각되어 있다. 사원과 탑의 위치 및 건축 양식에 따라 여러 그룹으로 분류된다.

미선 유적 각 그룹의 사원들은 참족이 수 세기에 걸쳐 발전시킨 독특한 건축 및 미술 양식을 보여준다. 미선 유적은 참파 왕국이 멸망한 뒤 오랫동안 정글 속에 묻혀 있다가 19세기 후반 프랑스 고고학자들에게 재발견되었다. 프랑스 학자들은 1937년 미선의 사원군을 본격적으로 복원하기 시작해 중심 사원군으로 알려진 A그룹에서 가장 중요한 A1 사원을 복원했다. A1 사원에서는 비문이 발견되어 특히 주목을 끌었다. 삼부바르만 왕(재위 572~629)이 이 사원을 건립하고 삼부-바드레시바라 신을 봉안한다는 내용이었다. 비문에 따르면 삼부-바드레시바라는 세상의 창조자이자 악의 파괴자라고 한다. 삼부바르만 왕이 세운 삼부-바드레시바라 사원이 바로 유적 내의 A1 사원이라고 보고 있는데, 안타깝게도 1969년에 폭격을 받아 완전히 파괴되었다.

A1 사원뿐만 아니라 미선 유적의 상당히 많은 사원이 베트남 전쟁 때 미군의 폭격으로 무너졌다. 당시 이 부근 정글에 북베트남군의 야전사령부가 있었기 때문에 미군 항공기의 폭격을 많이 받았다. 하지만 전쟁이 끝난 후에 남아 있는 구조물들을 보존하고 복원하기 위한 노력이 꾸준히 이루어졌다. 특히 1999년 세계문화유산으로 지정된 후에는 유네스코와 이탈리아, 프랑스, 일본 등의 협력과 지원으로 꾸준히 발굴조사와 복원이 이루어지고 있다. 덕분에

다낭의 참조각박물관의 초기 모습(위).
입구 좌측에는 "프랑스 국립극동연구원(École Française d'Extrême–Orient)",
입구 우측에는 "참 고대 조각 섹션(Section Des Antiquités Chames)"이라고 적혀 있다.
ⓒ 위키미디어 커먼즈

다낭의 참조각박물관 전시실(아래).
미선 유적 E1 사원 내부에 있던 제단을 복원해놓았다.
단 위에 시바 신의 아들, 사람의 몸에 코끼리 머리를 한 가네샤 신상이 보인다.
ⓒ 위키미디어 커먼즈

이곳을 방문하면 잘 정비되어 있는 유적을 볼 수 있으며 참족의 고대 문화와 예술을 감상할 수 있다. 유적지 입구 부근에는 일본의 지원을 받아 2005년에 건립된 미선박물관이 있다. 그룹별 유적의 배치와 출토 유물에 대한 간략한 설명도 제공하고 있다.

참파의 미술문화에 관심이 많다면 미선 유적지 외에, 다낭 시내에 위치한 참조각박물관을 꼭 들러보기 바란다. 이 박물관은 미선 유적지 현장에 있는 박물관보다 훨씬 큰 규모이며, 세계에서 가장 큰 참 조각 컬렉션을 보유하고 있다. 19세기 말 프랑스 고고학자들과 프랑스 국립극동연구원(EFEO)의 주도로 미선 유적지 및 여러 참파 유적에서 출토된 석조 조각들이다. 이들 중 일부는 파리의 기메미술관, 하노이와 호찌민의 역사박물관으로 보내졌으나, 대부분은 다낭의 참조각박물관에 소장되어 있다.

다낭 시내 한강 변에 위치한 이 박물관은 1915년에 건설되어 1919년에 문을 열었다. 프랑스 극동연구원의 앙리 파르망티에Henri Parmentier가 미선 유적에서 발굴된 유물들을 보존하기 위해 처음 제안했고, 프랑스의 건축가 들라발M. Deleval과 오클레어M. Auclair가 설계했다. 건물 자체도 참파와 프랑스 식민지 건축의 독특한 요소가 결합된 근대 문화유산이다. 1910년대 프랑스에서 유행한 신고전주의 건축 양식을 바탕으로 기둥에 연꽃 모티프를 활용하는 등 참파 힌두교 사원의 건축 요소를 가미했다. 프랑스인들이 식민지 토착문화를 융합한 건축 양식으로 건물을 짓고자 했던 의도를 짐작할 수 있다.

이후 박물관은 두 차례 크게 확장되었다. 1936년 짜끼우에서 참파 왕국의 유물이 대량 발굴되면서 지금의 규모로 확장되었다. 이제 이곳에서 미션 유적뿐만 아니라 짜끼우, 동즈엉 등 참파 왕국의 여러 유적지에서 발견된 참족의 건축과 조각을 감상할 수 있게 된 것이다. 2002년에 박물관은 2층으로 증축되어 지금의 모습을 갖추었다. 새 건물에는 전시 공간뿐만 아니라 수장고, 도서관, 보존과학실, 사무실 등이 들어서 있다.

## 프랑스 점령기: 코친차이나의 투란, 본격적인 항구 도시로 발전하다

유럽 상인들이 다낭을 방문하기 시작한 것은 16세기 무렵이다. 하지만 당시 중요한 항구는 호이안이었다. 다낭에서 30킬로미터 떨어진 호이안은 15세기부터 17세기까지 국제 무역의 중심지였다. 유럽인들은 15세기 지리적 발견 이후 아시아를 무역권에 포함시켰고, 포르투갈·네덜란드·영국·프랑스 등 여러 나라의 선박들이 호이안을 방문했다. 중국과 일본 상인들의 왕래도 빈번했다. 그러다가 1835년 응우옌 왕조의 민망 황제가 내린 칙령에 따라 유럽 선박들은 다낭을 제외하고는 상륙하거나 무역을 하는 것이 금지되었다. 이후 다낭은 빠르게 호이안을 대체하면서 베트남 중부 지역에서 가장 큰 무역 항구로 발전하게 되었다.

하지만 다낭 지역은 곧 프랑스의 식민지배를 받게 된다. 프랑스는 19세기 중반 베트남을 침략했고 거의 100년 동안 베트남을 식민통치했다. 1847년 세실 장군이 파견한 프랑스 선박이 다낭을 폭격한 사건이 식민통치의 단초가 되었다. 그해 로마 가톨릭 선교사를 박해한 사건에 대한 보복 차원이었다. 당시 스페인 출신 신부가 베트남에서 순교한 사건을 계기로 나폴레옹 3세는 베트남에 전쟁을 선포했던 것이다. 1858년 프랑스 군대가 베트남을 공격해 다낭을 점령했다. 사실 박해는 침략의 명분이었을 뿐 단순히 가톨릭 탄압 때문에 베트남을 공격한 것은 아니었다. 프랑스가 베트남을 정복하는 과정에서 제일 먼저 다낭을 공격한 것은 다낭이 전략적 요충지임을 인식했기 때문이다. 중국으로 진입하기 위해 프랑스는 베트남에 교두보를 확보할 필요가 있었다. 베트남에서 세력을 넓힌 프랑스는 베트남 북부를 제외한 지역을 '코친차이나Cochinchina'라는 이름으로 직접 지배했다.

이때부터 프랑스의 식민지배가 끝날 때까지 다낭은 프랑스어로 '투란Tourane'이라고 불렸다. 프랑스 식민정부는 다낭의 전략적 위치와 해상무역의 잠재력을 인식해 항구로서의 인프라 개발에 힘을 기울였다. 그리하여 1879년부터 1883년에 걸쳐 현대식 항만 시설을 갖춘 투란 항구가 건설되었다. 화물을 더 쉽게 선적하고 하역할 수 있게 했고, 세관을 설치해 국제 무역을 장려했다. 다낭 항구를 통해 베트남의 쌀, 커피, 고무, 석탄 및 광물이 수출되었고, 포도주·양주 등 유럽의 제품과 공산품, 철강·기계와 같은 산업 자재가 수입되었다.

# 도시 기반시설의 확충,
## 도로와 한강의 교각

다낭은 프랑스 식민지 시대에 본격적인 항구 도시로 발전했으나, 항구뿐 아니라 도로와 철도 등의 도시 기반시설을 갖추게 됨에 따라 상업과 경제, 행정 중심지로도 발전했다. 프랑스 식민정부는 다낭과 베트남의 여러 지역을 연결하는 철도를 건설했다. 1936년에 남북으로 연결된 철도가 완공되면서 다른 대도시로의 접근성이 향상되었고, 선박으로 들어온 화물을 다른 지역으로 운송하는 것도 수월해졌다.

교통망도 확장되었다. 기존 도로를 확장하고 잘 포장된 넓은 도로를 건설했다. 이러한 광범위한 교통 인프라를 통해 다낭과 다른 주요 경제 중심지들과의 교통 및 상업이 용이해졌다. 19세기 말에서 20세기 초에 다낭 시내 도로와 거리가 도시 계획에 따라 정비되었다. 이 시기에 개발된 거리 중 하나가 바흐당 거리다. 다낭 시내를 남북으로 관통하는 한강의 서쪽에 정비된 강변도로다. 이 거리는 한강의 거의 최북단부터 남쪽으로 이어져 있으며, 주요 행정 및 문화 시설이 이 거리를 따라 들어서며 다낭의 중심지가 되었다. 앞서 언급한 프랑스 식민지 시대에 바흐당 거리를 따라 강변 철도가 설치되었고 기차역이 들어서기도 했다. 바흐당 거리를 거닐다 보면 한강과 교량, 다낭시의 멋진 전경을 한눈에 볼 수 있을 뿐 아니라 이 거리를 따라 지어진 역사적 건물과 장소들을 만날 수 있다. 오늘날에도 바흐당 거리는 호텔, 레스토랑, 쇼핑센터, 시장 등이 위치해 많은 현지인과 관광객으로 붐빈다.

프랑스 식민정부는 한강을 사이에 두고 동서로 분리된 두 지역의 교통과 운송의 효율성을 높이기 위해 다리를 놓아야 할 필요성을 인식했다. 이에 따라 시내 중심과 도시의 동쪽을 연결하는 한강 교량이 설치되었다. 1929년에 공사가 시작되어 1930년에 완공, 개통된 이 최초의 한강 다리는 당시 다낭을 부르던 프랑스 이름을 따서 퐁 드 투란Pont de Tourane, 즉 '투란의 다리'라고 불렸다. 아쉽게도 이 교량은 베트남 전쟁 때 폭격으로 파괴되어 지금은 그 모습을 볼 수 없다.

투란의 다리는 없어졌지만, 베트남 중부의 후에와 북부의 하노이에는 프랑스 식민지 시대에 건설된 다리가 오늘날까지 전해진다. 먼저 다낭에서 북쪽으로 멀지 않은 베트남 중부의 도시 후에의 흐엉강에 놓인 쯔엉띠엔 다리를 들 수 있다. 이 다리는 프랑스 식민지 시대에 건설되어 후에에서 가장 오래된 다리로 그 역사적, 문화적 의미

베트남 하노이 홍강 위에 놓인 롱비엔 다리. 1902년 완공.
ⓒ 위키미디어 커먼즈

가 깊다. 당시 프랑스 엔지니어링 회사에서 설계하여 1899년 착공, 1900년에 개통되었다. 약 403미터 길이로 격자 모양의 철골 구조가 특징이다. 1904년 태풍으로 인해, 그리고 1946년 베트남–프랑스 간의 전투 및 1968년 베트남 전쟁으로 인해 이 다리는 크게 파손되었다. 파손 후에 여러 차례 재건되었고, 1990년대 전반 대대적인 보수 공사를 거쳤으나 본래의 모습을 잘 간직하고 있다.

다음으로 하노이의 홍강에 놓인 롱비엔 다리는 1899년에 착공하여 1902년에 완공, 1903년에 개통된 유서 깊은 다리다. 롱비엔 다리 역시 격자 모양의 철골 구조로 되어 있다. 이러한 독특한 외관은 파리의 에펠탑과 유사하여 에펠탑을 설계한 프랑스 공학자 귀스타브 에펠이 설계한 것으로 오해받기도 했다. 그러나 이 다리를 설계한 이들은 프랑스의 다른 건축가들이다. 이 다리는 북베트남이 독립하기 전에는 프랑스령 인도차이나 총독이자 당시 프랑스 대통령이었던 폴 두메르(1857~1932)의 이름을 따서 '폴 두메르 다리'라고 불렸다. 베트남 전쟁 때 폭격을 받아 원래 구조는 절반 정도만 남아 있다. 쯔엉띠엔 다리와 롱비엔 다리가 각각 후에와 하노이의 랜드마크가 된 데 반해, 투란의 다리는 남아 있지 않아서 매우 안타깝다. 투란의 다리는 쯔엉띠엔 다리나 롱비엔 다리보다 약 30년 후에 지어졌는데, 유사한 건축 구조 및 양식이었을 것으로 짐작된다.

위에서 본 바와 같이 프랑스 식민지 시대의 다낭에는 항구, 철도, 도로 등 도시의 기반시설이 잘 닦여 있었다. 이러한 기반시설은 다낭을 이웃 지역과 연결하고 무역을 촉진하고 군사작전을 지원하는 데 매우 중요한 역할을 하며 도시의 성장과 발전을 이끌었다. 다낭은 프랑스 식민지 기간 동안 급속도로 발전해 외국인들에게 최적의 무역 도시가 되었고, 프랑스 식민지의 행정·무역·경제·군사 작전의 중심지가 되었다. 한편 1940년대에는 민간 공항인 다낭 공항이 건설되어 편의를 제공했다. 다낭 공항은 2차 세계대전과 일본이 프랑스령 인도차이나를 점령하는 동안에는 공군기지로 사용되었다.

## 도시 경관의 변화, 프랑스식 건축물

새로 지어진 항구, 철도, 도로, 다리와 함께 도시 경관을 크게 변화시킨 것은 이 시기에 지어진 건축물들이다. 관공서, 호텔, 학교, 병원, 성당, 주택 등이 건설되었다. 대부분의 프랑스 식민지 건축물은 1900년부터 1920년 사이에 활발히 지어졌다. 다낭의 도시 중심, 특히 강변을 중심으로 중요한 건축물들이 세워졌다. 많은 건축물이 프랑스 및 유럽 양식으로 지어져 도시의 경관을 바꾸었다.

그중에 가장 눈에 띄는 것은 다낭 대성당이다. 프랑스 식민지 시절 다낭에 유일하게 지어진 가톨릭 성당이다. 공식 명칭은 예수 성심 대성당으로, 1923년에 건축이 시작되어 1924년에 완공되었다. 프랑스의 영향을 받은 중세풍의 네오고딕 양식으로 지어졌으며, 중앙의 뾰족한 첨탑, 중앙의 정문과 좌우 2개씩의 보조 문이 특징이다. 핑크색 사암으로 외관을 장식해 핑크 교회라고도 불린다. 첨

다낭 대성당.
1924년에 완공되었으며, 수탉 성당 또는 핑크 교회로 불리기도 한다.

탑 꼭대기에 수탉 모양의 풍향계가 있어서 현지인들은 '수탉 성당'을 뜻하는 '냐터 꼰가'라고 부르기도 한다. 첨탑의 높이는 약 70미터로 상당히 높지만, 다른 대성당에 비해 규모가 그리 큰 편은 아니다. 그래도 다낭 지역을 관할하는 주교가 상주하고 있어서 대성당으로 불린다. 내부에는 높은 아치형 천장이 있고, 매우 정교하고 화려한 스테인드글라스로 창문을 장식했다. 베트남의 최초 순교자인 프억 앙레 푸옌(1625~1644) 신부의 모습이 스테인드글라스에 새겨져 있다. 1643년에 전도사가 되어 1644년에 체포되었으나, 끝까지 신앙을 포기하지 않고 열아홉 살의 나이에 순교한 인물이다.

다낭 대성당은 다낭 인근에 거주하는 프랑스인과 가톨릭 신도들을 위한 예배 장소로 지어졌다. 그리고 가톨릭 공동체에 매우 중요한 종교적 상징이 되었다. 대성당은 다낭 지역에서 발생한 격렬한 폭격과 전투에도 불구하고 다행히 큰 피해를 입지 않았고 본래 모습을 잘 간직하고 있다. 오늘날에도 미사가 집전되고 있다. 이 대성당은 프랑스 식민 시대의 역사적·건축적·종교적 유산으로 다낭의 랜드마크가 되었다.

이 아름다운 성당을 설계한 사람은 프랑스 신부이자 건축가인 루이 발레(Louis Vallet(1869~1945)다. 발레는 1922년 다낭의 교구 사제로 임명되었으며, 1927년에 다낭을 떠나 나짱 교구를 이끌게 되었다. 새로운 부임지에서도 대성당을 설계해 1928년에 완성했다. 12미터 높이의 바위 언덕을 평평하게 하는 기초 공사에 어려움이 있었지만, 신고딕 양식의 첨탑이 있는 외관과 화려한 스테인드글라스로 장식된 내부가 어우러져 매우 웅장하고 아름답다. 그는 이곳 교구

다낭 바나힐의 테마공원.
프랑스 스타일 건물들이 들어선 마을 모습.
ⓒ 위키미디어 커먼즈

민들에게 헌신하다가 1945년에 숨을 거두었고 이 성당에 묻혔다.

식민지 시절 프랑스인들이 지은 건물이 집중적으로 들어선 곳 중에 다낭 서쪽 내륙 고원에 개발된 바나힐이 있다. 바나힐은 1919년 프랑스인들이 해발 1500미터의 고원에 건설한 힐스테이션이다. 힐스테이션은 고원에 건설된 여름 피서지 개념의 도시다. 프랑스 관료들은 베트남의 여름 무더위를 견디기 어려워했고, 그래서 더위를 피할 수 있고 공기도 깨끗한 고원을 찾아서 새로운 소규모 도시를 건설했다. 베트남 북부 지역의 사파, 중남부 지역의 달랏도 프랑스인들이 고온다습한 여름을 극복하기 위해 건설한 고산 지역 휴양지였다. 다낭은 4~7월에 기온이 섭씨 30도가 넘지만 바나힐은 여름에도 매우 선선하고 20도를 넘지 않는 날이 많다. 지대가 높아서 주변 경관도 잘 내려다보인다. 동쪽의 바다와 주변의 산을 비롯한 아름다운 경관을 모두 조망할 수 있다. 프랑스인들이 여름철에 장기간 머물렀기 때문에 숙박시설 외에 성당과 같은 종교시설 등 생활에 필요한 여러 시설을 갖추고 있었다.

바나힐은 1954년 베트남의 독립 선언 이후 찾는 사람이 없어 방치되었다가 1998년부터 베트남 정부의 승인하에 관광지로 개발되기 시작했다. 1919년에 프랑스인의 피서지로 개발된 만큼, 바나힐을 현대적인 관광지로 개발하면서도 프랑스 건축과 디자인 요소를 적극 활용해 유럽의 고성과 프랑스의 소도시를 연상시키며 유럽 분위기가 물씬 풍긴다. 테마파크, 놀이공원, 밀랍인형박물관 등 다양한 오락시설이 있어서 다낭에 가면 꼭 방문해야 할 필수 코스가 되었다.

아쉬운 점은 바나힐이 관광 시설로 개발된 후, 프랑스 식민지 시대에 지어진 건축물을 찾아보기 어렵다는 것이다. 이런 상황에서 식민지 시대의 모습을 간직한 장소가 있어서 주목된다. 바로 디베이 포도주 저장고다. 1923년에 프랑스인들이 지어 포도주 저장고로 사용했다. 산을 파서 약 100미터 길이의 동굴을 만들고, 아치형 천장에 두꺼운 돌로 벽을 만드는 등 유럽의 포도주 저장고와 유사한 방식으로 지어졌다. 수차례 전쟁을 겪으면서 많이 훼손되었으나 보수 작업을 거쳐 오늘날의 모습이 되었다. 지금도 포도주를 숙성시키기 위해 내부 온도를 일정하게 유지하고 있으며, 포도주를 담은 오크통도 보관되어 있다. 바나힐을 찾는 사람들에게 프랑스 식민지 시대의 유적은 과거를 엿볼 수 있는 기회를 제공해준다. 포도주 저장고도 그중 한 장소이다.

이외에도 다낭에는 프랑스 식민지 시대에 지어진 건물이 여럿 남아 있다. 일부는 현대식으로 보수·증축되었지만 여전히 역사적, 건축적으로 중요한 의미가 있다. 이러한 건축물은 식민지 시대에 대한 좋지 않은 기억을 떠올리게 하기도 하지만, 동시에 문화관광 자원으로 활용할 수 있다는 장점도 지닌다. 다낭이라는 도시가 지속적으로 성장의 길을 걷고 있기 때문에, 도시 발전이라는 가치와 건축 유산의 보존이라는 가치가 대립하고 있다.

# 베트남 전쟁과 그 이후

1945년 당시 명목상의 황제였던 응우옌 왕조의 바오다이 황제(재위 1926~1945)는 독립을 선언했다. 그러나 곧 북베트남의 호찌민이 이끄는 공산당 정권에 의해 폐위되었다. 남베트남에서 별도의 독립 정부가 수립되면서 베트남 전쟁이 20여 년간 지속되었다. 1961년 미국이 참전하면서 복잡한 양상으로 전개되었던 베트남 전쟁은 1975년 소련과 중국의 지원을 받은 북부 공산주의 베트남의 승리로 막을 내렸다.

다낭은 베트남 전쟁 당시 미군의 최대 군사기지로, 남베트남군과 미군의 주요 공군기지이자 물류 중심지로서 중요한 역할을 했다. 먼저 다낭은 베트남, 라오스, 캄보디아 전역에서 폭격 및 군사작전을 펼치기 위한 전략을 짰던 동남아시아 최대의 공군기지였다. 군사기지로서 전략적인 중요성 외에도, 다낭은 전쟁에 필요한 여러 장비의 공급과 물자 운송의 중심지였다.

또 항구 도시의 이점을 살려 여러 나라의 물자와 병력을 들여오는 데 활용되었다. 이 시기 다낭은 심수항深水港으로 거듭났다. 미군은 직접 물자를 공급받기 위해 1966년 다낭항의 깊이와 크기를 더욱 확장하고 화물 취급 장비와 시설을 확충했다. 이후 다낭항은 미국 서해안과 다낭을 오가는 대형 컨테이너선의 화물을 원활하게 처리할 수 있게 되었다.

다낭의 해안은 이 지역에 주둔했던 미군이 휴식을 취하는 곳이기도 했다. 우리나라에서 파견한 군인들도 이 부근에 많이 배치되었다. 한국의 십자성부대가 다낭 지역에 1966년부터 1972년까지 주둔했고, 인근의 호이안에 청룡부대가 1968년부터 1972년까지 주둔했다. 남베트남이 패배한 후에는 프랑스 식민 시절의 군인, 관료, 정치인, 상인 등 수많은 남베트남 사람들이 나라를 떠났다. 이들이 바로 보트피플 난민들로 약 100만 명에 이를 정도였다. 이때 다낭은 이들의 주요 해상 탈출로였다.

베트남 전쟁은 다낭에도 막대한 피해를 입혔다. 전쟁 동안 심한 폭격을 받아 도시가 많이 파괴되었다. 다낭에 미군이 주둔하면서 군사시설 및 다른 기반시설을 위한 도로를 만드는 과정에서 많은 지역민들이 쫓겨났다. 인근의 미선 유적지와 호이안 등의 문화유산도 폭격으로 파괴되거나 심하게 훼손되었다.

1975년 베트남 전쟁이 끝난 후 다낭은 전쟁의 상흔이 심하게 남은 채 수년 동안 폐허 상태로 있었다. 도시를 복구하는 데에는 상당한 시간이 소요되었다. 1980년대 베트남 정부는 도로, 다리, 공공 건물 등의 기반시설을 재건하는 데 힘을 기울였다. 1980년대 중반 베트남 정부는 쇠락한 다낭의 경제를 빠르게 성장시키기 위해 외국인 투자를 장려하고 민간 기업을 유치하기 위한 경제개혁을 추진했다. 베트남 중부의 다낭이 대도시로 발전한 것은 베트남 정부가 균형 잡힌 국토 개발을 위해 펼친 경제정책에 힘입은 바 크다.

다낭은 도시 기반시설을 건설하고 역사적 건물을 복원해가며 빠르게 재건되었다. 여러 기반 시설이 정비되면서 다낭의 경제는 빠르게 성장했다. 베트남 전쟁 당시에 남베트남군과 미군의 공군기지로 활용되면서 공항, 고속도로, 통신망 등의 사회 기반시설이 잘

다낭 한강에 놓인 송한교(위).
형형색색의 조명이 멋진 야경을 선사한다.
ⓒ 위키미디어 커먼즈

다낭 한강에 세워진 롱교(아래).
ⓒ 위키미디어 커먼즈

구축되었던 점은 다낭의 재건과 경제성장에 큰 도움이 되었다. 1997년 다낭은 베트남의 네 번째 중앙직할시가 되었고, 명실상부한 중부 지역의 무역과 상업의 중심지가 되었다.

다낭은 1990년대 후반 인기 있는 관광지로 떠오르기 시작했다. 베트남 정부는 호텔, 리조트, 오락시설을 포함한 관광 인프라 구축에 힘썼고, 리조트 건설에 유럽 자본을 유치하기 위해 많은 노력을 기울였다. 그 결과 다낭에서 가장 아름다운 해안으로 유명한 미케 비치에는 유럽식 호텔과 리조트가 대거 들어섰다. 휴양과 관광을 즐기기에 최적의 환경을 제공해 세계 각지에서 온 관광객이 편안하게 머물 수 있게 해준다. 많은 관광객이 다낭을 찾으면서 관광 수입이 크게 늘고 도시 경제도 발전했다.

이후에도 다낭은 계속해서 성장해왔고, 지금도 성장하고 있다. 2000년대 들어 다낭에 많은 외국 회사가 공장을 설립해 전자·직물·신발 등을 생산하고 있다. 제조업의 확장에 힘입어 다낭의 경제는 또 한 차례 크게 성장했다. 이 시기 다낭은 새로운 국제공항, 심해 항구, 고속도로와 교량 건설, 새로운 철도 건설 등 도시 인프라 개발에 많은 투자를 해서 교통과 물류를 개선하고자 했다.

이 시기 한강에는 여러 교각이 설치되었다. 그중 다낭 시내 중심가를 관통하여 교통량이 가장 많은 송한교는 2000년에 개통되었다. 송한교의 특징은 수평으로 90도 회전하여 선박이 다리를 통과해 강을 따라 계속 항해할 수 있도록 설계되었다는 점이다. 다리 위에는 차량과 사람이 다니고 다리 아래로 선박이 통행할 수 있도록 한 것이다. 2013년에는 롱교와 쩐티리교가 완공되었다. 롱교에는 용 모양 조형물이 설치되어 있는데 하트 모양의 눈을 지녀 반전 매력을 뽐낸다.

베트남 정부의 적극적인 투자는 큰 효과를 보고 있고, 한강에 놓인 다리들은 다낭의 진보와 발전을 상징하는 랜드마크가 되었다. 밤에는 색색의 조명이 다리를 비추어 아름다운 야경을 선사한다. 특히 주말에는 용의 입에서 불을 내뿜는 불쇼를 구경하려는 시민과 관광객으로 매우 붐빈다.

오늘날 다낭은 경제와 관광 중심지로 눈부시게 성장했다. 전쟁의 상흔이 도시 곳곳에 여전히 남아 있지만, 다낭의 발전은 역경 극복의 상징이 되었다. 현재 다낭은 인구 120만 명의 도시로서 명실공히 베트남 중부 지역의 경제·상업·관광의 중심지다.

후에,
베트남 최후의 고도

김지혜

후에를 여행하게 된다면 향강香江(흐엉강)이 보이는 높은 숙소를 정하길 바란다. 아침 일찍 일어나 햇빛이 은은하게 비치는 흐엉강을 바라보면, 서울의 한강과는 다른 소박한 정취가 느껴진다. 이름에 걸맞게 향이 나는 듯한 착각이 들기도 한다. 조용히 흘러가는 흐엉 강을 배경으로 올드타운이 넘실거린다. 오토바이로 붐비는 노천카페와 식당에서는 느억맘 냄새와 진한 커피 향이 감돈다. 이 넉넉함은 누구나 감싸 안아줄 것만 같다.

그렇다고 후에가 단순히 베트남 중부의 순박한 시골 마을이라 생각하면 오산이다. 후에 사람들은 북부와 남부의 중심에서 고군분투한, 베트남의 마지막 왕조인 응우옌 왕조, 대남大南의 후예들이다. 후에 사람들은 마지막 왕조의 문화와 전통을 계승하고 있다는 긍지를 가지고 살아간다. 자부심의 근간인 후에 황성은 봉건시대의 유산이라는 이유로 두 번의 베트남 전쟁과 공산주의 정부가 들어선 이래로 오랜 기간 파괴된 채로 남아 있었다. 그러나 1993년 후에는 '후에 기념물 복합지구'라는 이름으로 베트남 최초로 유네스코 세계문화유산에 등재되면서 서서히 과거의 위용이 되살아나고 있는 중이다.

아직 후에에 대한 인지도는 그다지 높지 않다. 북부의 하노이에서는 700킬로미터, 남부의 호찌민에서는 1100킬로미터 떨어진 베트남 영토 중심부에 있어 접근성이 좋지 않기 때문이다. 그럼에도 불구하고 가지 않기에는 너무 매력적인 도시라 '가도 후회, 안 가도 후회하는 후에'라는 말이 있을 정도이다. 2017년 다낭 국제공항이 개통되어 가기 어려워 후회할 일은 없게 되었으니, 가서 즐길 거리만 찾아보면 되겠다.

## 베트남 최초, 최후의 통일왕조

후에는 뿌리에서부터 베트남 북부나 남부와는 확연하게 차이가 난다. 선사시대 북부의 '동선 문화'와 남부의 '사후인 문화'가 만나는 지점에 후에가 위치한다. 북부는 기원전 179년 한나라에 복속되었고, 중·남부는 기원전 200년경 당도한 이들에 의해 대체되었는데, 바로 참족이다. 기원후 192년 일남군 최남단에서 중국의 과세에 반대하는 반란이 일어난 후 현재의 후에를 포함한 독립된 중남부에 영토가 확립되었다. 이들은 중국에 의해 임읍林邑이라 칭해졌다. 938년 북부에 대월大越이 건국된 후 북부의 비엣족과 남부의 참족 사이의 국경 분쟁은 끊임없이 이어졌다.

여기에 결정적인 타격을 준 것이 13세기 몽골의 출현이다. 몽골이 북부의 대월과 남부의 참파를 침략하며 동맹을 맺게 되었고, 참파는 대월에 현재의 후에가 속한 오O와 리Ly를 북부에 양도하게 되었다. 이는 순주順州와 화주化州의 2개 행정구역으로 개편되었으며, 화주의 한자음인 호아Hóa가 변해 후에Huế가 되었다고 전해진다. 다른 한편으로는 참파 왕 자야 심하바르만 3세(재위 1288~1307)가 북부의 공주 쩐 후이엔을 얻기 위해 대월에 후에를 선물했다고 전해지기도 한다. 어느 쪽이 되었든 북부의 비엣족과 남부의 참족 간 수세기에 걸친 불화를 해결하려는 시도였을 것이다. 그러나 이 지역은 1400년경 북부 쩐 왕조의 붕괴, 단명한 호 왕조의 약화, 중국 명 왕조에 의한 베트남 북부 재점령(1418~1428)으로 인해 다루기 힘든 영토로 남아 있었다.

갈라진 남북을 통일한 인물이 바로 응우옌푹아인阮福暎이다. 후기 레 왕조 시기(1533~1788) 실권은 찐鄭 가문에 있었다. 찐 가문을 피해 응우옌호앙阮潢은 1558년에 1000여 명을 이끌고 후에 지역에 정착해 찐 가문과 150여 년간 전쟁하며 남북으로 나뉘었고, 응우옌 가문의 마지막 후예라 전해지는 응우옌푹아인이 1802년에 통일 왕조를 수립하고 후에를 수도로 삼았다. 이로써 후에는 베트남 최초의, 그리고 최후의 통일왕조가 되었다.

후에 황성의 정문인 오문午門은 황성의 남쪽에 위치한다. 1833년 민망 황제(재위 1820~1840) 시기에 완성된 오문의 중앙 문은 황제만이 사용할 수 있었다. 양옆의 문 2개는 대신들이 사용하고, 그 옆의 작은 문은 시종과 궁녀, 코끼리와 말이 드나들었다. 오문은 응우옌 왕조의 마지막 황제인 바오다이가 퇴위 선언문을 읽고 응우옌 왕실의 종결을 선언한 역사적 장소이기도 하다.

오문.
후에 황성의 정문인 중앙문은
황제만 사용할 수 있었다.

오문을 지나면 '정직탕평正直蕩平', '고명유구高明悠久'와 같은 글귀가 패방에 새겨져 있는데, 《맹자》와 《중용》과 같은 유학 경전의 문구는 응우옌 왕조가 유학을 숭상했음을 잘 보여준다. 패방을 지나면 후에 황궁의 정전正殿인 태화전太和殿이 있다. 황금색 기와에 중앙에는 태양이, 양옆에는 용이 장식되어 존귀한 황실의 공간임을 드러낸다. 동일한 이름의 중국의 태화전, 그리고 조선의 경복궁 근정전이라고 생각하면 이해하기 쉽다. 양옆에는 태화전을 수호하는 기린이 나란히 서 있다. 기린은 경복궁 앞의 해태와 같은 기능을 한다. 후에 황궁의 태화전 앞마당에는 신하들의 품계를 표시한 품계석이 세워져 있어 경복궁과 매우 흡사한 모습이다. 열세 명에 달하는 응우옌 황조의 황제들이 이 태화전에서 즉위식을 치렀다. 내부에는 응우옌 왕권의 최고 상징이자 오늘날까지 온전하게 보존된 황금 왕좌가 모셔져 있는데, 2015년 베트남 국보로 인정받았다.

태화전을 지나면 내궁에 해당하는 자금성이 있어야 마땅하나, 베트남 전쟁 때 미군의 폭격으로 건물이 모두 파손되어 터만 덩그러니 남아 있다. 본래 침전인 건성전乾成殿과 태자를 교육하는 문명전文明殿 등이 있었다. 여기저기에 총탄의 흔적이 있어 전쟁의 상흔을 실감할 수 있으며, 전소되었던 아픈 역사가 있는 우리의 경복궁과 비슷한 역사와 절차를 밟았음을 상기시킨다.

한국의 종묘와 같은 공간이 후에 황성 내에도 있다. 도자기와 모자이크, 안료 등으로 화려하게 칠한 묘문廟門을 지나면 선대 황제의 위패가 모셔진 세묘世廟가 등장한다. 그 앞에는 응우옌 왕조에

구정. 현림각 앞에 줄지어 있는 청동 향로 9구를 구정이라 한다.
응우옌 왕조의 정통성을 상징하는 것으로 열세 명의 황제 중 시호를 받은 아홉 명의 시호가
각 정마다 새겨져 있다. 중앙에는 초대 황제인 자롱제의 정이 있다.

헌신한 공신들을 기념하는 목조 3층 누각인 현림각顯臨閣이 있어 공신들에 의해 왕실이 보위되는 것을 상징한다. 본래 응우옌 가문의 시조인 응우옌호앙부터 응우옌푹투안을 모시는 태묘太廟도 함께 세워졌으나, 프랑스와 베트민의 전쟁 과정에서 완전히 파괴되었다. 세묘 앞에는 거대한 구정九鼎이 나란히 놓여 있는데, 각각 역대 황제의 이름과 19세기 베트남의 강, 산, 새, 동물 등의 풍경이 장식되어 있다. 구정은 중국 하나라 우왕이 구정을 주조하여 구주九州를 상징으로 삼았다는 전설에서 비롯된 것으로, 천자에게 전해오는 보물을 의미한다. 황제국임을 자처했던 응우옌 왕조가 구정을 통해 국가 전체를 아우르는 왕조의 힘을 보여주려 했다고 할 수 있다. 2012년 국보로 인정되었다.

후에에는 황성 외에도 응우옌 왕조의 위상을 엿볼 수 있는 유적이 많다. 그중 하나는 티엔무 사원天姥寺이다. 티엔무 사원에 있는 21미터 높이의 7층 복연보탑福緣寶塔은 후에에서 가장 높은 탑으로, 후에의 상징으로 여겨진다. 티엔무 사원은 1601년 응우옌호앙이 세운 왕실 사원으로, 천노天姥로 알려진 노파로부터 통일 왕조를 세우기 위해 사원을 지어야 한다는 예언을 듣고 건립했다고 전해진다. 본래 각 층마다 금동불상이 모셔져 있었으나 지금은 모두 사라졌다.

티엔무 사원은 응오딘지엠(1901~1963) 정부의 불교 탄압에 항거해 분신한 틱꽝득(1897~1963) 스님의 자취로도 유명한 곳이다. 당시 남베트남을 통치하고 있던 응오딘지엠 정권은 친미·친가톨릭 성향이었기 때문에, 가톨릭을 옹호하고 불교를 탄압하는 정책을 펼

티엔무 사원의 복연보탑.
7층 팔각 석탑으로 후에의 상징으로 여겨진다. 탑문 좌우에는
"법을 담은 비가 널리 내려, 초목과 곤충이 골고루 혜택을 받는다, 법신의 구름이 곳곳에 가득해,
허공 세계에 광명이 비친다"라는 문구가 한자로 새겨져 있다.

첬다. 불교계의 많은 항거가 있었음에도 불구하고 불교 탄압 정책을 멈추지 않자, 틱꽝득 스님은 항의의 뜻으로 1963년 사이공의 캄보디아 대사관 앞에서 소신공양燒身供養했다. 소신공양 모습과 죽은 후에도 전혀 타지 않은 그의 심장은 베트남 국내와 《뉴욕 타임스》를 비롯한 각국의 언론에 보도되었는데, 화염 속에서도 표정 하나 일그러지지 않고 정자세로 소신공양에 임하는 모습은 많은 충격을 주었다. 이런 와중에 응오딘지엠 대통령의 동생인 마담 누 Madame Nhu는 미국 언론과의 인터뷰에서 틱꽝득의 죽음을 "땡중의 바비큐 쇼"라며 조롱하는 망언을 했다. 해당 발언은 베트남 국민뿐 아니라 당시 미국 대통령이었던 존 F. 케네디의 분노를 샀고, 결국 남베트남 사회의 공분과 응오딘지엠 정권의 종식을 불러와 베트남 전쟁의 도화선이 되었다. 당시 틱꽝득 스님이 타고 온 오스틴 자동차는 평화와 자유 탄압에 대한 저항의 상징이 되어 티엔무 사원 안에 전시되어 있다.


## 세련되고 화려한 궁중 음식을 맛보는 시간

숙연한 마음을 후에의 맛있는 음식으로 전환해보자. 후에는 150여 년간 황제가 살았던 베트남의 수도였기 때문에 가짓수가 많고 정갈하며 고급스러운 궁중 음식이 발달했다. 또한 불교의 영향으로 채식 위주의 식단이 발달해 후에 궁중 음식의 세련미와 화려함, 정제된 맛을 동시에 즐길 수 있다. 후에 황성 주변에는 궁중요리 전문

점이 즐비한데, 가격도 착하니 그냥 지나칠 수 없다.

첫 번째로 추천하는 음식은 반베오다. 반Bánh은 쌀가루나 밀가루 같은 것으로 만들어진 음식을 일컫고, 베오bèo는 개구리밥이라는 식물의 이름이다. 반베오를 담는 지름이 6센티미터 정도 되는 작은 그릇이 개구리밥과 비슷하게 생겨서 붙여진 이름이다. 후에 사람들은 주로 애피타이저로 먹는다. 반베오는 작은 그릇 안에 묽은 쌀가루 반죽을 넣어 찐 다음, 새우 살과 파 기름, 돼지껍질 튀김을 얹어 느억맘 소스와 고추 소스를 뿌리고 숟가락으로 떠서 한입에 먹는다. 빈 그릇을 하나둘 쌓아놓다 보면 후에에 잘 왔구나 싶을 것이다.

두 번째로 소개하고 싶은 요리는 반쎄오다. 쎄오xèo는 기름에 지글지글 끓는 소리를 딴 것이다. 반쎄오를 처음 먹을 때 노란 부분이 달걀일 것이라고 생각하기 쉽다. 맛을 보기 전까지는 누가 봐도 달걀지단처럼 생겼다. 그러나 노란색이 나는 것은 강황 때문이다. 많은 베트남 음식이 그렇듯 반쎄오 반죽에도 쌀가루가 사용된다. 여기에 새우, 돼지고기, 양파, 숙주 등이 들어간다. 반쎄오를 주문하면 한 명이 오든 여러 명이 오든 상관없이 산처럼 쌓은 채소를 주고, 더 달라고 하면 추가 비용 없이 내준다.

반쎄오는 넴루이 없이 완성될 수 없다. 고기를 좋아하는 한국인이라면 어쩔 수 없다. 달짝지근하고 고소한 넴루이가 들어가야 비로소 육류의 풍부함이 더해져 포만감을 느낄 수 있다. 사탕수수 줄기나 레몬그라스에 다진 돼지고기를 뭉쳐서 숯불에 구운 것으로, 먹을 때에는 한 손으로 줄기를 잡고 고기를 다른 손으로 빼내어 먹어야 한다. 라이스페이퍼에 각종 채소를 얹고 넴루이 조금, 반쎄오한 조각 얹어 땅콩 소스에 찍어 먹는다. 미지근한 후다 맥주와 함께 라면 끝없이 배에 들어갈 것 같다.

또한 베트남의 여느 지역과 같이 쌀국수를 맛볼 수 있는데, 후에에서는 매운 쌀국수인 분보후에를 먹을 수 있다는 것이 특징이다. 후에는 다른 지역에 비해 햇볕이 강하고 강수량이 적어 작고 매운 고추가 많이 생산되기 때문이다. 소의 등뼈나 꼬리, 사태 또는 돼지 등뼈에 레몬그라스를 넣고 육수를 내는데, 이때 발효된 새우 소스나 설탕을 넣어 간을 맞추면 쇠고기 육수의 감칠맛 외에도 매운맛과 신맛, 단맛이 적절히 조화를 이룬다. 이렇게 만든 육수에 얇게 썬 고기를 고명으로 올리고 라임 조각, 고수, 다진 파, 얇게 썬 바나나 꽃과 양파, 그리고 다양한 허브와 숙주를 곁들여 먹는다. 돼지 선지나 족발을 넣어 먹기도 한다. 기호에 따라 피시 소스인 느억맘과 새우 소스인 맘톰을 넣어 먹기도 한다. 분보후에는 한국의 '전주비빔밥'처럼 고유명사가 되었을 정도로 인기 있는 음식이니 꼭 맛보길 바란다.

후에의 다양한 음식. 반베오, 넴루이, 분보후에.

# 후에 교외에 보존된
# 8기의 황릉

배불리 먹었으면 다시 움직일 차례, 이번에는 후에 올드타운에서 벗어나 조금 먼 후에 황릉으로 나서보자. 후에를 가로지르는 흐엉강의 물길을 따라 8기의 황릉이 후에 시가지 교외에 보존되어 있다. 베트남 전쟁의 피해를 덜 입은 편이라 보존 상태가 황궁보다 좋은 곳도 많다. 황릉의 기본 구조는 보성寶城 및 신도神道를 중심으로 침전寢殿과 비정碑亭으로 이루어져 있고, 신도에는 양옆으로 문석인과 무석인, 그리고 말과 코끼리가 나란히 서 있다. 능의 주인인 황제가 처한 상황이나 환경, 위치에 따라 다양하게 변모해 황릉마다 구조와 구성물에 차이가 있어 황제의 성격과 특징을 짐작할 수 있다. 대표적인 황릉으로는 민망 황제의 효릉孝陵과 뜨득 황제(재위 1847~1883)의 겸릉謙陵, 카이딘 황제(재위 1888~1907)의 응릉應陵이 있다.

베트남의 2대 황제인 민망 황제의 치세는 한마디로 베트남인 중심주의를 반영한 '베트남화化'라 요약할 수 있다. 대외적으로는 1832년 참파를 완전히 병합하고 전 국토를 통일했으며, 1834년에는 베트남·캄보디아 연합세력이 성공적으로 시암(현재의 태국) 세력을 캄보디아 밖으로 축출했다. 이를 계기로 캄보디아는 베트남의 강력한 통제 아래 놓이게 된다. 독자적으로 국호를 월남에서 대남으로 바꾼 것도 민망 황제 때의 일이다. 칭제건원稱帝建元, 즉 스스로를 황제로 칭하고 연호를 사용한 것이다. 또한 민망 황제는 정벌로 거대해진 영토를 하나로 봉합하기 위해 유학을 장려하고 통제

민망 황제의 효릉.
여러 건축물이 하나의 긴 축으로 연결되어 있는 것이 효릉의 특징이다.
가장 안쪽의 보성에는 석실 대신 봉분을 사용하고
주변에 소나무를 심어 보호했다.

도시로 보는 동남아시아사 2

를 강화했다. 이러한 민망 황제의 의지는 그의 효릉에도 고스란히 반영되었다.

민망 황제의 능은 중국의 묘제를 적극적으로 받아들여 긴 축을 기준으로 보성과 침전, 비정을 직렬로 배치했다. 그러나 중국 왕조 중에서도 명 왕조의 능묘 구조를 본받았다. 동시기 청나라를 중국 역사 속에서 '이민족의 나라'로 간주하고 있는 민망 황제의 생각을 엿볼 수 있다. 나아가 중화中華의 종주宗主는 응우옌 왕조임을 드러 내고자 했는데, 이를 대남 중화주의라 한다.

황릉마다 주인의 업적을 새겨놓은 신공비가 있는 비각 앞에 석 인상과 말, 코끼리가 양쪽에 도열해 있다. 초대 황제인 자롱 황제(응 우옌푹아인)의 천수릉을 보고 나서 효릉의 석인상을 접한다면 얼굴에 서부터 차이가 있음을 알 수 있다. 천수릉의 석인상은 윤곽선과 면 처리가 부드러워 전반적으로 온화한 인상을 주며, 얼굴형은 원만 하고 눈은 깊어 명료하게 보인다. 반면 효릉의 경우 좀 더 납작한 얼굴에 딱딱한 포즈로 정형화된 모습이다.

석인상의 복식과 관모도 서로 다르다. 홀을 들고 있으면 문인, 칼을 들고 있으면 무인으로 쉽게 유추할 수도 있다. 하지만 복식과 관모를 면밀히 살펴보면 둥근 원복두를 쓴 이와 네모진 방복두를 쓴 사람으로 나뉘는데, 응우옌 왕조의 사료인《대남회전사례》에 따 르면 문인은 정1품부터 관모에 원복두를 착용하고, 무인은 방두형 복두를 쓴다는 것을 알 수 있다.

옷도 자세히 살펴보면 이무기가 그려진 포와 꽃문양만 그려진 포 등으로 나뉜다.《대남회전사례》에 따르면 문반 정1품부터 종3품까지는 이무기가 있는 포(망포蟒袍)를 입고, 정4품부터는 꽃이 그려진 포(화포花袍)를 입는다고 규정했다. 이처럼 관복에 새겨진 무늬는 언뜻 비슷해 보이는 석인이더라도, 문양을 통해 나름의 위계를 세워 조영했음을 알 수 있는 중요한 사례다. 사진으로는 알기 어렵고 직접 눈으로만 볼 수 있는 차이를 꼭 확인해보길 바란다.

뜨득 황제의 겸릉은 1848년 2월에 건설되기 시작해 1873년에 완공되었다. 베트남에서 가장 아름다운 황릉 중 하나로 꼽히며, 그 규모와 화려함도 상당하다. 그러나 워낙 가혹하게 인부들을 부린 탓에 공사 도중 봉기가 일어나기도 했다. 겸릉은 능 전역에 인공 호수를 조성해 물을 멀리하는 조선이나 중국의 능역 조성과는 완전히 다른 베트남만의 조영법을 엿볼 수 있다. 뜨득 황제 재위기에는 프랑스 점령이 본격화되며 코친차이나 정복 활동이 진행되고 있었다. 그러나 뜨득 황제는 국내외의 문제보다 시를 짓는 등 문예 활동에 많은 관심을 쏟은 황제로 유명하다. 그는 자신의 무덤을 겸궁으로 칭하면서, 제사를 지내기 위한 침전인 화겸전에서 정무를 볼 만큼 실제적인 목적으로 자주 찾았다. 생전에 자신의 이궁離宮을 황릉으로 적극 활용한 것은 민망 황제와는 다른 뜨득 황제만의 독특한 취향을 드러낸다. 침전 영역의 내부에는 극장과 같은 오락시설이 설치되었으며, 따라서 겸릉의 침전 규모는 역대 황릉의 침전보다 크면서 강조된 것으로 보인다. 아울러 능역 주변 곳곳에는 정자와 수상가옥, 인공 섬과 연못을 설치해 마치 정원을 연상시킬 만큼 미적 요소가 돋보인다. 이렇듯 민망 대에 확립한 능제를 파격적으로 재해석하면서, 역설적으로 생자를 위한 복합 공간으로 활용한

뜨득 황제의 겸릉.
겸릉은 거대한 능역 내에 큰 인공 호수를 조성해 망자의 공간에
물을 적극적으로 활용한 것이 큰 특징이다.

것이 겸릉의 특징이다. 개성이 넘치고 베트남 전통 요소와 미감을 충실하게 구현했다는 점에서 겸릉은 남다른 의의가 있다.

1883년 뜨득 황제가 승하한 이후 황권을 둘러싼 치열하고 지독한 암투가 벌어졌다. 뒤를 이어 즉위한 5대 황제인 죽득育德 황제가 3일 만에 폐위되는가 하면, 6대 황제인 히엡호아協和 황제는 4개월 만에 독살되는 등 극심한 혼란이 이어졌다. 자연히 황제의 권위는 추락했고, 수시로 바뀌는 황제를 위해 격식을 갖춘 황릉을 조성하기도 어려웠을 것이다.

무엇보다 프랑스의 영향력이 점점 강해지면서 베트남의 위치는 불안하기만 했다. 프랑스는 인도에서의 패권을 둘러싼 영국과의 전쟁에서 패배한 후 다른 먹잇감을 찾고 있었다. 이때 가톨릭 박해를 구실로 베트남 식민지화에 나섰고, 불평등조약을 맺어 프랑스령 코친차이나를 건설하며 베트남을 사실상 프랑스의 보호국으로 삼았다. 베트남은 청나라를 통해 프랑스를 치려고 했지만, 1884년 프랑스와 청나라가 베트남의 종주권을 두고 벌인 청불전쟁 이후 응우옌 황조에 대한 지배권을 프랑스가 확정했다. 청나라의 국력 약화와 프랑스의 지배는 기존의 통치 체제와 이념을 뒤흔드는 중요한 사건이었다.

이러한 가운데 12대 황제인 카이딘 황제의 응릉이 1920년에 건설되기 시작해 1931년에 완공되었다. 카이딘 황제의 능은 이전 황제들에 비하면 규모가 훨씬 작지만, 금·색유리·보석 등을 많이 사용해 그 화려함과 정교함에서 타의 추종을 불허한다. 프랑스 및 서구 문명은 황릉에도 적지 않은 영향을 미쳤다. 카이딘 황제는 선친

카이딘 황제의 응릉.
베트남 황릉 중에서 가장 화려하고 정교하게 장식된 건축물이다.

응릉 비각과 신도. 황제의 신공성덕비가 모셔져 있는 2층의 비각이다.
건축 양식은 서양식이나 기와 형태나 지붕, 난간과 기둥에 새겨놓은 섬세한 장식은 동양식이다.

인 9대 황제 동카인 황제와 자신의 황릉, 사릉과 응릉을 건립했는데, 두 황릉은 앞서 살펴본 황릉과는 큰 차이가 있다.

먼저 비정과 같은 건축물과 석물을 조성하는 재료로 시멘트를 적극 사용했고, 대소신료를 표현한 석물도 인체 비례나 얼굴 표현 등이 더 사실적이고 입체적이다. 또한 서양식 군대 사열을 연상시키는 착검 방식의 변화도 프랑스의 영향으로 추정된다.

응우옌 황릉은 능주인 황제가 살아생전 자신이 묻힐 황릉의 장소를 직접 선정하고 능제를 고민해 건립했다. 특히 여느 동아시아의 황릉이나 왕릉보다 응우옌 황릉은 당시 시대상과 군주가 지향한 이념과 취향을 적극적으로 구현하고 있다. 채색기법은 물론 유리와 자기, 법랑 등 다양한 소재를 활용해 외벽을 장식한 점도 응우옌 황릉에서 찾아볼 수 있는 독특한 특징이다.

유리·자기·법랑 등 다양한 소재를 활용한 응우옌 황릉.

황릉을 장식하는 문양과 기복을 의미하는 상징 요소를 통해서도 알 수 있다. 특히 문예 군주임을 자부하는 민망 황제와 뜨득 황제의 황릉에서는 비각과 같은 건물 외벽을 자신의 시문으로 장식했으며, 이것이 응릉에서는 길게 뻗은 주련 형태로 드러난다. 뿐만 아니라 기쁨을 뜻하는 쌍희문(囍), 장수를 뜻하는 목숨 수壽 자나, 복을 뜻하는 복福과 같은 글자를 황릉 건축물 전반에 걸쳐 새겨놓았고, 문자뿐 아니라 복을 상징하는 박쥐 문양을 망자를 추모하는 황릉에 다수 사용한 것도 응우옌 황릉의 특징이다. 조선 왕릉에서도 이러한 표현은 매우 드문데, 현릉원과 같은 일부 능역에 3기의 장명등 화사석에 소전으로 목숨 '수' 자를 새긴 것이 전부다. 이는 매우 예외적인 것으로, 황릉에 강조된 기복 표현은 응우옌 황조만이 지닌 독자적 요소다.

응우옌 황릉의 기복 상징 장식.

# 미군 폭격이 남긴 상처

응우옌 왕조의 화려한 궁중문화를 자랑했던 후에, 그러나 프랑스의 침략과 일본의 일시적 지배, 호찌민의 혁명운동, 베트남 전쟁 등을 겪으며 후에는 격전지의 중심에 놓이게 된다.

응우옌 왕조의 성도였던 후에는 북베트남과 남베트남의 경계인 북위 17도선에 가까이 위치했다. 후에는 남베트남에 속해 있었는데, 1968년 1월 31일 북베트남군은 남베트남 전역에서 이른바 구정 공세(뗏 공세)를 감행해 100개 이상의 남베트남 도시를 기습했다. 다른 도시는 미군이 쉽게 다시 탈환했으나, 후에에서는 예외적으로 치열한 전투가 전개되었다. 북베트남에서 대략 5,000명 이상의 병력이 공격을 단행했고, 북베트남 인민군에 의해 후에 대학살이라 불리는 민간인 학살이 자행되었다.

북베트남으로부터 후에를 되찾기 위해 미군과 남베트남이 반격을 가하며 한 달가량 전투가 계속되었다. 미군은 폭격기를 동원해 후에를 휩쓸었고, 이 과정에서 후에는 심각한 피해를 입었다. 1만 7134채의 가옥 중에서 9776채가 완전히 파괴되었으며 3169채 이상이 크게 파손된 것으로 집계됐다. 70퍼센트 이상이 미군의 폭격으로 초토화된 것이다. 11만 6000여 명이 집을 잃었고, 약 5800여 명의 민간인이 사망했다. 당시 후에 인구가 15만 명이었음을 감안하면 엄청난 숫자가 아닐 수 없다. 응우옌 왕조의 역사적 유물과 유서 깊은 유적이 송두리째 파괴된 것은 말할 것도 없다. 이로 인해 후에는 삶을 지속할 수 없는 폐허의 도시가 되고 말았다.

1968년 구정 공세 이후 남베트남과 미군이 공산주의자들을 격퇴한 후
집으로 돌아오는 후에의 민간인들.
ⓒ gettyimages

북베트남의 승리로 끝난 이후, '1968년 설 총진공과 봉기' 과정 중 후에에서 대규모 학살이 일어났다는 사실이 세상에 알려졌다. 후에 자호이고등학교에서 총상을 입은 시체가 쏟아져 나온 것이다. 남베트남 정부는 발굴된 시신들에 대한 기록영화를 제작하는 등 공산세력에 의한 학살사건이라고 선전했고, 이에 대해 북베트남은 남베트남의 조작이라고 주장하며 서로를 비난했다. 피해자만 있고 가해자는 없는 이상한 상황이었다. 1975년 종전을 선언한 지 오랜 시간이 지났지만, 누구도 1968년 후에에서 발생한 살인 행위에 대해 진상규명을 시도하거나 반성하는 기미가 없다. 오늘날 베트남사회주의공화국은 이날을 기려 '전승의 날' 혹은 '해방의 날'로 규정하고 있다. 그러나 공산주의 베트남이 전쟁에서 승리하는 데 결정적인 역할을 한 1968년 총봉기는 후에 사람들에게 전혀 다른 기억으로 남게 되었다.

전쟁의 참상을 겪은 지 겨우 50여 년이 지났을 뿐이다. 후에의 유적들은 공산주의 정부의 관심 밖으로 밀려나 한동안 방치되었으나, 베트남 정부의 정책 쇄신을 통해 응우옌 왕조의 유적 복원 작업이 진행 중이다. 1990년대만 해도 후에를 찾는 방문객은 수천 명에 불과했지만, 최근에는 200만 명에 달하며 베트남 최고의 관광지 중 하나가 되었다. 그러나 베트남 정부는 전쟁의 참상을 몸소 겪은 후에의 민간인 희생자들에 대해서는 무겁게 침묵(혹은 왜곡)하고 있을 뿐이다. 이 역시 우리의 역사와 닮은 부분이다.

욕망, 꿈, 현실이 뒤엉킨
인도네시아의 수도, 자카르타

정정훈

동틀 무렵 먼발치에서 무슬림의 예배 시간을 알리는 아잔 소리가 고요한 도시의 적막함을 깨운다. 집이나 사원에서 새벽 예배를 드린 시민들은 일터로 발걸음을 재촉한다. '슬라맛 빠기', '굿모닝', '자오 샹 하오' 등 학교, 회사, 시장에서 다양한 언어의 아침 인사가 오고 간다. 인구가 1000만 명이 넘는 메가시티이자 국제도시인 자카르타의 하루는 우리에게 조금은 낯설게 다가온다.

과거 식민지 시기에 세워진 네덜란드 건축물과 운하, 화인 밀집 거주지, 대규모 쇼핑몰, 공화국을 상징하는 기념비적 건축물이 도시 곳곳에 산재한다. 연평균 30도가 넘는 온도와 하루에도 몇 번씩 쏟아지는 소나기는 고층 아파트와 빈민가의 주민들에게 전혀 다른 삶을 선사하기도 한다. 아파트에 사는 부유층이야 소나기가 무더위를 식혀주는 반가운 손님일 테지만 침수가 잦은 빈민가 주민들에게는 고통스러운 일이다. 자카르타 인구가 20세기 초 11만 6000명에서 1000만 명으로 급격히 늘어난 것처럼, 자바섬 북서쪽에 위치한 이 공간은 수 세기 동안 사람들의 삶의 터전이었고 다양한 이야기를 만들어왔다.

자카르타 중심가에 있는 '환영기념탑'과 주변의 고급 호텔.
ⓒ unsplash

'완벽한 승리' 혹은 '승리의 행위'를 의미하는 자카르타는 대략 400년 전 네덜란드 동인도회사의 무역항이자 식민 도시로 개발되었다. 17세기 향신료를 운반하던 상선의 선원, 19세기 가난과 차별이 일상이었던 식민지의 소년, 21세기 도시 빈민의 삶에서 벗어나지 못하는 노동자에게 아이러니하게도 지난 400년 동안 자카르타는 인도네시아에서 가장 발전된 도시였다. 인도네시아 사람들에게 자카르타는 항상 최첨단의 문물을 경험할 수 있는 장소였지만, 때로는 엄청난 환희와 극심한 고통 그리고 좌절감을 안겨준 도시였다.

　여기 가상의 세 청년이 있다. 시대를 달리하는 이 청년들은 세계 4위의 인구를 가진 인도네시아공화국의 수도인 자카르타에 거주한다. '자카르타는 인도네시아의 수도다.' 이 단순한 문장은, 하지만 개인에게는 다양한 의미로 받아들여진다. 청년 부디에게는 욕망을 추구하는 문장으로, 청년 밤방에게는 꿈을 실현하는 문장으로 그리고 청년 이네즈에게는 추구하는 이상과 자신이 처한 현실의 간극으로 다가온다.

　'자카르타는 인도네시아의 수도다'라는 문장은 머지않아 사라질 것이다. 동칼리만탄에 건설되는 누산따라에 수도의 지위를 이양해야 한다. 하지만 지난 400년 동안 그래왔듯이 자카르타는 인도네시아공화국의 중심 도시로서 청년들의 욕망, 꿈, 현실이 공존하는 너무나 다면적인 도시다.

# 욕망을 추구하는 청년 부디,
# 동인도회사가 건설한 바타비아(1613~1799)

4세기의 것으로 추정되는 집단 거주지와 유물의 출토에서 알 수 있듯이 자카르타 지역에 사람이 거주한 것은 꽤 오래되었다. 하지만 근대식 건물, 도로, 상하수도 시설 등 도시의 기능과 형태를 갖춘 것은 17세기 초반이다.

중세 유럽에서 소, 돼지, 양 등은 값비싼 식재료였기에 평민은 물론 귀족도 고기를 일상적으로 먹지 못했다. 돈과 권력을 가진 일부 왕족만이 고기를 먹을 수 있었다. 하지만 고기를 매일 먹는다고 해도 문제는 고기의 맛이었다. 당시만 해도 고기 요리법이 발달하지 않았기에, 고기의 식감은 매우 퍽퍽했고 소금 말고는 별다른 양념도 없어서 맛도 그다지 좋지 않았다. 고기의 맛과 식감을 한 단계 향상시킨 것은 아랍 상인들이 가져온 후추, 정향, 육두구 등의 향신료였다.

향신료는 중세 유럽인에게 '향기 나는 식물'이자 엄청난 부를 안겨준 황금보다 귀한 보물이었다. 향신료를 구하기 위해 일찍이 포르투갈, 스페인, 네덜란드, 영국은 인도를 넘어 동남아 동쪽 끝자락에 있는 말루쿠제도에서 목숨을 건 전쟁을 이어갔다. 대항해시대 네덜란드의 동인도회사는 자바섬 북서쪽 자야꺼르타 지역에 향신료 무역을 위한 항구와 요새를 구축했다. 또한 이곳에 라인강 지역에 살고 있던 옛 게르만족의 이름인 바타비Batavi에서 유래한 바타비아라는 이름을 붙였다. 당시 서구인에게 바타비아는 '동양

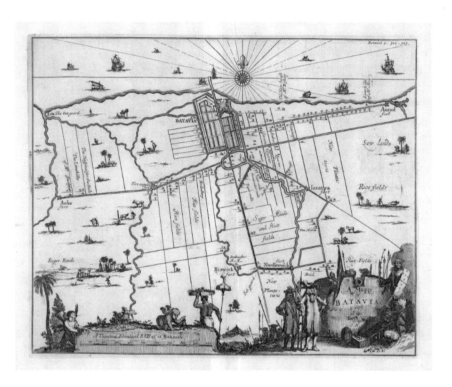

1662년의 바타비아.
ⓒ 호주국립대 도서관

욕망, 꿈, 현실이 뒤엉킨
인도네시아의 수도, 자카르타

의 여왕'이라는 별칭답게 바다와 연결된 운하, 형형색색의 맨션, 잘 정비된 도로망이 구축된 최첨단 도시였다.

이제 갓 스무 살이 된 청년 부디는 동인도회사 인근에서 부모님과 함께 음식점을 운영한다. 말루쿠제도에서 생산된 정향과 육두구를 사려는 상인들이 바타비아 항구에 도착하면 이들에게 음식을 판매한다. 때로는 인도나 스리랑카에서 배 한가득 후추나 시나몬을 싣고 온 상인에게도 음식을 판매한다. 부디가 어렸을 적에 바타비아는 자야꺼르타로 불렸고 네덜란드 사람들과 상선은 주로 반튼으로 입항했다. 하지만 네덜란드 군인과 상인들이 이 지역에 들어오면서 바타비아라고 부르고 교역을 위한 항구, 창고, 주택을 건설했다.

당시 동인도회사는 포르투갈과 여러 차례 전투를 벌여 인도네시아에 대한 지배권을 획득했으며, 중요한 무역항 중 하나인 믈라카 항까지 수중에 넣었다. 말레이반도의 믈라카, 자바섬의 바타비아, 인도의 벵골 그리고 말루쿠제도의 향료 생산지까지 무역을 위한 해상로를 구축하게 된 것이다. 이 중 바타비아는 무역 상인의 중간 기착지이자 동인도회사의 행정과 군사업무를 총괄하는 도시로 거듭났다.

동인도회사는 순다 끌라파 항구 인근에 2개의 바타비아 요새와 운하를 구축했고, 인근에 보세창고, 행정청, 교회를 세웠다. 부디는 믈라카나 인도에서 출발한 상선이 항구에 도착하면 정신없이 음식을 만들고 배달도 했다. 때로는 운하 건너편에 있는 보세창고나 동인도회사의 행정청에 있는 네덜란드 상인의 심부름을 해주고 돈을 받기도 했다.

해상무역항인 바타비아에는 접안시설과 수출입 상품을 보관하는 보세창고와 상품을 내륙으로 옮기기 위한 운송시설이 필요했다. 이를 위해 동인도회사는 암스테르담 운하를 건설했던 기술을 활용해 바타비아에도 크룻쿳 운하를 조성했다. 남북 방향으로 구축된 운하를 중심으로 동쪽은 네덜란드인, 서쪽은 현지 주민들의 공간으로 나뉘었다.

중세 유럽의 도시처럼 바타비아에도 교회를 중심으로 주거지와 시장 등이 조성되었고, 올드교회는 바타비아에 거주하는 네덜란드 지배층의 회합 장소로 사용되었다. 매립지 위에 세워진 올드교회는 1632년부터 1732년까지 운영되었다가, 1736년 신교회가 그 역할과 자리를 대체했다. 과거 올드교회와 신교회가 있던 자리는 20세기 초 자카르타박물관으로 활용되다가, 1975년 8월 13일 와양박물관이 그 자리를 지키고 있다. 18세기에 건설된 신교회의 모형이 현재 자카르타역사박물관에 전시되어 있다.

산스크리트어로 '요새화된 장소'로 해석되는 파타힐리아 광장과 '구도심'이라는 의미인 꼬따 뚜아Kota Tua는 부디가 생계를 유지하기 위해 드나들던 동인도회사 관련 건물과 네덜란드인들의 주거지가 있던 곳이다. 지금도 파타힐리아 광장은 과거 바타비아의 흔적을 찾기 위한 최적의 출발지다. 광장을 중심으로 서쪽엔 와양박물관, 남쪽엔 자카르타역사박물관이 자리 잡고 있으며, 동쪽에는 19세기 법원 건물이었던 미술·도자기박물관이 위치한다. 광장의 북쪽에는 상업 건물이지만 1805년 동인도회사 고위 간부들의 숙소

자카르타역사박물관과 이곳에 전시된 신교회 모형.

와 사무실로 활용된 카페 바타비아가 있다.

파타힐리아 광장에서 서쪽으로 가다 보면 눈에 띄는 빨간색 건물이 나온다. '빨간 건물'이라는 뜻의 또꼬 메라Toko Merah는 1730년에 건립된 이후 네덜란드 총독의 관저나 해군의 교육장소로 활용되었다. 2차 세계대전 때에는 일본군이 의료장비를 보관하는 장소로 활용하기도 했다. 또꼬 메라 인근의 운하를 따라 북쪽으로 향하면 운하의 수문 역할을 했던 즘바딴 꼬따 인딴Jembatan Kota Intan, 일명 '닭시장 다리'가 1665년에 설치되었다. 끌라파항으로 들어온 향신료를 작은 배에 옮겨 창고로 운반하기 위해 운하가 건설되었고, 운하의 서쪽과 동쪽을 연결하기 위해 총 3개의 도개교가 만들어졌다. 현재는 닭시장 다리가 유일하게 남아 있어 과거 네덜란드의 운하와 다리 건축 양식을 잘 보여준다.

스무 살 청년 부디는 동인도회사가 만든 이 새로운 도시에서 좀 더 나은 삶을 일구고 싶다는 욕망으로 하루하루를 살았다. 청년 시절 더 많은 돈을 벌기 위해 말루쿠제도로 가는 상선을 타기도 했다. 말루쿠 원주민을 위협해 더 많은 육두구와 정향을 바타비아로 가져왔다. 배에 실린 향신료를 뒤로 빼돌려 바타비아의 시장에 팔아 많은 이윤을 남기기도 했다. 부디가 쉰 살이 되던 1650년에 안쫄Ancol과 글로독Glodok에 화인들이 중국 사원을 지었고, 이곳을 중심으로 화인의 상가와 거주지가 조성되었다. 그동안 부디는 동인도회사의 원주민에 대한 착취를 애써 모른 척하면서 돈을 벌어왔다. 그런데 이제는 화인과도 이권 경쟁을 해야 하는 처지가 되었다. 도로와 운하 그리고 전혀 다른 건축 양식의 건물이 들어선 바타비아

욕망, 꿈, 현실이 뒤엉킨
인도네시아의 수도, 자카르타

파타힐리아 광장(위).
또꼬 메라(아래).

도시로 보는 동남아시아사 2

에서 부디는 자신의 욕망을 실현하기 위해 식민지의 주민으로서 살아간다.

## 꿈을 실현하는 청년 밤방, 센트럴 자카르타 시대(1800~1945)

순다 끌라파 항구와 파타힐리아 광장 그리고 주위에 높게 세워진 성벽은 위협적인 동인도회사의 위용을 보여준다. 하지만 화인, 아랍 이주민 그리고 원주민들은 높은 수익을 남길 수 있는 이 도시에 계속해서 밀려들어왔다. 18세기 중반부터 급격하게 늘어난 도시 인구는 분란의 시작이었고, 원주민과 네덜란드인들은 자신들의 이익을 빼앗아간다고 믿었던 화인들을 학살하기 시작했다. 이른바 '바타비아 대학살'이라고 불린 이 사건은 1740년 10월 9일부터 10월 22일까지 지속되었다. 대학살로 대략 만여 명의 화인이 살해되었고, 살아남은 화인들은 성 밖인 글로독 지역으로 집단이주했다.

글로독은 현재 차이나타운이 조성되어 수많은 인도네시아 화인이 거주하는 지역이다. 자카르타 중심부에 작은 중국처럼 붉은색으로 칠해진 중국식 건물을 곳곳에서 확인할 수 있다. 특히 자카르타에 위치한 140여 개의 중국 사원 중 가장 오래된 다르마 박띠 사원도 이곳에 위치한다.

화인의 이주와 함께 바타비아가 더욱 확장된 계기는 18세기 후반 말라리아의 확산과 관련된다. 수산시장, 교회 내 장례 시설, 하수구 시설의 부족으로 오염된 운하 등은 말라리아 확산의 주요 요인이었고, 당시 전염병으로 수만 명이 사망했다. 특히 1799년에 동인도회사가 파산하자 바타비아는 네덜란드 정부의 직접 지배를 받게 되면서 도시 확장의 필요성이 제기되었다.

네덜란드 정부는 바타비아의 서남쪽 구릉지역에 행정과 주거 기능을 갖춘 식민 도시인 벨테브레덴Weltevreden을 조성했다. '새로운 시장'이라는 의미인 파사르 바루 시장이 1820년에 조성되었고, 순다 끌라파 항구의 역할을 대신할 딴중 프리옥 항구가 1883년에 건설되었다. 벨테브레덴의 중심은 1810년대에 조성된 워털루 광장과 코닝스 광장이다. 서쪽의 코닝스 광장과 동쪽의 워털루 광장이 신

다르마 박띠 사원.

도시의 중심이 되었고 광장 주위로 총독 관저, 행정청, 자카르타 대성당, 오페라 극장 등이 들어서서 신도시의 위용을 자랑했다.

청년 밤방은 여전히 쥐와 모기가 들끓는 구도심의 운하 주위에 살고 있지만 돈을 벌기 위해 신도시인 벨테브레덴으로 매일 출근한다. 전기트램이 집 근처에서 벨테브레덴까지 운행되었지만 가난한 밤방에게 트램은 그저 신기한 이동수단일 뿐이었다. 집을 나선 후 운하를 따라 남쪽으로 걸어가다 보면 화인들이 거주하는 글로독이 나온다. 아편 밀수, 인신매매, 도박으로 인해 사건사고가 많은 이 지역을 밤방은 빠른 발걸음으로 통과한다.

글로독에서 남쪽으로 4킬로미터 정도 내려가면 오른편에는 감비르 나무가 많아서 감비르 지역으로도 불리는 코닝스 광장이 있다. 네덜란드의 빌헬미나 여왕의 생일을 기념하기 위해 박람회가 이곳에서 개최되었다. 박람회는 그동안 접하지 못했던 술과 음식 그리고 다양한 볼거리를 관람객에게 제공했다. 밤방은 퇴근 후 매일 이곳을 방문해 신문물을 접했다. 코닝스 광장에서 동쪽을 바라보면 저 멀리 자카르타 대성당이 보이고 인근에는 벨테브레덴의 오페라 극장이 보인다.

밤방은 코닝스 광장을 지나 네덜란드인이 많이 거주하는 멘텡으로 향한다. 네덜란드 관료의 집을 관리하는 것이 그의 일인데, 아침 7시부터 오후 5시까지 일한다. 어린 시절부터 손재주가 좋아 고장 난 물건을 잘 고쳤고, 운이 좋게도 관련 일을 구할 수 있었다. 밤방은 자신이 가진 기술을 이용해 더 나은 삶을 살고 싶은 꿈이 있다. 바타비아 곳곳에 세워진 서구식 건물은 너무나 웅장하고 아름다워서 자신도 관련 일을 하고 싶다고 생각한다. 감비르 박람회에서도 보았던 유럽의 신문물이 신기해 관련 기술이 궁금했다. 멘텡에 위치한 카니시우스칼리지에서 기술 교육을 받을 수 있다고 들었지만 현실적으로 가능할지는 모르겠다.

밤방이 출퇴근길에 본 바타비아의 도로와 건축물은 그야말로 신세계였을 것이다. 네덜란드가 인도네시아를 직접 지배했던 1800년부터 1942년까지 바타비아는 남북으로 완벽한 도로망을 갖춘 국제적인 도시였다. 유럽 산업혁명의 영향으로 발전된 기술은 식민지의 효율적인 관리와 착취를 위해 활용되었을 뿐, 피식민지의 주민들에게는 도달할 수 없는 꿈이었을 것이다.

식민 도시였던 벨테브레덴과 멘텡은 현재는 중앙 자카르타 지역이다. 자카르타를 넘어 인도네시아를 대표하는 여러 건축물이 있는 지역으로 다양한 상징성을 지닌다. 자카르타를 상징하는 공간과 건축물인 메르데카 광장(독립광장)과 중앙에 있는 인도네시아 독립기념탑인 모나스가 1제곱킬로미터 면적에 132미터의 높이를 자랑하며 우뚝 서 있다. 또한 모나스의 북쪽에는 대통령궁과 대법원이 있고, 서쪽에는 국립박물관과 정보통신부, 동쪽에는 감비르역과 외교부, 남쪽에는 국립도서관과 부통령궁이 자리 잡고 있다. 과거 코닝스 광장 지역이 행정의 중심지였던 것처럼 이 공간은 여전히 인도네시아의 정치·경제·사회·문화의 중심지 역할을 담당한다.

메르데카 광장의 북동쪽에는 동남아시아에서 가장 규모가 큰 이슬람 사원인 이스티크랄 모스크가 1978년에 건설되었고, 사원의 동쪽에는 1801년에 지어진 자카르타 대성당이 있다. 인도네시아에

모나스탑.
ⓒ unsplash

이스티크랄 모스크(좌)와 자카르타 대성당(우).
ⓒ unsplash

서 각각의 종교를 대표하는 두 시설은 지하 통로로 연결되어 종교 간 화합과 교류를 상징한다. 자카르타 대성당은 벨테브레덴 오페라 극장과 함께 워털루 광장의 핵심 공간이었다. 현재 광장은 라팡안 반텡 공원으로 자카르타 시민들의 휴식 장소가 되었다.

멘텡은 오늘날에도 고위 관료와 기업인들이 사는 부유층 거주지다. 가로수 길과 녹지 공간, 고급 식당과 카페, 갤러리 그리고 대규모 빌라가 위치해 생활의 편의를 더한다. 멘텡 지구의 서북쪽에는 과거 배낭 여행객이 모이던 작사 거리가 있고, 초입에는 1966년에 개장한 사리나 백화점이 위치한다. 사리나 백화점은 한때 인근의 최고급 백화점과 쇼핑몰에 밀려 과거의 위상을 잃어버렸지만, 수년간의 리모델링을 거쳐 2022년 재개장해 과거의 영광을 되찾으려 한다.

식민행정부에 의해 건설된 신도시는 당시 네덜란드인들에게 편리하고 안전한 생활 공간이었을 것이다. 200년이 흐른 오늘날에도 이 지역은 자카르타를 넘어 인도네시아공화국의 상징적인 공간으로 자리매김하고 있다. 100년 전 식민지 주민으로 가난과 차별을 일상적으로 겪었던 밤방에게 신도시는 어떤 꿈을 꾸게 했을까?


## 현실에 순응하는 청년 이네즈, 인도네시아공화국의 수도(1945~현재)


400여 년의 네덜란드 식민지 기간과 3년여의 일본 군국주의 시대가 지나고 인도네시아는 1945년 8월 17일 독립을 맞이하게 된다.

이후 인도네시아공화국의 첫 번째 대통령과 부통령이 된 수카르노와 하타는 짧은 독립선언문을 낭독함으로써 세계사에 유례가 없던 오랜 기간의 식민지배에서 벗어났다. 독립을 선포했지만 2차 세계대전의 화마에서 벗어난 네덜란드는 식민지 복원을 위해 재차 인도네시아 열도로 입도했다.

일본의 패망 그리고 독립을 맞이한 인도네시아인들은 자카르타에 인도네시아공화국 정부를 수립했다. 수카르노와 하타를 중심으로 공화국 정부가 들어섰지만 넓은 영토, 수많은 종족과 종교, 다양한 정치적 이해관계가 상존하는 이 지역을 효과적으로 지배하지는 못했다. 독립 이후의 혼란스러운 분위기 속에서 네덜란드는 기독교 사회이자 세습군주가 실권을 가진 인도네시아 동부 지역에서부터 행정력을 복원하고자 시도했다.

인도네시아공화국은 비록 미미한 군사력이었지만 독립에 대한 열망을 가진 수많은 인도네시아인과 함께 네덜란드에 끈질지게 저항했다. 또한 국제정세의 변화로 인해 유엔과 미국이 네덜란드에 지속적인 압력을 가하면서 네덜란드의 연방국가 창설은 점점 어렵게 되어가고 있었다. 식민지 복원에 대한 야욕으로 시작된 '인도네시아 혁명기'(1945~1949) 때 수많은 인도네시아인들이 희생되었으며, 결국 1949년 12월 27일 네덜란드는 인도네시아공화국에 영토를 넘겨주었다.

혁명기에 부키팅기와 족자카르타에 임시 수도를 설치했던 공화국 정부는 네덜란드가 물러난 후 다시 자카르타로 되돌아왔다. 이후 1961년 8월 28일 제2호 대통령령에 따라 자카르타는 인도네시아공화국의 공식 수도가 되었다. 식민지 시대 도시 북쪽에 위치한 항구를 중심으로 도시가 발전했다면, 독립 이후 자카르타는 해수면 상승에 대비하고 늘어난 인구를 수용하기 위해 남쪽으로 도시가 확장되었다. 자카르타를 남북으로 연결하는 도로가 건설되었고 주택가와 상업지구가 완성되었다. 인구도 급격히 증가해 1950년에 145만 명이었지만, 매년 5~6퍼센트씩 증가해 1976년에는 500만 명을 넘어섰다. 이후에도 인구는 증가해 2014년 1000만 명의 인구를 보유한 도시가 되었다.

자카르타의 완벽한 도로와 구획 그리고 상징성을 띤 건물은 수카르노 대통령의 지휘에 의해 이루어졌다. 수카르노는 자신의 정치권력을 유지하기 위해 민족주의, 종교, 공산주의를 국가 운영과

2020년 붕카르노 경기장.
ⓒ 인도네시아 정부 홈페이지

체제 유지를 위한 중심 사상으로 내세웠다. 자카르타 곳곳에 기념비적인 건물과 조형물이 세워졌다. 모나스, 이스티크랄 사원, 인도네시아 호텔, 붕카르노 경기장, 사리나 백화점 등은 모두 인도네시아의 발전을 대내외에 알리고 이상적인 근대도시를 꿈꿨던 수카르노의 열망을 상징한다.

경제개발 5개년 계획을 수립해 경공업과 중공업 중심의 경제발전을 이루고자 했던 수하르토 정권 시기, 자카르타는 도로 교통망의 확충과 도시 주택 건설을 통해 근대도시로 더욱 빠르게 변화해갔다. 자바 농촌 지역의 사람들은 일자리를 얻고 돈을 벌기 위해 자카르타로 이주했다. 엄청난 수의 이주민을 수용하기 위해 도시 곳곳에 슬럼화된 빈민가가 생겨났고, 이러한 현상은 지금까지도 이어지고 있다.

빈부 격차라는 심각한 문제에도 자카르타는 동서남북으로 확장해나갔다. 자카르타 서부 지역에는 1970~1980년대 가발공장과 봉제공장이 즐비한 경공업 산업단지가 들어섰고, 1985년에 수카르노-하타 국제공항이 들어서면서 발전의 속도가 더해졌다. 한인이 밀집한 땅거랑Tangerang을 중심으로 부촌이 형성되어 있지만, 여전히 우기에는 상습적으로 침수되는 지역이다. 인도네시아 최초의 신도시인 끄바요란 바루Kebayoran Baru는 1948년 인도네시아에서 최초로 세워진 신도시로 현재는 붕카르노 경기장, 블록M 쇼핑몰, 아세안 사무국, 인도네시아 증권거래소가 위치한다. 자카르타 동부 지역의 발전은 브까시 산업단지의 성장과 함께한다. 특히 현대자동차와 LG에너지솔루션 등의 한국 대기업이 입주하면서 산업단지

최신 호텔과 인접한 노후화된 주택.

와 고급주택 단지가 들어서고 있다.

경제성장에 국가의 역량이 집중되었던 1970년대에 청년 이네즈의 부모님 역시 자바의 농촌에서 자카르타로 이주했다. 각각 건설노동자와 입주가정부로 일했던 이네즈 부모님은 자카르타의 발전과는 달리 하위계층의 삶에서 벗어나지 못했다. 이네즈는 집안 형편 때문에 실업계 고등학교에 진학했고, 고등학교 졸업 후 메가 꾸닝안Mega Kuningan 지역에 있는 쇼핑몰에 점원으로 취직했다. 아직 미혼으로 도심 빈민가에서 부모님과 함께 산다. 집에서 멀지 않은 곳에 플라자 인도네시아와 만다린 오리엔탈 호텔 등 대형 쇼핑몰과 고급 호텔이 즐비하지만 그녀의 삶과는 동떨어져 있다.

그녀의 직장이 있는 메가 꾸닝안 지역은 인근의 수디르만 중심업무 지구와 함께 골든트라이앵글로 불리며 자카르타의 핵심 경제지역이자 부유층이 일상을 영위하는 대형 쇼핑몰이 있다. 하지만 수영장과 피트니스센터가 있는 고층 아파트와 달리 그녀의 집 근처 하천은 오염된 생활하수가 흐르고 주변에는 전기와 수도가 없는 무허가 주택이 즐비하다.

이네즈는 집에서 나와 2004년에 개통된 급행버스인 트랜스자카르타 BRT를 타고 남쪽으로 이동한다. 인도네시아 최초의 지하철(자카르타 MRT)이 2019년에 개통됐지만 직장과 거리가 멀어 그녀는 주로 트랜스자카르타를 이용한다. 점심은 집에서 싸온 도시락으로 해결한다. 쇼핑몰 안에는 자신이 좋아하는 K-팝이 흘러나오는 '스마일 김밥'이라는 식당이 있지만 가격이 비싸 한번도 가보지 못했다. 이네즈는 자신의 한 달 월급에 맞먹는 가격의 옷과 신발을 아무렇지 않게 사는 손님들을 매일 마주한다. 이네즈는 어린 시절 날로 발전하는 자카르타에서의 멋진 삶을 꿈꿨지만, 성인이 된 후 마주한 현실은 부모님이 겪었던 시간과 비슷하게 흘러간다.

자카르타의 관문인 수하르토−하타 국제공항은 최첨단 시스템과 다양한 편의시설을 갖추고 있다. 공항에서 도심까지는 왕복 10차선의 고속화 도로가 뻗어 있고, 도심에는 세계 유수의 호텔이 즐비하다. 대낮의 자카르타 도심은 교통체증이 극심하지만, 상류층은 운전기사가 모는 고급 차량의 뒷자리에 앉아서 편안하게 이동한다. 십수 년간 인도네시아 경제가 급성장하면서 최저임금도 지속적으로 오르고 있지만, 자카르타 지역 노동자의 최저임금은 여전히 월 40만 원 수준이다. 하지만 메가시티이자 국제도시인 자

쇼핑몰에 입점한 한국 식당.

카르타의 물가는 일반 노동자가 감당하기에는 너무 비싸기만 하고, 도리어 지속적인 경제성장이 빈부 격차를 가속화하고 있는 실정이다.

각각 다른 시대에 같은 공간에 살았던 밤방, 부디, 이네즈에게 인도네시아의 수도이자 최첨단의 도시 자카르타는 어떤 곳이었을까? 대항해 시대, 산업혁명 시대, 디지털 시대를 지나오면서 자카르타는 동남아시아 지역에서 새로운 문화와 문물을 향유할 수 있는 공간이었다. 인도네시아 군도의 주민들에게 자카르타는 이상향이자 성공을 꿈꾸는 공간이었다. 수 세기 동안 자카르타에는 수천만 명의 사람이 모여들었고, 이 공간에서 사람들은 밤방, 부디, 이네즈가 보았던 도시의 풍경을 일상적으로 경험하면서 욕망, 꿈, 좌절의 시간을 보냈다.

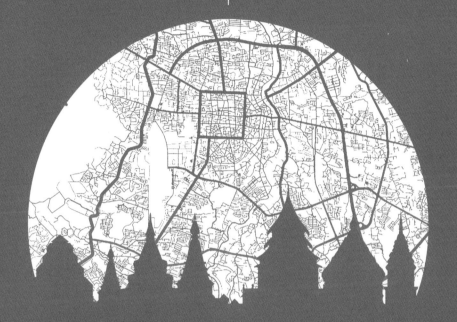

이방인들의 종착지
치앙마이

현시내

○
○ ○
○

치앙마이에서 현지 연구를 할 때였다. 연구차 왔다가 아예 눌러앉은 친구가 나를 불러냈다. 자전거를 타고 치앙마이 올드타운을 누비다가 성 밖으로 나가 삥강을 가로지르는 다리를 건너자 오래된 낡은 목재 건물이 늘어선 거리가 나왔고, 그 한가운데 유럽풍 찻집이 있었다. 안으로 들어가니 삥강 기슭으로 넓은 테라스가 펼쳐져 있었다. 이런저런 이야기를 나누다 그 친구에게 치앙마이 관련 연구자도 아니고 태국이 고향도 아닌데 왜 치앙마이에서 사느냐고 물었다. 그 친구는 치앙마이는 역사적으로 이방인들에게 보금자리를 내어주었고 이방인의 문화가 치앙마이라는 접경 도시의 문화속에 잘 스며들어 있어 이 도시에서 사는 것이 가장 마음이 편하다고 말했다. 10여 년이 지난 지금 그 이야기가 문득 생각난 것은 나역시 치앙마이를 잠시 스쳐 지나간 이방인이지만 이 도시에 대한 애정이 각별해서일 것이다.

1899년 시암(현 태국)에 하나의 주로 완전히 편입되기 전까지 치앙마이는 시암의 이방인이었고, 지금까지도 전 세계에서 자유를 찾아든 이방인들의 정착지다. 이방인이 찾는 곳이다 보니 치앙마이의 문화도 하나로 정의하기 힘들다. 란나 왕국의 영광과 번영이 치앙마이라는 도시 곳곳에 아로새겨져 있긴 하지만, 이방인이 자신의 몸과 마음에 가지고 온 고향의 문화마저 치앙마이가 모두 보듬었기에 접경 도시로서의 성격도 가지고 있다.

그래서 치앙마이 역사를 두 가지 테마로 나누어 살펴보려고 한다. 첫째, 란나 왕국으로부터 치앙마이 왕국으로 이어진 역사를 '올드타운'이라고 불리는 치앙마이 성안에서 찾아보려 한다. 둘째, 이웃 국가와 미국 등지에서 치앙마이로 흘러들어온 이방인의 역사를 성 밖에서 찾아볼 것이다.

## 란나 왕국의 첫 신도시 치앙마이

치앙마이 하면 제일 먼저 떠오르는 이미지는 단연코 올드타운을 감싸고 있는 성벽이다. 새로 탄생하는 제국의 수도를 단단한 벽으로 둘러쌌다는 것은 이 도시를 처음 만들 때부터 외부의 공격을 염두에 두었음을 의미한다. 치앙마이를 란나 왕국의 수도로 만든 멩라이왕(재위 1261~1311)은 이미 광범위한 영토를 차지하고 있었지만, 이웃 왕국을 통합해 거대 제국을 건설하겠다는 야망을 갖고 있었다. 1262년 수도를 치앙라이로 옮기고, 이듬해에는 치앙라이 바로 아래에 있는 파야오 왕국과 우호조약을 맺었다. 1281년에는 이웃이던 하리푼자야 왕국을 공격하고 1년 만에 점령했다.

승전을 기념하고, 새로운 제국의 시작을 알리기 위해 1286년 수도로 처음 정한 곳은 위앙꿈깜이라는 삥강 동쪽에 위치한 작은 도시였다. 치앙마이 올드타운에서 약 10킬로미터 떨어진 곳에 있는 위앙꿈깜 성벽 도시는 완전하지는 않지만 멩라이 왕이 새로운 수도 건설을 통해 알리고 싶었던 야망과 꿈을 엿볼 수 있을 만큼의 흔적은 남아 있다. 위앙꿈깜에 있는 쩨디 리암('정사각형 탑'이라는 뜻)은 인도의 힌두교 사원에서 찾아볼 수 있는 사리탑처럼 화려하고 웅장하다. 1984년부터 시작한 발굴 작업에 힘입어 다수의 절터가 발견되었는데, 새로운 제국의 영광을 알리기 위해 멩라이 왕이 얼마나 노력했는지를 엿볼 수 있다.

하지만 홍수가 잦아서 멩라이 왕은 새로운 수도를 찾아야 했다. 그 와중에 멩라이 왕은 수코타이 왕국의 람캄행 왕이 파야오의 응암무앙 왕의 왕비를 유혹해서 두 나라가 전쟁 직전에 이르렀다는 사실을 알게 된다. 제국의 안녕을 위해 멩라이 왕은 이들 간의 갈등을 중재하고, 1287년 세 왕국은 우호조약을 맺게 된다. 이러한 역사적 사실을 기념하기 위해 1984년에 치앙마이 올드타운 한가운데 '삼왕상'이 만들어졌다. 이들의 단결이 곧 란나 왕국의 시작을 알렸다고 해도 과언이 아니다.

새로운 제국을 안정적으로 지탱해줄 새로운 수도를 찾던 중 멩라이 왕은 1292년 산과 강이 배산임수를 이루는 곳을 발견하게 되는데, 이곳이 바로 오늘날 치앙마이의 올드타운이다. 세 왕은 4년 동안 이 도시를 어떻게 디자인할지 고민했고, 1296년에 새로운 수도 건설에 착수하게 된다. 정사각형에 가까운(18킬로미터×20킬로미터) 성벽과 동서남북으로 난 대문을 4만 명의 인부가 무려 4개월 만에

치앙마이 성 내에 있는 삼왕상(위).
ⓒ 위키미디어

타페 문 앞(아래).
ⓒ 위키미디어

만들었다고 한다. 새 수도의 이름은 '신도시'라는 뜻의 치앙마이로 정했다. 성안에는 현 태국의 북부 지역 출신 토착민만 살 수 있었는데, 이들은 자신을 콘무앙, 즉 '세련된 땅에 사는 사람들'이라고 불렀다. 오늘날 콘무앙은 란나 왕국의 후손이라는 자부심을 가진 태국 북부 지역 사람들을 통칭한다.

콘무앙과 성 밖 세계를 연결하는 다리가 바로 동서남북 성벽 가운데에 만들어진 4개의 대문이다. 가장 먼저 만들어진 북쪽의 창프악('흰 코끼리'라는 뜻) 문은 왕족이 드나들고 왕실 행사가 이루어지던 가장 신성한 대문이다. 흰 코끼리는 희귀해서 신성한 동물로 여겨진다. 오늘날에도 이 동물을 발견하면 즉시 왕실에 보고해야 한다. 그래서 이 문의 이름이 '창프악'으로 지어진 듯하다.

동쪽에 위치한 타페 문은 삥강으로 나가는 관문이다. 태국어로 배 위에 지어진 수상가옥을 '페'라고 부르는데 이러한 가옥들이 모여 있는 항구를 '타페'라고 부른다. 타페 문을 나가 5성급 호텔과 배낭 여행객이 북적거리는 게스트하우스를 지나 걷다 보면 나라왓 다리에 이르는데, 이곳이 란나 왕국의 무역 중심지였다.

남쪽의 치앙마이 문은 잠시나마 란나 왕국의 수도였던 위앙꿈깜으로 이어지는 관문이다. 서쪽의 수안덕(화원) 문은 이름 그대로 왕실 화원으로 나가는 문이었다. 1370년 란나 왕국의 6대 왕 끄나 왕은 수코타이 왕국 출신의 승려가 발견한 부처의 유물을 모시기 위해 화원이 있던 자리에 '왓 수안덕'을 건립했다. 이 유물을 새로 지어진 사원으로 가지고 가자 기적처럼 유물이 2개가 되었다고 한다. 그래서 하나는 왓 수안덕에 보관하고, 다른 하나를 보관하기 위해

도이수텝산에 '왓 프라탓 도이수텝'을 건립했다고 전해진다.

4개의 대문 외에 2개가 추가로 만들어졌는데, 다섯 번째로 만들어진 문이 치앙마이 문 옆에 있는 수안쁘룽 문이다. 14세기 말 왕은 왕비가 성 밖을 자유롭게 다닐 수 있도록 문을 만들고 '수안라'라고 명명했는데, 이후 란나 왕국에 대항한 반란자를 처형하는 곳으로 사용되면서 이름도 '고치는 곳'이라는 의미의 수안쁘룽으로 바뀌었다. 여섯 번째 문은 지금은 없어졌지만, 타페 문 옆에 있었다는 창머이 문이다. 란나 왕국의 9대 왕으로 가장 열정적으로 영토 확장에 집중한 띨록까랏 왕이 왕궁에서 삥강으로 가는 시간을 단축하기 위해 만들었다고 한다.

사각형 모양으로 된 방어벽 구조의 치명적인 단점은 성벽의 무게가 모서리에 집중되어 붕괴 위험이 크다는 것이다. 그래서 적의 침투나 공격이 더 빈번하게 이루어지는데 이러한 단점을 보완하기 위해 성벽 4개 모서리에 방어 보루(태국어로 '쩽')를 짓게 했다. 4개 모서리 보루 중 타페 문과 창프악 문 사이에 있는 쩽 시품이 멩라이 왕이 이 도시를 처음 발견했을 때 수도의 중심으로 정한 곳이라고 한다. 이 성벽 도시에서 란나 왕국의 역사가 시작된다.


## 제국의 성벽이 지킨 상좌부 불교 전통

단단한 성벽과 요새 덕분에 멩라이 재위 시기에 지어진 성안의 사원들은 700년이 지난 지금도 건재하다. 토착민인 라와족의 요새로 알려진 곳에 멩라이 왕은 수도가 지어지는 동안 지낼 캠프를 만들었는데, 1296년 이 야영지에 치앙마이 최초의 사원인 왓 치앙만이 건립된다. 쩽 시품에서 멀지 않은 곳에 있다. 치앙마이에서 가장 오래된 절이라는 왓 치앙만에서 가장 오래된 유물이 바로 코끼리 모양의 부벽이 줄지어 서 있어 코끼리 쩨디(탑)라고도 불리는 '쩨디 창롬'이다. 왓 치앙만 사원 맞은편에 유파랏이라고 불리는 학교가 있는데 이 자리가 멩라이의 첫 왕궁이 지어진 곳으로 추정된다.

관광객이 많이 찾지는 않지만 멩라이 왕 재위 기간에 지어진 또 다른 사원이 왓 쩨디 루앙 뒤편에 있는 '왓 프라짜오 멩라이'다. 1296년에 위앙꿈깜에서 주조한 불상을 왓 치앙만으로 가지고 오는데, 이 불상을 실은 수레의 바퀴 하나가 성안에 들어오고 나서 곧 부서지고 만다. 이에 멩라이 왕은 바퀴가 고장 난 자리에 절을 짓게 하고 자신의 이름을 따 '멩라이 왕 사원'으로 명명했다. 대웅전 안

왓 치앙만의 코끼리 탑.
ⓒ 위키미디어

도시로 보는 동남아시아사 2

에 빨간색 바탕에 금색으로 그려진 벽화에는 멩라이 왕이 하늘에서 내려와 수도가 될 장소를 물색하고 토착민인 라와족 문화를 존중하면서 치앙마이를 건설하는 과정 등이 묘사되어 있는데, 이 불상을 옮기면서 수레바퀴가 부러지는 장면도 여기서 찾아볼 수 있다.

란나 왕국의 창시자인 멩라이 왕이 1311년에 세상을 떠나자마자 25년간 왕위 계승 다툼이 벌어지면서 수도 치앙마이의 운명은 불투명해진다. 란나 왕국의 5대 왕 파유 왕(재위 1336~1355)은 혼란을 수습하고자 치앙마이를 다시 제국의 수도로 선포하고 1345년에 수안덕 문 근처에 왓 프라싱을 건립한다. 전설에 따르면 프라싱은 석가모니가 깨달음을 얻은 인도 보드가야에 있는 마하보디 사원에 있었던 동상으로 스리랑카와 태국의 아유타야를 거쳐 치앙마이에 이르렀고, 파유 왕이 아버지의 유골을 보관하기 위해 지은 이 사원에 안착했다고 한다.

왓 프라탓 도이수텝의 흰 코끼리상.
© 위키미디어

이렇듯 란나 왕국에는 스리랑카를 통해 동남아시아로 전파된 상좌부 불교의 영향이 매우 강했다. 소승불교의 여러 부파 중 하나인 상좌부 불교는 계율을 중시하고 해탈을 강조한다. 이러한 전통을 란나 왕국식으로 바꾸기 시작한 왕이 6대 *끄나* 왕(재위 1355~ 1385)이다.

앞서 언급한 것처럼 *끄나* 왕은 수코타이 왕국 출신 승려가 가지고 온 부처의 어깨뼈로 알려진 유골을 모시기 위해 왓 수안덕을 지었는데, 이 유골이 기적적으로 '자가복제'를 하자 남은 하나를 자신이 타고 다니는 흰 코끼리 등에 붙여두었다. 방생이 된 흰 코끼리가 도이수텝산에서 죽자 이를 범상치 않게 여긴 *끄나* 왕은 코끼리가 죽은 자리에 사리탑을 만들었다. 왓 프라탓(신성한 유물) 도이수텝은 이렇게 1383년부터 건립되기 시작했다. 총 309개로 이루어져 태국에서 가장 긴 나가(naga('뱀'을 뜻하는 산스크리트어. 인도 신화에서 대지의 보물을 지키는 강력한 힘을 소유한 뱀이나 용과 같은 반신적인 존재를 의미한다) 계단을 올라가면 전설을 증명하듯 흰 코끼리상이 반겨준다.

*끄나* 왕의 뒤를 이은 센무앙마 왕(재위 1385~1401) 역시 상좌부 불교가 란나 왕국에 자리 잡을 수 있도록 노력했다. 아버지의 유골을 모시기 위해 만들기 시작한 '왓 쩨디 루앙'은 정작 센무앙마 왕 재위 때는 완공되지 못했고, 란나 왕국이 다시 왕실 내부의 분열로 혼란을 겪는 동안 잊힌 듯했다가 띨록까랏 왕이 즉위한 1441년에야 그 모습을 드러냈다.

왓 쩨디 루앙은 높이가 82미터에 이르고 탑을 지탱하는 기단의 단면이 54미터에 달해 보는 순간 웅장한 규모에 압도되는데, 이 탑의 위엄은 약 100여 년(1468~1551) 동안 에메랄드 불상을 보관하고 있던 성소라는 데서 그 의미가 더더욱 커진다. 기원전 43년에 인도에서 만들어졌다는 이 불상은 고타마 부처가 명상하는 자세를 에메랄드로 만든 동상에 금으로 만든 옷을 씌운 전설의 수호상인데, 1432년 시암 군대가 앙코르 사원을 침략했을 때 발견하고는 아유타야로 가져갔다고 전해진다. 이후 1434년 치앙라이에서 이 불상이 발견됐다는 소식을 들은 란나 왕국의 왕은 불상을 치앙마이로 가지고 오라고 명했다. 그런데 불상을 실은 코끼리가 계속 람빵으로 향해서 결국 람빵에 절을 지어 32년 동안 모시다가 1468년에 띨록까랏 왕이 치앙마이로 가지고 왔다고 한다.

왓 쩨디 루앙.

란나 왕국 영토 확장의 절정을 맞았다는 띨록까랏 왕(재위 1441~
1487)은 미얀마 남부에서 유래한 상좌부식 전통을 존중했고, 존경
심을 표하기 위해 재위 시절에 성 밖 뼹강 유역에 '왓 차이 몽콘'을
건립하게 했다. 하얀색과 금색이 조화를 이룬 쩨디를 보고 버마식
사원이라는 것을 바로 알 수 있지만 절 곳곳에서 보이는 나가상은
상좌부 불교 문화권의 공통적인 특성이다.

띨록까랏 왕이 죽은 1487년 이후에도 승계 논란이 제국의 수명
을 갉아먹었다. 내분으로 인한 혼란 속에서 1546년부터 1547년까
지는 이웃 란상 제국의 왕자가 란나 왕국을 통치했는데, 부왕 서거
후 란상 제국의 혼란을 수습하기 위해 왓 쩨디 루앙에 있던 에메랄
드 불상을 가지고 란상으로 복귀한다. 1558년 버마의 따웅우 왕국
의 침략에 항복하고 1775년까지 버마의 지배가 지속되면서 란나
왕국의 영광은 종식되는 것처럼 보였다.


## 버마 제국의 식민통치와 그 영향


버마 식민통치의 흔적은 치앙마이 성벽 안팎으로 지어진 버마식
사원에서 찾아볼 수 있다. 창프악 문에서 북쪽으로 1킬로미터 떨어
진 곳에 있는 왓 꾸따오 혹은 왓 웨루와나람으로 알려진 사원은 원
래 1450년에 건립되었는데, 버마가 치앙마이를 통치하기 시작한
이후 1607년에 약 1년간 치앙마이를 지배했던 첫 버마 왕조 출신
의 왕 노야따 민서 왕이 왕실 사원으로 지정하고 지금은 이 절을

대표하는 건축물인 수박을 쌓은 듯한 모양의 탑 꾸따오를 만들게 한다. '꾸따오'라는 이름은 수박 모양의 유골함이라는 뜻으로 이 사원의 상징인 탑의 모양에서 유래했다.

1558년 치앙마이를 정복하자마자 버마는 '왓 사이문 미얀마'라는 사원을 성 남쪽에 위치한 치앙마이 문 근처에 짓게 한다. 버마 따웅우 왕조의 통치 시작을 알리는 듯한 화려한 사원의 대문은 붉은색 바탕에 금색으로 치장되어 있다. 안으로 들어가면 일반 대중에게 잘 공개되지 않는 불상 3기가 자리 잡은 대웅전을 볼 수 있다. 대웅전 옆으로는 종 모양의 쩨디가 있다. 정사각형 기단이 겹겹이 쌓여 있고 그 위에 신성한 우산 모양의 상단이 자리 잡아 이 사원이 치앙마이식이 아닌 버마의 전통 양식을 따랐음을 보여준다.

치앙마이 북쪽 성벽 가까이에 위치한 왓 빠빠오는 버마의 영토 안에 살던 따이족 출신 타이야이인이 만든 첫 번째 사원이다. 1883년 인타위차야논 왕 재위 시절 샨 출신의 후궁과 치앙마이의 티크 벌목 산업 확장에 동참하기 위해 모여든 샨 사람들의 염원을 모아 만들었다. 이 사원이 지어진 곳에는 태국이 원산지인 빠오 나무가 많이 자라서 '빠(정글)빠오'라는 이름이 붙여졌다고 한다. 약재로도 널리 쓰이던 빠오 나뭇잎을 수집하기 위해 타이야이 사람들이 옛 왕궁 터에 모여들었다고 한다. 그들의 염원을 담아 타이야이식 사원이 만들어졌다. 버마의 식민통치기를 지나 까윌라 왕이 치앙마이 성으로 복귀한 뒤에도 여러 번 보수되었다. 타이야이인을 품으려 했던 치앙마이 왕조의 노력으로 해석되는 지점이다.

물론 중간중간 버마 따웅우 왕조의 횡포와 식민통치에 저항하는 운동이나 반란이 일어나기는 했지만 완전한 독립을 이루기에는 역부족이었다. 17세기에는 남부에 있는 같은 따이족 출신의 아유타야 왕조가 용병을 보내 버마와의 전쟁을 도왔고, 란나 왕국의 콘무앙도 버마의 식민통치에 저항했지만 역부족이었다. 기회는 따웅우 왕조가 왕위 계승 문제뿐만 아니라 과도한 영토 확장 정책이 야기한 혼란으로 왕국의 힘이 약화되면서 버마 영향권 아래 있던 주변 중소국들이 독립을 꿈꾸기 시작할 때 찾아왔다. 때마침 지금의 방콕 근처를 지배하고 있던 톤부리 왕실의 딱신 왕은 버마 정복을 결심했고 1774년에 치앙마이 원정에 나선다. 당시 람빵 왕실의 까윌

왓 빠빠오 입구.

라 왕자는 '버마로부터의 해방'(픈만) 운동에 착수했고 이를 지지한 딱신 왕의 도움으로 1775년에 치앙마이를 수복한다. 하지만 버마로부터의 독립은 곧 시암 제국으로의 종속을 의미했다.

버마는 치앙마이를 쉽게 포기할 수 없었다. 이어지는 공격에 대항하던 왕자 까윌라는 1782년이 되어서야 치앙마이 성안으로 복귀할 수 있었다. 까윌라의 환도 과정에서 눈여겨볼 점은 바로 입성 첫날 밤을 왓 치앙만 사원에서 보냈다는 것이다. 치앙만 사원이 처음 문을 열었을 때의 장면을 묘사한 벽화가 타페 문 밖에 있는 '왓 부파람'에 있는데, 1497년에 지어진 이 사원에서 까윌라 왕자는 200여 년 동안 버마 따웅우 왕국에 뺏긴 치앙마이를 되찾기 위한 의식을 치렀다. 멩라이가 치앙마이를 수도로 만든 뒤 처음으로 지은 사원인 왓 치앙만에서 꿈이 현실이 된 듯한 순간을 보낸 것이다.

하지만 치앙마이는 더 이상 란나 제국의 수도가 아니었다. 1802년에야 까윌라는 방콕에 내려가서 짜끄리 왕조의 허락을 받고 왕이 될 수 있었다. 1816년 까윌라 왕이 죽은 후 치앙마이를 다스린 군주들은 1853년까지 시암으로부터 '왕' 대신 '파야'라는 귀족 칭호를 받았다. 그리고 치앙마이의 군주는 방콕에서 정했다. 이렇듯 치앙마이는 시암의 속국으로서 3년에 한 번씩 조공을 바치고 시암 왕실의 허락을 받아야만 왕 칭호를 쓸 수 있었는데, 1874년까지는 시암 왕실이 직접적으로 치앙마이의 행정과 정치에 관여하지 않기 때문에 어느 정도의 자치권을 유지하고 있었다. 이를 가장 잘 보여주는 것이 영국과의 관계다.

# 성 밖에서 만들어진
# 또 다른 제국들의 역사

1826년 1차 영국-버마 전쟁이 영국의 승리로 끝나면서 하부 버마 진출 및 양곤 점령 기회를 갖게 된다. 버마의 풍부한 자원에 욕심을 내기 시작한 영국 제국주의자들은 1829년에 처음 치앙마이 왕실을 찾았고, 이후 영국령 버마와 치앙마이 사이의 국경을 살윈(버마어로 만뤼)강으로 정한다. 사실 국경선이나 토지 사유권 자체가 치앙마이 지도자뿐만 아니라 당시 대부분의 동남아시아 지도자들에게는 완전히 새로운 개념이었다. 치앙마이는 티크 목재 주산지로 영국뿐만 아니라 프랑스, 중국도 탐내던 지역이었다. 버마에서 영향력을 확장하던 영국이 제일 먼저 치앙마이의 티크 목재 생산과 수출에 관여하기 위해 접근했다. 영국과 국경선을 확정하는 과정을 치앙마이가 시암 왕실에 알리지 않은 것은 국경선 획정이 이후 태국과 영국 간의 외교·경제 관계에서 어떠한 역할을 할지 예상하지 못했기 때문이다.

그러던 중에 1855년 시암의 몽꿋 왕은 영국과 보우링 조약을 맺어 치외법권을 내어주고 시암 내 영국인의 자유무역을 허용했다. 비슷한 내용의 조약을 1856년에 미국과도 맺게 된다. 이에 1860년 치앙마이를 방문한 방콕 주재 영국 영사는 까위로롯 왕(재위 1856~1870)에게 치앙마이에 거주하거나 방문하는 영국인은 보우링 조약에 따른 대우를 받아야 한다고 했고, 이에 까위로롯 왕은 그 조약은 방콕의 시암 왕실과 영국이 맺은 것이지 치앙마이에는 해당되지 않는다고 답했다. 이렇듯 까위로룻 왕의 주권과 자치권 수호 의지는 방콕의 영향력을 제한하는 데 기여하기는 했지만 한편으로는 방콕이 직접 치앙마이를 통치하는 계기를 만들어주기도 했다.

1867년 미국의 장로교 선교사였던 대니얼 맥길버리는 태국 북부와 라오스에서 기독교 전파를 위한 '라오스 미션'을 조직하기 위해 치앙마이에 도착한다. 얼마 지나지 않아 기독교로 개종한 신자들이 생기면서 선교활동은 성공하는 것처럼 보였지만 불교를 포기하는 것을 불법으로 규정한 치앙마이 왕실법에 따라 1869년 두 명의 개종자가 처형을 당하게 된다. 그러자 맥길버리는 바로 방콕에 고소장을 제출한다.

이때는 이미 치앙마이에 있는 영국의 티크 무역업자들이 치앙마이 왕실의 처우에 반발해 고소를 하고, 영국인 기업이 습격을 당하거나 피해를 입는 사건에 대한 소식이 방콕으로 퍼지고 있던 상황이었다. 영국의 직접적인 개입을 두려워하던 시암의 쭐라롱꼰 왕은 미국인 선교사의 고소장까지 받고 나자 치앙마이 왕실을 그냥 두고 볼 수 없었다. 1874년 쭐라롱꼰 왕은 인도 캘커타에서 영국과 치앙마이 조약을 체결하고 치앙마이 행정에 개입하기 시작했다. 1878년에는 치앙마이를 포함한 시암 전체에 종교의 자유를 허용하고, 1883년에는 치앙마이도 보우링 조약 적용 지역이라는 것을 공표한다. 결국 1893년 쭐라롱꼰 왕은 새로운 지방행정 시스템을 발표하기에 이른다. 1899년 치앙마이는 이 새로운 시스템에 따라 시암의 지방행정 단위로 편입되었다.

라오스 미션을 치앙마이에서 시작한 맥길버리가 기독교 전파를 위해 선택한 선교 전략은 세 가지였다. 교회를 세우는 것, 서양의 문물을 가르치는 기독교 학교를 세우는 것, 그리고 병원을 지어 과학기술을 전파하는 것이었다. 단순히 복음만 전하는 것이 아니라 서양의 문화와 기술의 우수성을 알려 치앙마이 사람들이 흥미를 갖고 자발적으로 기독교를 알고 따르게 되기를 바랐던 것이다. 이러한 비전을 갖고 치앙마이에 도착한 맥길버리 목사가 첫 번째로 한 일은 교회를 세우는 것이었다. 물론 불교 국가인 치앙마이 왕국에서 기독교 교회를 세우는 일은 쉽지 않았다. 그렇다고 치앙마이 왕국의 핵심인 성에서 너무 벗어나면 선교활동에도 차질이 생길 수 있기에 삥강 주변에 짓기로 한다. 치앙마이 역사상 첫 번째 교회이자 서양식 건물, 지금도 '퍼스트 처치'라고 불리는 치앙마이 교회가 1868년 삥강 동쪽 기슭에 세워졌다.

타페 문을 나가 타페 길을 따라가다 보면 나라왓 다리가 나온다. 이 다리를 건너자마자 오른편에 보이는 서양식 건물이 바로 치앙마이 기독학교다. 1868년에 지어진 치앙마이 교회는 이 기독학교 안에 있다. 붉은색 지붕을 얹은 목재 건물로 꽤 잘 보존되어 있다. 특히 2층으로 만들어진 붉은색 지붕의 종탑이 우뚝 서 있어 어디서든 눈에 띈다. 교회 건물 안에는 맥길버리 부부가 썼던 가재도구부터 오르간피아노, 교회가 지어질 당시의 사진 등이 전시되어 있다. 치앙마이 최초의 교회 주변으로는 치앙마이 지역 교회도 보인다.

1869년 개종자 처형 사건이 일어나자 맥길버리는 잠시 선교활동을 중단하고 방콕 왕실에 제출할 고소장을 작성하는 한편, 사건을 알리는 데 집중한다. 1878년 시암에서 종교와 선교의 자유가 허

삥강 맞은편에 보이는 치앙마이 교회와 기독학교.

용된 이후 그는 다시 교회를 세우고 신도를 모으는 데 집중하는데, 그러한 노력의 일환으로 1878년 치앙마이 최초의 여학교인 '다라 아카데미'를 열었고, 1880년에는 치앙마이 성 밖에 교회 세 개를 추가로 설립했다. 1880년대 후반부터는 애초의 계획대로 학교와 병원을 짓는 사업에 집중하게 된다.

치앙마이 기독학교 앞의 대로를 따라 북쪽으로 가다 보면 나콘 뼁 다리가 나오는데 거기서 치앙마이 왕국의 마지막 왕의 이름을 딴 께오나와랏 대로가 나온다. 이 길을 따라 내려가다 보면 프린스 로열 칼리지라는 기독교 학교가 나온다. 유치원부터 고등학교까지 있는 사립학교로 1887년 맥길버리가 운영하던 라오스 미션 소속의 선교사가 세운 '치앙마이 소년 학교'로 시작했다. 맥길버리 부부가 만든 다라 아카데미에서 900미터 떨어진 곳에 세워졌다. 1906년 방콕 짜끄리 왕조의 6대 왕 와치라웃 왕이 방문했을 때 교실 건물의 주춧돌을 놓으면서 프린스 로열 칼리지로 이름을 바꾸게 된다.

프린스 로열 칼리지 옆에 자리한 병원과 학교들도 비슷한 시기에 미국 선교사에 의해 세워졌다. 1882년 태국에 온 C. W. 브루먼 박사는 태국에서 처음으로 서양식 수술을 집도한 의사인데, 그가 처음 메스를 들어 수술을 한 곳이 1888년 뼁강 서쪽 기슭에 미국 장로교 해외 선교부의 지원으로 설립된 미국미션병원이다. 이 치앙마이 최초의 서양식 의료기관이 1920년에 프린스 로열 칼리지 옆으로 옮겨가면서 새로운 병원 건물을 짓는데, 이를 위해 막대한 기부를 한 후원자의 성을 따 '맥코믹 병원'으로 이름을 바꾸게 된다. 맥코믹 병원은 최초의 서양식 의료 기술을 도입한 곳으로도 유명하지만, 짜끄리 왕조의 8대 왕과 9대 왕의 아버지였고 미국 하버드대학과 MIT에서 의학 교육을 받은 마히돈 왕자가 레지던트로 근무했던 곳이라 더더욱 유명하다. 이 병원 맞은편에는 1974년에 태국 그리스도교회가 세운 파얍대학교의 의대와 약대 그리고 신학대학이 있다.

다양한 제국의 흔적이 남아 있는 치앙마이 성 밖에서는 19세기 중반에 치앙마이로 흘러들어온 무슬림의 유적도 찾아볼 수 있다. 치앙마이의 무슬림은 크게 중국 윈난성 회족 출신과 인도, 파키스탄, 말레이시아 등지 출신으로 나뉜다. 현재 치앙마이에는 총 13개의 이슬람 사원이 있는데 이중 7개가 윈난성 회족계가 세운 것이고 6개는 남아시아 출신 무슬림이 세운 것이다. 치앙마이에서 가장 오래된 이슬람 사원이 1916년에 윈난성 회족 출신 거주민이 치앙마

맥코믹 병원 맞은편에 자리 잡은 파얍대학교의 맥길버리 신학대학.

이 성 밖 나라왓 다리로 가는 타페 길 근처에 세운 반허 모스크인데, 치앙마이 이슬람 사원masjid이라고도 알려져 있다. 윈난성 출신 회족이 지어서 동남아시아 여타 지역의 이슬람 성소들과는 달리 중국식 건축 양식이 강하게 보인다. 창프악 문 근처에 자리 잡은 '둔 누루 창프악' 이슬람 사원은 인도 벵골 출신 무슬림들이 20세기 중반에 만들었다.

치앙마이는 도시 전체가 다양한 건축 양식으로 지어진 사원과 오래된 성벽, 그리고 지어진 지 몇백 년은 족히 지났을 것 같은 서양식 건물들이 모여 있어 국제 박람회장과도 같은 모양새다. 이 도시를 처음 거닐 때는 과연 내가 방금 지나친 사원 이름을 기억이나 할 수 있을까 싶을 정도였다. 이 도시가 가진 무게에 짓눌려버릴 수도 있겠다는 생각에 겁도 났다. 그래서 10여 년 전 만난 그 친구에게 왜 이 도시에 정착하게 되었느냐고 물었던 것 같다. 그때 그 친구는 처음 현지 조사를 하려고 도착했을 때는 도시 전체가 유적지 같았는데 지금은 일상의 풍경이 되어서 그리 부담을 느끼지 않게 되었다고 말했다.

이제 와서 곰곰이 되짚어보니 그 친구의 말은, 치앙마이의 역사에 자신을 끼워넣으려 하지 말고 그 역사를 내 삶으로 품으라는 의미였던 것 같다. 치앙마이라는 도시 자체가 다양한 이방인들의 종착지가 되었듯, 치앙마이의 과거와 현재를 삶의 일부로 받아들이는 것이 치앙마이라는 도시를 이해하고 이곳에서 즐겁게 시간을 보내는 방법이라는 충고 같기도 하다.

치앙마이는 수백 년 동안 이방인들이 일구어온 역사와 치앙마이의 현재를 만드는 수많은 삶의 이야기를 품고 있어 앞으로도 계속 분주하고 다채로운 풍경을 보여줄 것이다. 여전히 이방인으로 이 도시를 찾지만 낯섦보다는 안도감이 느껴지는 이유다.

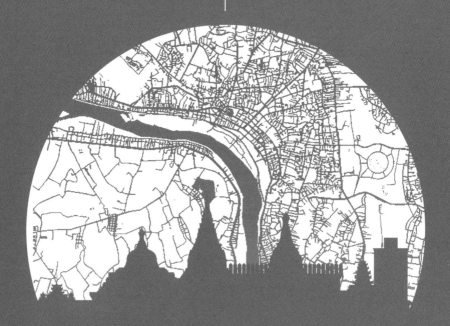

비엔티안에서 다시 태어난
라오스

현시내

20여 년 전만 해도 비엔티안은 그냥 지나가는 도시였다. 태국 방콕에서 야간 버스를 타고 아침에 라오스 국경에 다다르면 잠시 내려 비자를 받고 대부분 왕위엥(방비엥)이나 루앙프라방으로 가곤 했다. 나 역시 볼 것도 별로 없고 놀 거리도 없다는 라오스의 수도 비엔티안을 지나쳐 왕위엥에 도착했다. 대충 짐을 풀고 동남아시아에서 제일 맛있다는 라오스 소시지에 비어라오를 마시려고 근처 식당에 갔다. 자리가 없어 합석한 프랑스인과 서툰 영어로 이야기를 나누기 시작했다. 어느 나라 사람이냐, 라오스에 언제 왔느냐, 어디어디 가봤느냐는 상투적인 대화를 이어가다가 프랑스인이 내게 무슨 일을 하느냐고 물었다. 동양사를 공부하는 학생이라고 하자, 그는 빙그레 웃으며 "아시아에도 역사가 있느냐"고 물었다. 농담인지 진담인지 모를 질문에 분노와 짜증이 치밀어 올랐지만, 그 분노를 설명하기에는 영어 실력이 부족해서 "있다"라고 짧게 대답하고, 남은 잔을 비우고 일어났다.

아시아에는 역사가 없다? 어디선가 비슷한 말을 들어본 것 같다. 인류학자 에릭 울프는 지금은 고전이 된 저서 《유럽과 역사 없는 사람들》에서 당대의 유럽 역사가 권력을 가진 사람들의 이해를 대변하고 그들의 목소리를 전달해주는 도구였다고 주장했다. 정작 지금의 유럽을 있게 한 수많은 비유럽인 이주민들을 "역사 없는 사람들"이라고 반어적으로 표현한 이유다. 아시아에 역사가 없다고 한 그 프랑스인의 말은 여러 가지로 해석될 수 있겠지만, 20년 전 혈기왕성하던 때라 아시아를 모르는 무지한 유럽인의 말로 받아들여 분노했다. '보호령'이라는 미명하에 수많은 라오스인을 플랜테이션으로, 광산으로 보낸 프랑스 식민주의자들이 라오스인의 역사를 지워버린 게 아니던가.

그렇지만 나 역시 여느 배낭 여행객이 그러하듯, 남들이 다 가본다는 핫플레이스에 가서 수십 장의 사진을 남기고 맛집을 찾아다녔을 뿐이었다. 한 달 가까이 라오스를 여행했음에도 그 나라의 역사를 알려고 하지 않았다. 아시아에 역사가 있냐고 물어보는 사람도 있지만, 아시아 역사를 알려고 하지 않는 사람도 있었다. 몇 년이 지나지 않아 어떤 강한 인연이 작동했는지 나는 동남아시아 역사학을 공부하게 되었다. 이제 아시아 역사 연구자가 되어 20년 만에 라오스 비엔티안을 찾아갔다.

라오스의 역사는 크게 1975년을 기점으로 나뉜다. 물론 라오스에도 고대사가 있고 근대사도 있지만, 1975년 이전의 역사가 왕실의 역사였다면 1975년 이후의 역사는 공산당에 의해 새로 쓰였다고 할 수 있다. 1975년 이전이나 이후나 권력을 가진 자가 라오스 역사를 써왔기 때문에 그나마 몇 권 되지도 않는 라오스 역사책에서 평범한 사람들의 이야기를 찾기는 힘들다. 따라서 비엔티안이라는 도시의 역사 속에서 라오스 사람들의 이야기에 초점을 맞추려고 한다.

## 란상 제국의 흥망성쇠를 품은 파탓루앙

고려 태조 왕건이 대부분의 영토를 통일하기 전에 한반도에 여러 왕국이 존재했듯, 프랑스가 라오스를 보호령으로 지정한 1893년까지 여러 왕국이 현재의 라오스를 나누어 지배하고 있었다. 이 중 오늘날의 라오스와 직접적인 관계가 있는 왕조는 1353년 파응움 왕

파탓루앙 공원 앞
세타티랏 왕 동상.

이 지금의 루앙프라방에 세운 란상 제국이다. 란상 제국은 '100만 마리 코끼리'라는 뜻으로 당시 서쪽으로는 란나 왕국, 남쪽으로는 크메르 제국, 동쪽으로는 다이비엣 및 짬빠 왕국과 경쟁하면서 영토를 넓혀갔다. 전성기에는 중국 남부 윈난성, 태국 동북부 지역과 베트남 북부, 캄보디아 북부 지방을 아우르기도 했다. 하지만 왕실 내부의 권력다툼으로 파응움이 유배되고, 그의 아들이 왕위에 올랐지만 혼란은 지속된다. 1479년 다이비엣의 공격으로 수도 루앙프라방이 거의 폐허가 되었다가 16세기 초반에 다시 영토 회복에 들어갔다. 1560년, 버마 따웅우 왕조의 공격에 시달리던 란상 제국의 세타티랏 왕은 수도를 지금의 비엔티안으로 옮긴다.

세타티랏 왕이 비엔티안을 수도로 삼고 나서 가장 먼저 한 일은 3세기에 아소카 왕이 보낸 부처님의 사리를 보존하기 위해 세워졌던 사원 자리에 파탓루앙('위대한 부처님의 사리탑'이라는 뜻)을 세운 것이다. 파탓루앙은 양곤의 쉐다곤 파고다와 방콕의 에메랄드 사원처럼 라오스를 상징하는 불교 건축물로, 란상 제국부터 프랑스령 인도차이나가 되기까지 라오스의 흥망성쇠를 오롯이 품고 있다. 수도 이전 후 1566년에 세타티랏 왕은 단면이 70미터 정도 되는 정사각형 기단 위에 피라미드처럼 보이는 탑을 세우고 탑 전체를 금으로 도색하게 했다. 란상 제국의 위엄과 정통성을 보여주기 위함이었다. 하지만 따웅우 왕조의 잇따른 공격으로 란상 제국은 버마의 속국이 되었다(1573~1591). 파탓루앙은 란상 제국의 상징인 만큼 버마, 시암과 같은 주변국의 침략 때마다 파괴되고 재건되는 과정을 반복적으로 겪었다. 결국 1828년 시암의 침략으로 완전히 폐허

파탓루앙(위).
파탓루앙 회랑에 전시된 불상(아래).

가 되어버렸다가, 1900년 프랑스가 재건을 시도하게 된다. 우여곡절 끝에 1930년대에 재건되지만 1940년대 프랑스와 태국 간의 영토 분쟁이 일어나면서 시암의 공격을 받아 다시 파괴되었다. 지금의 파탓루앙은 2차 세계대전이 끝난 뒤에 재건된 것이다.

파탓루앙을 둘러싸고 있는 회랑에는 500여 년간 이어진 파괴와 재건의 역사가 고스란히 기록되어 있다. 파탓루앙 터에서 발견된 란상 제국 시대의 불상이 전시된 회랑을 지나면 곧 파탓루앙이 시암군의 공격으로 파괴되었을 때와 이후 복구되는 과정을 담은 유화가 순차적으로 전시되어 있다. 다양한 자세와 미소로 반겨주는 불상을 보다가 명암이 두드러지는 유화로 기록된 파탓루앙의 파괴와 재건의 역사를 보고 나니 숙연해지는 기분이다.

노란색, 주황색 꽃다발을 들고 회랑을 따라 걷는 사람들이 보인다. 마치 불국사에서 탑돌이를 하듯, 파탓루앙을 찾는 라오인과 관광객도 회랑을 따라 파탓루앙을 돌면서 무언가를 기원한다. 나도 그 뒤를 따라간다. 회랑을 지탱하고 있는 기둥 사이로 보이는 금색의 거대한 사리탑은 뜨거운 태양 빛을 받아 한층 그 위엄을 자랑하고 있었다.

금빛 파탓루앙은 화려하고 웅장하기보다는 단단해 보였다. 수백 년간 라오인 혹은 비엔티안 사람들의 안녕을 지키기 위해 그 자리에서 버텨낸 의지와 힘이 바로 이 파탓루앙에 모두 녹아 있다.

# 아누웡 왕과 라오스 민족주의의 시작

날씨가 가장 좋다는 건기인데도 2월의 라오스는 더웠다. 비가 안 오니 질척거리지 않아서 좋긴 하지만 호텔 방으로 돌아올 때쯤에는 머리카락이 먼지와 매연으로 범벅이 되어 끈적끈적해질 정도였다. 열대야에 한강 공원을 찾듯, 어둠이 내려앉기 시작하자 메콩강을 끼고 도는 아누웡 왕 공원을 찾았다. 띄엄띄엄 서 있는 가로등 사이로 관광객과 산책하러 나온 사람들이 보였다. 강 옆으로 요란한 댄스 음악이 울려 퍼지는 간이 놀이공원이 보이고, 야시장도 있었다. 음악과 불빛이 희미해질 때쯤 눈앞에 거대한 동상이 보였다. 이 공원에 이름을 준 아누웡 왕 동상이다.

아누웡 왕 동상.

파탓루앙의 역사에서도 알 수 있다시피 15세기 이후 란상 제국은 흥망성쇠를 거듭하면서 점점 힘을 잃어가고 있었다. 17세기 중반에 다시 한번 제국의 위상을 회복하게 되지만, 결국 1707년을 기점으로 란상 제국은 비엔티안, 루앙프라방, 짬빠싹으로 분할된다. 아누웡 왕은 1707년 란상 제국이 분할된 뒤 비엔티안 왕국의 5대 왕으로 즉위했다(재위 1805~1828). 비엔티안 왕국의 건국자도 아닌데 그의 동상이 비엔티안의 한강 공원 같은 곳에 우뚝 서 있는 이유가 있다. 15세기부터 이어진 주변 열강들의 끊임없는 공격과 식민통치에 대항한 라오인의 저항정신을 대변하기 때문이다.

1707년 루앙프라방의 분리 선언, 그리고 1713년 짬빠싹 왕실의 분리 선언으로 란상 제국은 지금의 비엔티안과 태국 동북부의 일부 지역을 통치하는 비엔티안 왕국으로 축소되었다. 18세기 후반부터 버마와 시암(현 태국) 왕조 간의 영토 대결이 가열화되는 가운데 비엔티안 왕실은 루앙프라방 왕실과 갈등 관계에 놓이게 된다. 영토를 확장하기 위해 버마와 시암은 비엔티안이나 루앙프라방 왕실과 각각 동맹을 맺으려 했고, 라오스의 두 왕실은 이들과의 전략적 동맹을 통해 독립을 유지하려 했다. 결국 1779년에 딱신 왕은 시암에서 버마군을 몰아낸 뒤 그 기세를 몰아 짬빠싹과 비엔티안을 공격했고, 비엔티안 왕국 토벌을 도운 루앙프라방 왕실을 속국으로 만들었다. 당시 시암의 신생 왕국이었던 톤부리 왕조의 권위를 세우기 위해 딱신 왕은 란상 제국의 보물이었던 에메랄드 불상과 '프라방'이라고 불리던 불상을 시암으로 가지고 갔다. 그리고 반란을 막기 위해 비엔티안 왕실의 세 왕자를 방콕으로 데려가 인

질로 삼았다.

시암의 속국이 된 비엔티안 왕국이 독립의 기회를 본 것은 1819년 짬빠싹에서 시암의 관세 조치에 대항해서 반란이 일어났을 때였다. 1781년 프라방과 함께 비엔티안 왕국으로 돌아온 아누웡의 큰형 난타센 왕은 비엔티안의 독립을 위해 시암과 버마 모두와 공조했지만 결국 그 꿈을 이루지 못하고 죽었다. 아누웡의 둘째 형 인타웡 역시 열강들의 대결 구도를 이용해 라오스의 독립을 지키려 했다. 그 일환으로 1797~1802년 버마의 공격에 저항하는 시암을 지원하기 위해 아누웡을 장군으로 임명해 라오군을 파병했다. 1805년에 즉위한 아누웡도 비슷하게 시암과 베트남 간의 갈등 관계를 이용해 비엔티안의 독립을 시도했다. 1819년 짬빠싹 반란을 진압한 뒤 이곳을 기점으로 태국 동북부 지역으로 영향력을 넓혀가기 시작한다. 그러다 시암에서 왕위 계승 문제로 갈등이 빚어지는 틈을 타 1826년에 반란을 일으킨다.

아누웡 왕은 반란을 일으키면서 몇 가지 목표를 세웠다. 첫째, 시암으로 강제이주한 라오인의 귀환과 더불어 강제이주한 라오인의 몸에 노예 문신을 새긴 시암인들에 대한 처벌. 둘째, 치앙마이와 루앙프라방과의 동맹 결성. 셋째, 라오스의 독립을 지키기 위해 중국, 베트남, 버마, 영국의 지원을 약속받는 것 등이다. 하지만 버마와의 오랜 전쟁으로 단련된 시암군을 격파하기는 쉽지 않았다. 결국 1828년 아누웡 왕의 반란은 시암군에 의해 진압되었다. 비엔티안은 함락되었고, 아누웡 왕은 베트남 국경 근처에서 붙잡혀 고문을 당한 뒤 방콕에서 죽었다. 시암의 왕은 6만 명이 넘는 비엔티안 사람들을 태국 동북부로 강제이주시킨다.

아누웡 왕의 반란은 결국 실패로 끝났기에 과연 아누웡 왕이 라오스의 민족주의를 대표할 수 있는지에 대한 논란이 있다. 반란의 실패가 곧 비엔티안 왕국의 종식으로 이어졌기 때문이다. 그런데도 아누웡 왕의 대형 동상이 비엔티안에 자리 잡은 이유는 그가 시암으로 대표되는 제국주의에 저항한 상징적 인물이기 때문이다. 특히 시암에 강제이주한 라오인들의 귀환을 추진하고자 했다는 점에서 아누웡 왕은 라오 민족의 아버지와도 같은 존재로 여겨져왔다. 하지만 아누웡 왕의 반란 이후 라오인의 강제이주는 오히려 급격히 늘어나 1828년부터 1830년까지 최대 30만 명의 라오인이 시암으로 보내졌다.

비엔티안의 몰락으로 시암과 베트남의 영토 확장 경쟁은 가열되었고 이는 전란으로 이어졌다. 1893년 프랑스가 라오스를 보호령으로 선언하기 이전까지 라오스는 북부의 루앙프라방, 중부의 비엔티안을 포함한 농카이(현 태국 영토) 지역, 남부의 짬빠싹 3개 지역으로 나뉘어 시암의 지배를 받게 된다.

## 라오스 독립을 찬양하는
## 승리문 빠뚜싸이

아누웡 왕 동상을 뒤로하고 공원을 나오면 비엔티안의 명물인 호프라깨우박물관이 보인다. 호프라깨우박물관은 1565년에 지어진 절로 시암에 **빼앗긴** 에메랄드 불상이 원래 있었던 자리다. 이 박물관을 따라 남쪽으로 향하면 나오는 시사껫 절은 1818년에 아누웡 왕의 명령으로 지어졌다. 이 절의 건축을 명령할 때부터 아누웡 왕은 시암에 대한 반란과 반격을 대비했는지도 모르겠다. 그도 그럴 것이 19세기에 지어진 다른 절과 비슷하게 보이지만, 시사껫 절은 지붕이 다섯 겹으로 되어 있다. 1826년 반란이 시작된 후 예상했던 대로 시암군의 반격이 바로 시작되었고, 1827년 시사껫 절은 비엔티안 함락을 위해 진군했던 시암군의 본부가 되었다. 시암군의 공격에서 살아남은 시사껫 절은 지금은 비엔티안에서 가장 오래된 절로 남아 있다. 시사껫 절을 지나면 대통령궁이 보이고 그 앞으로 란상 애비뉴가 펼쳐진다.

대통령궁에서 라오스 버전 개선문인 **빠뚜싸이**까지 이어지는 란상 애비뉴는 서울 광화문 거리를 연상케 하는데, 복잡한 라오스의 근현대사가 들쑥날쑥 섞여 있는 대로다. 대통령궁은 원래 란상 제국의 세타티랏이 1560년에 수도를 이전한 뒤 왕궁을 지었던 자리이고, 1973년 내전 와중에 라오스 왕족의 거주지로 지정되어 건축을 시작했으나 1986년에야 완공되었다. 이 왕궁을 둘러싸고 있는 철문 앞에 서면 저 멀리 **빠뚜싸이** 개선문이 희미하게 보인다. 란상 애비뉴를 따라 걷다 보면 왼쪽으로는 베트남, 태국, 말레이시아 은행이 있고, 개선문 근처에 이르면 '프랑스 라오스 연구소'가 자리하고 있다. 시사껫 절에서 시작되는 란상 애비뉴 오른쪽에는 오래된 쇼핑몰인 '딸랏싸오'(아침 시장)를 비롯해 크고 작은 가게와 관공서가 마구 섞여 있다.

빠뚜싸이 개선문.

도시로 보는 동남아시아사 2

빠뚜싸이 개선문은 낮에 보면 웅장하고, 밤에 보면 화려하다. 나폴레옹의 불패 전력을 기념하는 파리의 에투알 개선문처럼 비엔티안의 빠뚜싸이 개선문은 2차 세계대전 이후 프랑스의 재침략에 대항한 라오군의 희생을 기리는 동시에 1953년 라오스 독립을 찬양하기 위해 만들어졌다.

엄밀하게 말하자면 프랑스는 라오스를 직접 통치했다고 할 수 없다. 1893년 인도차이나를 공식적으로 식민화하기 시작한 프랑스는 베트남을 통킹, 안남, 코친차이나로 나누고 라오스와 캄보디아를 프랑스령 인도차이나에 포함시킨다. 이 5개 식민지령 중에서 현재 호찌민시(전 사이공)가 있는 코친차이나만 직접 통치하고 나머지는 '보호령'으로 지정했다. 1899년 프랑스는 라오스 보호령의 수도를 비엔티안으로 정한다. 식민통치 본부가 세워지는 도시의 위엄을 보여주기 위해 파탓루앙이나 호프라깨우 같은 유적을 재건하고 유럽풍 건물을 여럿 지었다. 이렇게 비엔티안은 프랑스 식민통치하에서 라오스 전체의 수도가 되었다.

1953년 독립 선언 후 라오스 정부는 의회군주제를 실시했다. 통일된 국가를 세우기 위해 루앙프라방 왕실의 시사왕웡과 그의 사촌인 수완나푸마 왕자, 수파누웡 왕자, 그리고 짬빠싹 왕실 출신의 분움 왕자는 연정을 구성하려고 했지만, 수백 년 동안 따로따로 살아온 왕국이 모여 하나의 정부를 만들기는 쉽지 않았다. 1954년 제네바 협정에 따라 프랑스령 인도차이나는 베트남, 라오스, 캄보디아 세 독립국가로 나뉘게 된다. 2차 세계대전 기간 동안 베트남의 독립운동을 주도했던 호찌민의 영향력이 국경을 넘어 급속도로 확장되자 동남아시아에서 공산주의의 확산을 우려하던 미국은 라오스와 캄보디아 같은 신생 독립국가에 주목하게 된다. 특히 병을 막고 있는 코르크에 비유될 정도로 라오스는 미국 입장에서 공산화라는 도미노에 쓰러지지 않도록 지켜야 할 전략적 요충지였다.

이에 미국은 1955년부터 라오스에 경제 및 군사 원조를 시작했다. 1957년 수완나푸마 총리는 이복형 수파누웡 왕자가 이끄는 라오스의 공산당 '빠텟라오'와의 연정을 선언한다. 그리고 비엔티안에 새로운 국제공항(현 와타이 국제공항)을 짓기 위해 미국으로부터 받은 원조금과 시멘트를 빠뚜싸이 개선문을 건설하는 데 쓰기로 결정한다. 그렇게 빠뚜싸이는 루앙프라방 왕실 출신의 왕자들이 프

빠뚜싸이 공원 분수.

도시로 보는 동남아시아사 2

랑스와 일본 제국의 침략에 대항한 라오스 용사들을 기리기 위해 미국의 지원을 받아 만들어졌다.

빠뚜싸이를 지나자마자 보이는 분수에서는 라오스 총리관을 배경으로 무지갯빛을 반사하는 물기둥이 끊임없이 솟아오른다. 공원 어딘가에서 흘러나오는 음악에 맞춰 춤을 추는 것처럼 보인다. 정신없이 사진을 찍어대는 관광객들 사이로 밤 산책을 나온 가족들, 스마트폰을 보며 킥킥거리는 학생들도 곳곳에 보였다.

보호령이라는 미명하에 잔혹한 식민시기를 견뎌내는 과정에서, 그리고 프랑스로부터 완전히 독립해 '라오스'라는 통합된 민족국가를 건설하는 과정에서 수많은 라오인이 희생되었건만 라오스는 곧 베트남 전쟁의 화염에 휩싸이게 된다. 빠뚜싸이를 비추는 화려한 조명과 분수대에서 춤추는 물기둥은 라오인이 자신들의 역사를 지우려는 열강의 각축장에서 자주독립과 영속을 위해 끊임없이 싸워왔음을 보여주는 것 같았다. 밤이 깊어가는데 선뜻 발걸음이 떨어지지 않았다.


## 새로운 역사를 만드는 까이선 폼위한 박물관

베트남 전쟁으로 대표되는 2차 인도차이나 전쟁은 라오스에 "씻을 수 없는 상흔"을 남겼다(《도시로 보는 동남아시아사》 1권 폰사완 편 참조). 1975년 8월 라오스 공산당 빠텟라오군은 이미 황폐해진 비엔티안에 입성한다. 라오스의 역사는 1975년 라오스 공산당 집권 이후 새로 쓰이기 시작했다.

시내에서 꽤 떨어져 있는 까이선 폼위한 박물관에 도착하니 너무 한산해서 처음에는 문을 닫은 줄 알았다. 입구에 비치된 방명록을 보니, 그날 방문한 사람이 서너 명도 되지 않았다. 신기하다는 듯 쳐다보는 경비병을 뒤로하고 안으로 들어서자 그 넓은 대지에 라오스 초대 총리이자 2대 대통령인 까이선 폼위한의 거대한 동상이 우뚝 서 있었다. 비밀의 정원에 들어선 듯 어리둥절했다. 까이선 동상 양옆으로 라오스 국기를 둘러싼 라오스인들의 동상이 나란히 있었다. 독립을 향한, 혁명을 향한 간절한 눈빛을 가진 사람들의 동상은 여느 사회주의 국가에서 혁명 인민을 묘사한 군상과 다를 바가 없었지만, 그때까지 길거리에서, 시장에서, 공원에서 본 라오스 사람들의 선한 눈빛과 달리 날카로워 적잖이 놀라기도 했다.

걸음을 옮겨 수십 개 계단을 올라 라오스 사원에서 익숙하게 보아온 빨간 바탕의 금색 장식이 화려하게 박힌 대형 문 안으로 들어갔다. 문 앞에 있던 직원이 가방과 물병은 보관함에 넣어두고 사진은 홀 중간에 있는 2층으로 올라가는 계단 가운데 위치한 까이선 폼위한 동상만 찍을 수 있다고 설명했다.

상설 전시관이 위치한 2층 전시홀의 반은 까이선 대통령의 생애와 그가 유년 시절을 보낸 프랑스 식민지 시기의 역사에 관한 것이었고, 나머지 반은 1945년 태평양전쟁 종전 이후 호찌민이 이끄는 베트남 공산당과 사회주의 혁명을 이루기까지의 여정에 관한 것이었다. 여느 대통령 기념 박물관과 다를 바 없었다. 하노이에서 근대 교육을 받다가 자퇴하고 1949년 라오인민해방군을 창설한 뒤 1950년

까이선 폼위한 박물관(위).
까이선 폼위한 박물관 앞 동상(아래).

에 빠텟라오의 지도자가 된 까이선 대통령의 생애가 눈앞에 펼쳐졌다. 하지만 화려한 전시관 안에는 정작 식민지 시기 고통받았던 라오인의 모습은 보이지 않았다. 라오스인은 프랑스 식민통치하에서 노예와 같은 삶을 살았다고 설명한 패널 몇 개만 있었을 뿐이다.

1955년 라오인민혁명당의 첫 번째 지도자가 된 까이선은 수파누웡 왕자 뒤에서 빠텟라오와 베트남 공산당의 협력을 지원하고 2차 인도차이나 전쟁 기간 동안 폭우처럼 쏟아지는 미국의 공습에 대항해 게릴라 전투를 이어나가 라오스의 독립을 지켜냈다는 설명이 이어졌다. 1975년 12월 공산당이 집권한 뒤 처음 열린 당대회에서 까이선은 군주제 폐지와 공화국 시대의 시작을 알렸다. 라오스는 이렇게 새로운 시대를 맞이하게 되었다. 이미 예상은 했었지만 1975년 비엔티안에서 공산당 집권에 반대한 수많은 라오인의 대탈출에 대한 이야기는 전시장 어디에서도 찾아볼 수 없었다.

1층으로 내려오니 특별 전시관에서 까이선의 외교정책과 라오인의 문화유산 관련 전시가 진행 중이었다. 라오스의 근대화와 번영을 위해 까이선과 관료들은 베트남과 중국뿐만이 아니라 다양한 해외 수장을 만났지만, 여전히 라오스는 동남아시아에서 가장 가난한 국가 중 하나다. 독립 이후 소비에트식 계획경제 모델을 도입했지만, 1980년대 후반부터 중국과 베트남처럼 시장경제를 수용하고 외국인의 직접투자도 적극적으로 유치하기 시작했다. 이러한 가운데 중국의 대자본이 물밀듯이 들어와 라오스와 중국을 잇는 고속철도가 놓이고 동시에 중국인 관광객이 북적거리는 화려한 호텔과 카지노가 우후죽순 생겨나기 시작했다.

이웃 국가 태국이 라오스의 수력발전으로 생산된 전기 수입에 의존하는 것처럼 라오스의 수자원은 대륙부 동남아시아 최고 수준이다. 한국의 다국적기업도 라오스 댐 건설에 참여했는데, 그렇게 지어진 세피안-세남노이 댐의 보조댐 하나가 2018년 7월에 붕괴되었다. 붕괴 직후 거대한 홍수가 인근 지역을 덮치면서 주민 수천 명이 대피해야 했고, 70여 명의 사망자 및 실종자가 발생했다. 이들에 대한 긴급구호 지원이 이루어지기는 했지만 댐 붕괴의 원인조차 명확하게 밝혀지지 않았다. 댐 붕괴 사고로 삶의 터전을 송두리째 잃어버린 1만 명에 가까운 이재민들의 이야기는 라오스의 언론에서도 찾아보기 힘들다.

라오스를 구해낸 영웅을 기리는 웅장한 박물관을 구경하고 나오니 화려한 금장식 대문이 바로 닫혔다. 관광객이 거의 방문하지 않는 박물관을 혼자 찾아온 나를 신기하게 쳐다보던 경비병에게 인사하고 나오니 육중한 철문이 닫혔다. 퇴근 시간이었는지 대로에는 차가 즐비하게 늘어서 있었지만, 파탓루앙이나 빠뚜싸이에서처럼 관광객을 기다리는 뚝뚝(삼륜 오토바이 택시) 기사는 찾아볼 수 없었다.

## 역사를 만드는 라오스 사람들

비엔티안에서의 마지막 저녁은 뭘 먹을까 한참을 고민하다가 일단은 운동화 끈을 조여 매고 아누웡 왕 공원 근처에 열리는 야시장으로 향했다. 생각보다 규모가 커서 오늘 밤에도 호텔에 금방 돌아가지는 못하겠구나 싶었다. 매일 열린다는 야시장에 평일에도 왜 이렇게 사람이 많은가 싶었는데, 곧이어 들리는 베트남어, 중국어, 한국어, 태국어에서 답을 찾을 수 있었다. 다양한 국적의 관광객들이 찾아서인지 끝이 보이지 않는 임시 가판대에 진열된 물건들의 국적도 다양했다. 한류 열풍이 라오스에도 강하게 불어서인지 K-팝, 한국 드라마 관련 굿즈도 심심치 않게 찾아볼 수 있었다. 전통 의상에서부터 전자제품까지 없는 게 없는 시장을 주린 배를 움켜쥐고 하염없이 걷다 보니 드디어 익숙한 숯불구이 향이 나기 시작했다. 이제야 저녁을 먹을 수 있겠다 싶어 연기가 모락모락 피어오르는 곳으로 얼른 발걸음을 옮겼다.

아누웡 왕 공원 앞 야시장.

도시로 보는 동남아시아사 2

군이 야시장에서 마지막 저녁을 먹겠다고 결심한 이유는 비엔티안을 떠나기 전에 라오스식 파파야샐러드를 꼭 먹고 싶었기 때문이다. 호텔 주변 식당에서는 외국인 관광객에게 익숙한 팟타이 같은 태국 음식과 샌드위치, 스파게티 같은 음식을 팔았고, 라오스 음식을 파는 식당에서는 베트남식 쌀국수나 바게트샌드위치 반미가 있었다. 20년 전에 먹었던 고소하면서도 비리고 콧등에 땀방울이 맺힐 만큼 맵고 신 라오스식 파파야샐러드에, 숯불에 구운 새콤한 소시지를 먹지 않고서는 비엔티안을 떠날 수 없었다.

　고소한 소시지 기름 냄새가 섞인 숯불 연기가 피어오르는 가판대 앞으로 가서 소시지 두 줄을 고르고 파파야샐러드를 주문했다. 태국에서 주문할 때 말하던 '땀 라오'라는 말이 자연스럽게 따라 나왔다. 라오스식으로 만들어달라는 주문이다. 쥐똥고추를 한 줌 집으시던 아주머니는 실웃음을 지으며 "넌 라오스에 있잖니"라고 조용히 말씀하셨다. 머쓱한 웃음을 지어 보이며 "그러네요"라고 답했다.

　바나나 잎으로 살포시 싼 소시지와 파파야샐러드 봉지를 들고 호텔로 돌아오는 길에 가만히 생각해보니 수많은 박물관과 기념관과 국보로 지정된 사원에서 찾으려고 했던 라오스의 역사는 하루하루를 평범하게 살아가는 사람들 안에 있었다. 평범한 사람들의 평범한 일상이 역사책에서 빠졌을 뿐 그 땅에서 자신의 삶을 묵묵히 이어가는 사람들은 매일매일 역사를 만들어내고 있었다. 파탓루앙 회랑을 돌며 기도하던 사람들, 아누웡 왕 공원에서 과일을 팔거나 야식을 팔던 사람들, 빠뚜싸이 공원 분수대 근처에서 산책을 즐기던 가족들, 뚝뚝 택시비를 어떻게 흥정하면 좋겠냐고 물으니

수줍게 알려주던 호텔 직원. 그들이 없었다면 라오스라는 나라가
어떻게 지금까지 존재할 수 있었을까? 역사 없는 사람들을 찾겠다
고 비엔티안으로 왔지만, 이 도시 어느 곳에도 역사가 없는 사람은
없었다.

도시로 보는 동남아시아사 2

초판 1쇄 발행 2023년 10월 20일

지은이     강희정 김종호 정정훈 현시내 하정민 박정훈 김지혜
펴낸이     문채원

펴낸곳     도서출판 사우
출판       등록 2014-000017호
전화       02-2642-6420
팩스       0504-156-6085
전자우편    sawoopub@gmail.com

ISBN 979-11-87332-91-6 03910

"이 저서는 2022년 대한민국 교육부와 한국연구재단의 지원을 받아 수행된 연구(NRF-2022S1A5C2A01093243)"입니다.